# 欧洲之痛

## 难民浪潮还是贫困入侵

〔德〕张丹红 —— 著

人民日报出版社
北京

献给殷切期待的父亲张清政——

我的第一位写作老师和最忠实、最挑剔的读者

# 序言 Preface

《欧洲之痛——难民危机还是贫困入侵》一书是张丹红女士的新作。她曾是德国主流媒体"德国之声"的资深记者，2004年升任该媒体的中文部副主任。2008年，她参加德国电视二台一场"脱口秀"节目时，在西藏问题上坚持正确立场，维护了中国的利益，遭到一些反华政客的打压，以"亲华"为由撤销了她的"中文部副主任"职务。这种打压不同意见的行径，当时引起了中国新闻媒体，特别是张丹红的母校——北京大学德语系师生的强烈谴责和抗议。

我认识张丹红是在2008年1月。当时我在波恩著名的"雷都"俱乐部做关于中国改革开放政策和中德关系的报告。当我结束演讲从主席台走下来之际，看见一位背着录音机、手持麦克风的女子径直向我走来，表明自己的记者身份，要求对我即席采访。长期的外交生涯使我养成了随时应对媒体的习惯，所以未予婉拒。但张丹红并未立即提问，而是试图拉近我们当时所属不同阵营的距离。她说："梅大使好，我是您儿子的小学同学。按照国内的习惯，我该称呼您伯伯。"我问她是哪个小学，她回答说是北京三里屯东九楼后的那所小学。这说明当时我们两家相距不远。接下来，她提的问题相当尖锐，符合西方记者的身份。我做了简要的回答。

---

作者系中国前驻德大使、中国人民外交学会前会长。

2008年年底，我在北京意外地接到张丹红的电话。她当时正在北京休假，大概从北大师生那里得知在"张丹红事件"发生时，我曾发出支持她的声音。从此，她每次回北京休假都会给我打个电话问候，或者来我家坐坐，聊聊德国的时政和媒体对华报道情况，对我了解德国的最新发展变化颇有帮助。2016年年底，她请我为她即将出版的《从查理大帝到欧元——欧洲的统一梦》一书做推荐人，我通读书稿后欣然答应。后又谈到该书时，我不经意地说，这本书讲的是欧洲历史，诚然很有价值，但我对该书最后一章关于难民危机的部分特别感兴趣，尤其是对2015年9月第一个周末难民大量涌入慕尼黑时受到热烈欢迎的详尽描述给人以身临其境的感觉。没想到她当时就告诉我，她将就这个话题写一本书。更令我意外的是，除了人民日报出版社的编辑之外，我竟成了张丹红这本新书的第一个读者。原因是该书涉及对外关系，出版社请我审提意见，供他们做决定时参考。

读完这部新书，使人深感张丹红不愧是资深记者。她对欧洲难民危机的根源、演变过程和带来的诸多后遗症作了全面、客观和精确的剖析；对德国主流媒体、部分经济界大亨和联合执政的伙伴社民党领导层初期默认或支持默克尔对难民的"欢迎政策"的情况叙述得一清二楚；对基社盟领导因受难民浪潮的冲击最直接，因而在接收难民数量的限制和阻止难民无限制入境问题上与默克尔激烈争吵的情况作了详尽的记叙；对默克尔同奥、匈等国领导人围绕阻止难民入境以及在难民分配问题发生的"明争暗斗"作了仔细的描述。在某种意义上，本书还给读者隐隐约约地揭示了默克尔内心深处的考虑，即以"庇护"难民的"善行"给自己脸上"贴金"并为德国获得"廉价的劳动力"。

衷心祝贺张丹红这部新作问世，相信广大读者从中会得益良多！

2020年10月8日

## 目录 CONTENTS

**第一章　德国放弃边界** / 001

　　山雨欲来风满楼 / 004

　　一条灾难性的推特 / 007

　　铁娘子一锤定音 / 009

　　一个难民总理的诞生 / 013

　　国门大开孰之过 / 016

**第二章　难民大军压境** / 025

　　三名英国人和中东的边界 / 027

　　微型世界大战 / 032

　　谁与美国叫板谁就没有好下场 / 039

　　非洲输出剩余人口 / 043

　　穆斯林危机弧形带 / 045

　　潘多拉的盒子 / 048

**第三章　天堂近在眼前** / 049

　　两个一神教 / 051

　　不打不成交 / 053

　　德法火车头的轻率决定 / 059

谁来守卫申根区外部边界？/ 063

难民利益高于一切 / 066

高福利召唤，谁不动心？/ 071

## 第四章　德国——一个秋天的童话 / 077

语不惊人死不休的"默克尔二世" / 079

在野党哪儿去了？/ 082

"巴伐利亚雄狮" / 086

独立的媒体哪儿去了？/ 089

德国需要一支低技能的劳动大军吗？/ 092

有这样胳膊肘朝外拐的吗？/ 094

德国人怎么了？/ 096

## 第五章　欢迎文化支离破碎——2016年的德国 / 103

"我们是默克尔请来的客人" / 105

没有底线的人道主义 / 108

"伊斯兰国是对德国最大的威胁" / 111

"乘火车也成了西方生活方式的一部分了？" / 114

"德国仍将是德国" / 119

三年长了一岁 / 122

一个本不应该发生的惨案 / 125

向一半德国人宣战 / 128

德国想拯救全世界 / 130

## 第六章　被老大讹诈——2016年的欧洲 / 133

德国拿出"核选项" / 135

维也纳"神奇小子" / 139

"埃苏丹"把大门 / 144

英国人对铁娘子说"不" / 147

欧洲不埋单 / 150

## 第七章 面目全非——2017年的德国 / 155

科隆警察捅了马蜂窝 / 158

法律面前人人平等吗? / 160

只有政治正确的言论是自由的? / 163

空缺媒体还是谎言媒体? / 166

选择党异军突起 / 171

令人费解的德国人 / 173

牙买加美梦破灭 / 176

你看见房间里的大象了吗?——哪个房间? / 178

养老金就靠他们了? / 180

拥默派和反默派势不两立 / 184

## 第八章 贫困入侵——2017年的欧洲 / 191

从自我怀疑到自我否定的欧洲 / 193

难民还是移民 / 197

历史惊人相似 / 200

法国让欧洲松了一口气 / 202

"神奇小子"再创奇迹 / 204

欧盟想独揽庇护大权 / 206

难民总理的条件反射 / 208

原来是中国的错 / 210

## 第九章　我们搞不定！——2018年的德国 / 213

"一个惨淡的年初" / 216
自我阉割的社民党 / 218
10名政治家+100名记者＝民主的黄昏 / 220
在德国要为你的观点承担后果 / 222
德国还安全吗？ / 223
令人后怕的发现 / 225
一个个少女生命的消亡 / 225
"我们接收了一百万年轻男人，却没有同等数量的年轻女人" / 228
奇葩的庇护体系 / 229
真正被遣返的很多是良民 / 232
要是本·拉登地下有知…… / 233
"难民中的人上人" / 235
政府失职的替罪羊——移民难民署 / 237
雄狮报仇三年不晚 / 240
国脚厄齐尔请辞和难民危机有关吗？ / 246
四句实话使宪法保护局局长丢官 / 249
默克尔是个谜 / 254

## 第十章　一个民族大熔炉的实验——2018年的欧洲 / 261

上帝保佑意大利 / 263
瑞典——欧洲的第二个德国 / 265
地中海救生——到底帮了谁的忙？ / 267
默克尔——非洲人民的大救星 / 269
非洲人民"获救"之后呢？ / 272
非洲移民等不及了 / 274
为什么美国是德国伊斯兰化的原动力？ / 276

"一份伪造的护照就能把一大家子都接来" / 281

难民浪潮加速欧洲的伊斯兰化 / 282

基督的小鱼哪儿去了？/ 285

欧洲年轻人会中枪吗？/ 287

欧洲——一个民族大熔炉的实验 / 290

**不是尾声的尾声** / 297

**后记** / 305

# 第一章 德国放弃边界

> 如果我们现在说,你们都可以来,你们在非洲的也都可以来,那我们实在搞不定。
>
> ——安格拉·默克尔,德国总理,2015年7月15日

> 我们能搞定!
>
> ——安格拉·默克尔,2015年8月30日

> 避难的基本权利是没有上限的。
>
> ——安格拉·默克尔,2015年9月11日

2015年9月4日，一个星期五的上午。我陪大女儿去北威州某城市的市政局办"户口"。她17岁高中毕业毅然决定离家去上大学。由于还未成年，各种官僚手续需要我替她签字"画押"。当初我鼓励她远走高飞，因为我坚信只有飞起来羽翼才会丰满。可是现在她真走出了这一步，我心里像打翻了五味瓶，担忧、惆怅、伤感，就是高兴不起来。好在等候大厅里的电视新闻直播分散了我的注意力。

那几天德国的新闻联播基本只有一个话题——难民。他们先抢渡地中海，之后翻山越岭横穿巴尔干，再经匈牙利和奥地利抵达德国。柏林政府批评布达佩斯不履行欧盟协议的职责。根据所谓"都柏林规定"，难民进入的第一个欧盟国家有义务为他们登记，并受理其庇护申请。于是匈牙利总理欧尔班暂停"挥手政策"，阻止难民登上北上的列车。9月4日上午新闻台N-TV实况转播的地点正是数千难民聚集的布达佩斯东火车站。难民们高举写着"Germany"（德国）和"Mama Merkel"（默克尔妈妈）的横幅，齐声高呼"Germany，Germany"。我理解他们想来德国的心切，但是德国可能打开这个闸门吗？要是绿党当家就没什么好犹豫的了。可是不苟言笑的"默克尔妈妈"不会轻易被这样的画面打动。她对欧盟的兄弟都常常冷若冰霜，怎么会胳膊肘往外拐呢？

我当时怎么也没想到，两个小时之后，一支2000人的难民大军在两名叙利亚人带领下直奔德国。（画外音：既然火车不开，我们就腿儿着去。）一位坐轮椅的难民"走"在最前排。而在13个小时之后，一向以沉稳著称的德国"铁娘子"默克尔作出了一个即将改变德国乃至欧洲命运的决定。

## 山雨欲来风满楼

2015年春天，铤而走险闯过地中海的难民人数激增。4月18日，一艘塞满难民的渔船在距离意大利兰佩杜萨岛200千米处沉没，当时估计的死亡人数为700到800人[1]。迫于公众压力，欧盟不能再视而不见。成员国在4天之后召开特别峰会，通过十点计划，增加海上救援经费，并表示坚决与蛇头犯罪团伙作斗争。按照欧盟的计划，意大利和希腊将建难民热点（Hotspots），登记之后将他们分配到其他欧盟国家。欧盟的官员们随后参考各成员国的经济实力和人口数量制定出一个很复杂的分配公式。6月的峰会决定欧盟国家两年内接收六万难民，包括已经抵达意大利和希腊的四万。由此可见，欧盟官员的象牙塔与现实相距多远。首先，布鲁塞尔过高估计了自己的感召力：东欧国家人口结构单一，缺乏西欧国家的多元经验，坚决不收以穆斯林为主体的难民；西欧国家也不踊跃，英国马上表示不参加；南欧在国际金融危机和欧债危机下挣扎多年，自顾不暇，于是最后只剩下几个"志愿者"。其次，欧盟两年六万的数字与后来实际抵达欧洲的人数相比，简直是个笑话。

2015年春夏，一支看不到尽头的难民大军铺天盖地而来。一个爆炸性的混合物似乎已经酝酿而成：叙利亚周边国家局势恶化；黎巴嫩关闭边界，因为这个只有500万人口的国家已经接收了100多万叙利亚难民；刚开始土耳其境内的叙利亚难民没有工作许可，孩子没

---

[1] 这个数字后来更正为500人。

有学上，等境况改善时，很多人已经上路；联合国难民署在救助资金紧缺的背景下将黎巴嫩、约旦和土耳其的难民口粮减半；叙利亚战争和阿富汗、伊拉克的战乱使这些国家变成难民输出国；近十几年，政治伊斯兰使穆斯林各派别之间以及穆斯林和基督徒之间颇有嫌隙；"阿拉伯之春"坑苦了北非国家，很多年轻人看不到出路；难民掌握先进的通信手段，哪个蛇头价格优惠，哪段边界看守不严，消息马上传播到世界的各个角落；欧盟独一无二的庇护法、德国的高福利也在难民中传为佳话；越多的人安全抵达欧洲，就会有越多的人效仿；土耳其认为自己的接收能力到了极限，乐得将大批难民"拱手"送给欧洲；欧盟海上救援队伍的壮大激励更多的难民铤而走险；希腊激进左翼齐普拉斯政府不愿阻止难民入境，但又没有能力登记、安置所有入境难民，于是采取接力政策，放难民北上，同时多少报复一下在欧债危机中见死不救的德国。

于是，与希腊接壤的马其顿小镇盖夫盖利亚就成了巴尔干最大的难民中转站。小镇的部分居民发了难民财。据说当时一块面包卖到16欧元。盖夫盖利亚美滋滋地自称为巴尔干的拉斯维加斯——那么多人从这儿开始与命运赌博。为什么这座"灰头土脸"的小镇一夜之间成了普天下受苦人的香饽饽呢？这是因为一条通往欧盟的铁路线就从这里经过。希望有朝一日成为欧盟成员国的马其顿不愿得罪布鲁塞尔，不敢明目张胆让难民上火车。于是很多难民就花300欧元买一辆自行车；财大气粗的打车；没钱的就步行去巴尔干线路的下一个国家——塞尔维亚。后来马其顿看大家都施行接力政策，干脆让难民乘火车直奔塞尔维亚，这样既成人之美，自己也便于管理，少了很多麻烦。而马其顿得到的最佳边际效应是：该国铁路局有史以来第一次扭亏为盈。

为什么说难民在马其顿开始与命运的赌博呢？因为躲过地中海这一劫、在希腊上岸的难民都知道，只要在欧盟的土地上，生命安全就没有问题，而且一般来说待遇不会很差，至少会比利比亚或黎巴嫩的难民营要强。但马其顿不属欧盟领地，那里的境况如何很多人心里没底。塞尔维亚也是一样。然而这两个国家都期待加入欧盟，当然不会亏待欧盟关怀备至的难民；而且两国也知道难民的理想国是德国或瑞典，对自己不屑一顾，因此这个人情送起来不难。

离开塞尔维亚继续北上的难民有两条线路：或经克罗地亚、斯洛文尼亚进入奥地利；或走匈牙利线，目标同样是奥地利或德国。不管选择哪条路线，反正进入了欧盟地盘，与命运的赌博大功告成。

不过，还有那个讨厌的"都柏林规定"。据此，难民必须在其踏上的第一个欧盟国家登记，申请庇护。换句话说，欧盟前沿国有义务登记并安置难民。自作主张继续前往其他欧盟国的难民可以被遣返回他的欧盟第一站。希腊除外。原因是2011年欧洲人权法院的一项判决——其他欧盟国家不得将难民遣返回希腊，因为那里安置难民的条件不够人道。言外之意：只要你给难民的待遇糟糕到一定程度，就不必承担任何责任了。

2015年6月初，抵达匈牙利的难民已经超过五万。这是2012年的25倍，也超过了2014年全年的数字[1]。总理欧尔班忍无可忍，宣布将在匈牙利和塞尔维亚之间长达175千米的边界线上修筑围墙，引起德国和欧盟的强烈批评。欧盟委员会一位发言人说："我们刚刚推翻了欧洲的围墙，我们不应建起新的围墙。"[2] 推翻的围墙当然指的是柏林墙。一个是冷战时期东西欧之间的屏障，另一个是匈牙利守卫欧盟外部边界的举措，两者风马牛不相及。这之后的几年里，类似的荒唐比较不断涌现。

根据欧盟条约，身为前沿国的匈牙利有守护边界的义务，包括修筑围墙。西班牙在非洲飞地建起的三

---

[1] Christian Ultsch, Thomas Prior, Rainer Nowak, Flucht- Wie der Staat die Kontrolle verlor（维也纳，Molden出版社，2017），27页。

[2] 同上。

道屏障并没有引起欧盟的不悦。那么为什么现在对匈牙利群起而攻之呢？我想原因可能是欧尔班，因为他在欧盟是出了名的刺儿头。匈牙利在难民危机中扮演的角色确实很尴尬。建围墙守边界挨批，大手一挥让难民北上也挨批。在德国和奥地利看来，欧尔班唯一正确的选择是自己把难民供奉起来。对人口只有900多万、人均收入在欧盟排倒数第四的匈牙利来说，这简直是开玩笑！于是欧尔班干脆阳奉阴违，先照章登记再挥手送人。不过来的人越多，布达佩斯越招架不住，而且难民也根本不配合。他们担心一旦在匈牙利登记，有朝一日可能又被送回这个不欢迎难民的国家。

几年来，越来越多的人抵达德国边境。躲在"都柏林规定"后面、把难民问题推给希腊和意大利的柏林政府不能再对这支难民大军视而不见了。

## 一条灾难性的推特

2015年8月25日，德国移民难民署发推特："我们目前基本不考虑叙利亚公民的都柏林审理程序。"这句听起来有些技术性的话将难民浪潮彻底引向了德国。"都柏林规定"是欧盟条约的一部分。而该条约的各项条款分为两类：准则和规定。准则顾名思义是个准绳，成员国应当大致朝这个方向努力，但不具约束性；规定就是规定，没有商量余地。欧盟委员会的努力方向是尽可能把准则变为规定，这样欧盟权力越来越大，成员国的话语权越来越小。"都柏林规定"我已经反复解释，负责审理庇护申请的是难民抵达欧盟的第一个国家。在2015年，这第一个国家主要是希腊、意大利和匈牙利。反正从陆路过来的德国概不负责。怎奈那一年来欧洲的难民太多，希腊、意大利推行挥手政策，怂恿难民北上，"都柏林规定"已经名存实亡，但理论上德国仍然有拒绝难民入境的可能。现在德国宣布不考虑叙利亚公民的都柏林审理程序，这意味着：那些经巴尔干线路抵达德国的叙利亚难民将不会被遣返至匈牙利。这分明是向全体叙利亚人民发出了邀请。难怪该推特如燎原之火在难民社交网络传开，默克尔一夜之间成为叙利亚人民的大救星。欣喜若狂的叙利亚人在脸书和推特上纷纷表达对她的热爱[1]。您可能会问：德国移民难民署发疯了吗？

其实那位发推特的公务员也是身不由己。8月21日，移民难民署发了一个内部文件，指示工作人员不再根据"都柏林规定"审核叙利亚难民的庇护申请，也就是说，凡是已经抵达德国的叙利亚人都可以留下。发这个内部指示的目的是减轻该机构工作人员的压力，一看是叙利亚人，就不必启动所谓都柏林程序了。但不知为什么，这个内部指示误入了人权组织"为庇护"[2]的电子邮箱。不知道移民难民署是否查出犯如此低级错误的是何许人也。今后的历史书也许称他为"将难民洪水引向德国的官员"。你错发给谁不行，偏偏错发给最不该得到该信息的组织。因为"为庇护"组织的宗旨是维护难民利益，德国的利益不在其考虑范畴之内。"为庇护"得到这一信息之后，马上派工作人员前往叙利亚周边国家的难民营，说德国对难民敞开了怀抱。既然"天机"已经泄露，于是移民难民署主动出击，发推特公布对叙利亚人的特殊待遇，以展示德国的人道主义。

不过，移民难民署显然低估了推特的影响。英国广播公司（BBC）马上报道。有网友用英语问难民署，这一新规定是否只适用于已经抵达德国的叙利亚人。难民署老实巴交地回答：没有时间限制。于是就有了德国向全体叙利亚人民发出邀请的传闻。那还等什么呢？几年战争下来，即使叙利亚国内没有战乱的地区，蒸蒸日上的生活也是奢望。再加上叙利亚这些年人口爆炸，总统

---

[1] http://www.bild.de/politik/inland/twitter/kurznachricht-die-deutschland-zum-zufluchtsort-machte-42642974.bild.html.

[2] 该组织的德文名字是Pro Asyl。

阿萨德正愁剩余人口问题，德国的邀请简直是上天的礼物。土耳其和黎巴嫩难民营中的叙利亚人更没有什么好犹豫的，与从半死不活到享受德国的全套福利体系相比，偷渡地中海的那点儿风险算得了什么呢？

这个消息一传十、十传百地就传走了样。不仅是叙利亚人，伊拉克人也奔走相告，说德国将接收所有的人。这一喜讯在阿富汗的变种是：德国大企业缺人，多少人德国都照收不误。喀布尔政府在短短几天时间里发放了100万份护照，大多数人的目标是德国[1]。整村的青壮年都浩浩荡荡上路了。不过出了阿富汗，这些护照就"丢"了。因为德国收的是叙利亚人，没有证件，就可以自称是叙利亚人。反正在德国人眼里，他们的长相都差不多。在难民入境人数最多的时候，移民难民署工作人员都没有时间目测一下，只要填表时在国籍一栏写上"叙利亚"，留下来就不成问题了。后来内政部部长德梅奇埃感觉不妙，出面解释说：对叙利亚人的特殊待遇不是法律，只是暂时的做法。不过这样的马后炮显得很苍白，且实际上给那些还在犹豫的第三世界人民发出信号：过了这个村儿就没这个店儿了。

## 铁娘子一锤定音

德国政客的天真和大意也给滞留匈牙利的难民莫大的鼓励。9月4日，一支2000人的难民大军在两名叙利亚人带领下向通往奥地利的高速公路行进。在他们看来，一两百人可能被匈牙利的边防警察强行阻拦，但

---

[1] 德国驻喀布尔大使馆提供的信息。

2000人的规模就势不可当了。在21世纪的欧洲，任何国家的边防军都不可能对手无寸铁的难民施暴，这是两位带头人暗下的赌注。况且还有记者和难民救助人员随行。

晚7点半，匈牙利驻奥地利大使致函奥地利外交部，说有近千名难民正在前往奥地利的路上，问匈牙利该作何反应。时任奥地利总理的法伊曼及其顾问一致认为，只有用暴力才能阻止难民，但暴力是万万使不得的。法伊曼感觉自己做不了主，于是给德国总理默克尔打电话。当时默克尔正在科隆植物园大礼堂参加北威州基民盟成立70周年的庆典并发表讲话。直到晚8点15分，两位政府首脑才通上电话。两人一致认为，关闭边界不可行，那样一来难民将进退两难，走投无路；奥德两国还将受到国际舆论的抨击。但默克尔说她一人做不了主，要和其他重要阁员商量。

匈牙利总理欧尔班几次拨打法伊曼的电话，法伊曼不接，并向欧尔班转达将于次日上午与他通话。但欧尔班不愿等待，决定派出100辆大巴把滞留匈牙利的难民全部送至匈奥边境。这样既成人之美，又把难民问题像接力棒一样交给奥地利和德国，交给默克尔。

晚9点，默克尔拨通执政伙伴社民党主席、经济部部长兼副总理的加布里尔的电话，问他是否同意德国接纳滞留在布达佩斯的7000到8000名难民。加布里尔犹豫片刻表示同意，但前提是这是一次性的举动。一小时后，默克尔再次与法伊曼通话，请求给她一个晚上的考虑时间，第二天作决定。法伊曼说难民三四个小时之内就将抵达边境，没有考虑的时间。默克尔也认为能够挡住难民的只有水枪和棍棒，但德国人绝对承受不住这样的画面。于是两位政府首脑决定分摊这批难民，当然不是平分，德国接收大部分。后来，留在奥地利的难民寥寥无几。很多人甚至不知道世界上还有奥地利这么个国家。

晚11点，法伊曼电话告知欧尔班，允许难民进入奥地利。换句话说，德奥两位政府首脑在三个小时之内作出了接收难民的决定。这是一个很窄的时间窗口。从他们的角度看，两个富裕国家共同接收不到一万的难民，既体现人道主义,又为匈牙利解围,无可厚非。而且严格说来,德国此前已经向叙利亚人发出了邀请,现在人家到了家门口,你不收实在说不过去。不过一个很关键的人物没有通知到:巴伐利亚州州长、基社盟主席泽霍费尔。德国当时的大联合政府由三个党组成:基督教民主联盟(基民盟)、基督教社会联盟(基社盟)和社会民主党(社民党)。兼任基民盟主席的默克尔电话征求了社民党主席加布里尔的意见,但泽霍费尔却被蒙在鼓里。偏偏巴伐利亚地处德奥边界,当9月5日凌晨,满载难民的大巴浩浩荡荡向巴伐利亚边界城市帕骚开进、奥铁组织的难民专列向慕尼黑奔驰的时候,巴伐利亚州州长还在酣睡。等他醒来时,世界已经变了模样。这就好比我请了100名陌生人来我们的居民楼,事先没有和住一层的邻居打招呼。当他早上睁眼时,这100人已经挤满了他的后花园。他一定会揉揉眼睛看自己是否还在做梦。当时泽霍费尔可能就是这种感受。默克尔事后说她曾经试图与泽霍费尔通话,后者关机。基社盟党主席则说:你知道我住哪儿,要真想找我,派个人去按我的门铃儿不就行了!言外之意,并没有诚心想征求他的意见,因为总理知道她将得到什么样的回答。果然,泽霍费尔9月5日早8点与默克尔通电话时火冒三丈:"安格拉,这个决定很成问题。它会带来无法收拾的后果!"据说默克尔对这一表态很不以为然。从此两位政治家结下仇怨。

9月5日,也就是星期六,入境德国的难民大军一眼望不到尽头。如果说匈牙利总理欧尔班用7000到8000的数字忽悠了法伊曼,那么默克尔也同样用这个数字忽悠了加布里尔。德国总理可能也意识到好事做大发了,于是整个周六都在给其他欧盟国家的政府首脑打电话,希望他们替德国分忧。尤其是铁哥们儿法国,怎么也要收个千八百。法国很委婉地拒绝了。时任总统的奥朗德说必须拿出欧洲解决方案。要知道"欧洲解决方案"是"欧洲拿不出解决方案"的代名词。所以这话等于没说。其他国家也或客气或强硬地表示不收。这也不难理解——我请了100个人,事先没有告诉邻居,后来觉得吃不消了,让每家分几个,谁会同意呢?只是拒绝的方式不同而已。有的像匈牙利总理一样直截了当:

"你自作自受";有的如法国前总统一样婉转:"我们必须协商共同解决问题。"不过最终效果是一样的——我只能吃不了兜着走。

不过当时的德国人民还丝毫没有危机意识。当5日中午1点第一批400名难民抵达慕尼黑火车站时,聚集在站台外面的德国人远远多于难民。当这些略显疲惫的客人陆续下车时,有的德国人忍不住鼓掌。零星的掌声越来越热烈。电视转播里的难民的表情看上去有些困惑,因为他们这一路都不大受沿途国家的待见,到了德国竟受到明星待遇。这反差有点儿让人承受不住。可能有人心里想:德国人有毛病吧?但后来他们渐渐被"观众"的热情打动,向人群挥手致意,"观众"的掌声和欢呼声一浪高过一浪。

周日(9月6日)早7点,慕尼黑市政府召开紧急会议。周六共有6780人抵达慕尼黑火车站[1],有人带伤。按理说所有人都应接受体检,但有人已经失踪。逐个登记根本不可能。这就像公园早上开门的时候,一万人已经在外面等候。公园领导说不能拦着他们,同时要检票,这怎么可能?周日将有多少人入境谁也不清楚,柏林那边不给任何信息。市政府一位高级官员问:"柏林还存在吗?"

下午2点泽霍费尔在纪念前巴伐利亚州州长兼基社盟主席施特劳斯100周年冥诞的活动上发表讲话,称默克尔的决定是"一个完全错误的信号":"我们28个欧盟国家不可能接纳天底下的所有难民。没有一个社会承受得了。"在德国政界、媒体和全社会一边倒的时候,有这么一个公

[1] 加上乘大巴过来的难民超过一万。

然唱反调的人实属不易。另外一个是匈牙利总理欧尔班。他在周日晚间接受奥地利电视采访时说：奥地利和德国必须关闭边界，必须明确说明将不再接纳难民，否则将有几百万人来到欧洲。

慕尼黑市政府周日晚宣布，当天近11000名难民到达慕尼黑火车站。奥地利内政部说，总共15000人在这个周末从匈牙利进入奥地利。只有90人在奥地利申请庇护，其余前往德国。

## 一个难民总理的诞生

到2015年默克尔已担任总理整整十年。在这十年当中，从企业到学校，从医院到研究所，德国的各类机构都有总理的身影，唯独没有光顾过的地方就是难民营。为什么？原因是总理做什么都要考虑给选民留下的印象。去幼儿园给孩子讲书，给人亲民的形象，只可能传播正能量。可是去难民营呢？用德国人的话说："连个花盆都赢不了。"难民在德国一直是个有争议的话题，使德国社会分成两极，在2015年难民浪潮之前就是如此。一部分德国人把帮助难民当成了自己的事业，想难民之所想，急难民之所急；同时，德国每年都会发生仇外暴力事件。难民多的时候，极右分子就会对难民营下手。这是其他欧洲国家没有的现象。一般来说，左翼政党执政期间会推行较为宽松的难民（及移民）政策，保守党掌权则往往会出台一些相对严格的规定。默克尔领导的基民盟是传统的保守政党，她去难民营会在党内引起争议，因此她尽量避免这个雷区。

观察默克尔那几年的表态，丝毫没有她日后会成为"难民总理"的迹象。2003年，时为在野党领袖的默克尔在莱比锡党代会上发言说："我们当然要说说滥用庇护法的问题。回答只能是：控制和限制外来移民。其他的一切方案都不会得到人民的支持。"要在今天，做这样表态的政治家肯定会马上被划入极右阵营。接着，默克尔慷慨陈词："我们的一些政治对手总是忍不住把我们推入极右的角落,只是因为我们在外来移民问题上指出德国出现平行社会[1]的危险。朋友们,这是虚伪的顶峰。这样的虚伪总有一天会像纸牌屋一样坍塌。"

默克尔讲这番话的时候,每年在德国申请庇护的难民人数只有三万。每年三万时,她呼吁控制移民;现在她担任总理,每天入境难民过一万,还没有见好就收的意思。这是在野和在朝的区别还是她的思想意识发生了彻底的改变?观念改变的可能性不大。因为就在2014年10月31日——距离开放边界只有10个月,默克尔在家乡教堂的讲话还丝毫没有显示出日后成为"难民总理"的迹象。我们都知道默克尔是一位新教牧师的女儿。少女时代,她在勃兰登堡州的教堂里接受了成人礼,并经常去那里做礼拜。默克尔的母亲仍然住在附近。那一天是马丁·路德宗教改革纪念日,默克尔受邀发表讲话。那一年,来德国的难民人数与头年相比几乎翻了一番,激增至20万。难民已经是热门话题,但默克尔在讲话中对此只字不提。后来与听众讨论的时候,有人问遣返已经融入德国社会的家庭是否符合基督精神。总理毫不犹豫地回答:"遣返回安全的来源国,看似不符合基督精神;但假如德国接收太多的人以至于无力接纳真正受迫害的,那就更有悖基督原则了。"[2]

2015年7月15日——距离边界开放不到两个月,默克尔参加电视直播的公民对话。14岁的巴勒斯坦少女雷姆向总理描述她对有朝一日可能遭遣返的担忧。她说自

---

[1] 德语是Parallelgesellschaft,是德国社会学家Wilhelm Heitmeyer发明的。特指穆斯林移民没有成功融入德国社会,而是生活在以伊斯兰价值观为主导的与主流社会格格不入的社会。

[2] Robin Alexander, Die Getriebenen(慕尼黑,Siedler出版社,2017),29页。

已不能像德国同学一样享受生活，憧憬未来，因为她不知道未来会是什么样子。默克尔向雷姆解释德国的难民政策，说黎巴嫩难民营还有成千上万像雷姆这样的孩子，德国不能让所有人都留下来。就在默克尔已经转谈其他话题的时候，女孩子突然在大庭广众之下哭起来。自己没有孩子的默克尔似乎不知道怎样安慰雷姆。她一边略显笨拙地抚摸着少女的肩头，一边有些语无伦次地说："如果我们现在说，你们都可以来，你们在非洲的也都可以来，那我们实在搞不定。"与雷姆对谈之后，总理遭到媒体炮轰，特别是左翼媒体批评默克尔在一个无助的少女面前表现得冷酷无情。

2015年8月20日，德国萨克森小城海德瑙临时安置了700名难民。上千市民在难民营外面示威游行，并向保护难民的警察投掷瓶子和鞭炮，造成31名警察受伤，引起全德国的震惊。媒体向默克尔施压，认为总理最迟在此时必须看望难民，以显示与极右势力斗争的决心。民调结果，81%的德国人认为是总理出面的时候了。在媒体和公众压力之下，默克尔于8月26日前往海德瑙，遭到抗议群众的辱骂。也许那就是"难民总理"诞生的时刻。是担心德国的形象受损还是要给辱骂自己的暴民一点儿颜色看看？真正的动机只有默克尔自己明白。反正从那天起，默克尔开始大谈人道主义救助。五天后，默克尔在夏季记者会上斩钉截铁地说："我们能搞定！"

在9月5日之后的一个星期里，每天进入德国的难民至少有一万。具体多少，来的都是什么人，到现在也不知道，因为边检已经顾不过来。地方政府的接纳能力已到极限。默克尔不顾各个渠道传来的内部警告继续发出在批评者看来是灾难性的信号：9月10日在柏林看望难民时，满足多人的自拍要求。这些照片后来传遍世界。曾因在欧债危机中对希腊人冷酷无情而被称为"冰雪女王"的默克尔此时露出仁慈的微笑。9月11日她接受报纸采访时说："避难的基本权利是没有上限的。"

总理的这句话理论上说是正确的。德国基本法第16条说得很清楚："受政治迫害者享受庇护。"宪法没有说一年只能为一万人提供庇护。但默克尔省略了接下来更为关键的一句：凡是通过安全第三国来德国的不得享受庇护。由于德国被所谓安全第三国包围，因此从陆路来德国的都没有申请庇护的资格。对庇护法的限制是20世纪90年代的事情。巴尔干发生的几场战争使来德国的难民人数激增。为控制难民人数，联盟党和自民党组成的保守政府决定修改宪法，为第16条设限。由于修宪需要三分之二多数同意，在野的社民党以国家利益为重忍痛[1]投了赞成票。

由此看来，默克尔只说上一句，不说下一句，这无异重申了对普天下受苦人的邀请。就在总理慷慨陈词的同一天，14个联邦州[2]向内政部告急，说他们没有能力再接收新的难民。尽管从体育馆到兵营，能做临时难民营的地方都已经开发，但全德国这一天只剩下850个空位[3]。

内政部国务秘书艾米莉·哈贝尔（Emily Haber）发出内部警告：奥地利已经对局势失控，只知道将难民朝德国的方向输送。联邦和各州计划的一项联合救灾演习被取消，因为所有资源都用于安置难民。联邦国防军也顾不上对预备役人员进行操练。不过，联邦情报局、宪法保护局、联邦刑警局和联邦警察局放弃举行秋季酒会则是一个政治信号：对共和国安全负责的人士在这一局势下没有心思觥筹交错[4]。

## 国门大开孰之过

Robin Alexander是德国《世界报》记者，专门负责

---

[1] 因为社民党是左翼政党，宣扬国际主义，按理说应当对难民持欢迎态度，就像今天的社民党。但当时的党主席恩霍尔姆十分务实，说服党友支持修宪。

[2] 德国一共有16个联邦州。

[3] Robin Alexander, Die Getriebenen（慕尼黑，Siedler出版社，2017），15页。

[4] 同上。

总理府，是默克尔出国访问随行记者团的固定成员。但他并没有因为与权力接近而自愿充当非正式的政府发言人；相反，他是德国已经所剩不多的只对事实真相感兴趣的记者之一。2016年3月巴尔干线路关闭、难民浪潮暂时缓解之后，他请了三个月的假，采访了巴尔干沿线与难民危机相关的政治决策人[1]，以传神的手笔还原这一段惊心动魄的日子，好像他一直伴随在默克尔左右。2017年3月出版的《被驱赶者》[2]成为德国当年最畅销的时政书。Alexander被评为年度最佳政治记者，从此成为政治脱口秀的常客。可以说，他是难民危机的获益者之一。

在他看来，决定德国在那场危机中政治走向的不是9月4日到5日的夜晚，不是默克尔和奥地利总理法伊曼在那个夜晚作出的接收所有难民的决定。这位《世界报》记者在追踪溯源之后发现，最关键的时间段是敞开国门之后的那个周末。因此他的第一章便是从9月12日（周六）开始的：

傍晚时分，联邦警察局局长迪特尔·罗曼（Dieter Romann）向部下下达准备关闭边界的命令："是时候了。"不到24小时之后，也就是周日晚18点，边防警察将在奥地利和巴伐利亚之间的所有关口举起警示牌。入境者将一律接受检查，没有护照或签证的将不得入境。安格拉·默克尔为难民敞开的大门将重新关上，欢迎文化轰轰烈烈一周之后就将成为历史。

周六夜间，所有联邦警察进入戒备状态。一辆辆满载

[1] 只有匈牙利总理欧尔班和德国总理默克尔拒绝接受采访。
[2] 德文原文"Die Getriebenen"，副标题是：默克尔与难民政策——来自权力内部的报告。

边防警察的大巴从全国各地向德奥边境驶去。这项大规模行动是精心策划的。罗曼还找到了一个借口：就在那个周六，很多罗曼的下属在共和国的另一端汉堡执行任务，因为那天新纳粹举行"爱国者日"示威，其中很有可能混杂具有暴力倾向的反示威者。警察在游行地点附近开辟了一个临时的直升机降落场。当傍晚闭关令按计划下达时，数百名公务员悄无声息地一波波飞往阿尔卑斯山边境。

德奥边界的岗哨多年前就废除了。为了在一夜之间重新启动，不仅需要大批警察，还需要重型物资：集装箱、帐篷、路灯杆，等等。不过这些物资大多已在现场。罗曼早就未雨绸缪，做好随时执行闭关令的准备。政府对此并不知情。原来，6月的七国集团峰会就在德奥边界的艾尔茂（Elmau）召开。那是当年投入最多边防警察的行动。罗曼在峰会结束时留了个心眼儿，将大部分边防物资就地储存。

当周日（9月13日）下午5点半待命的消息传来时，距离闭关只差最后一道命令。而30页的闭关令也已经写好，其中最关键的是一句话：不具备入境条件者，即使说出"避难"这个字也不得入境。[1]

闭关的决定是德国最高领导层在周五（2015年9月11日）下午的一个电话会议上作出的。内政部部长德梅奇埃首先发言。鉴于各联邦州在安置难民方面的困难，他建议在德奥边界实行一段时间的检查。没有人反驳。接下来讨论的是是否不止检查，还要拒绝没有有效证件的人入境。德梅奇埃表示赞成。基社盟主席泽霍费尔随声附和。最后德梅奇埃的建议得到通过。

[1] Robin Alexander, Die Getriebenen（慕尼黑，Siedler出版社，2017），11、12页。

德国将施行边检。同时，奥地利至德国的火车交通将中断20个小时。最重要的是：将拒绝难民入境。换句话说：大联合政府现在作出的决定正是不久后默克尔公开宣布为不可能的事情。至少在电话会议上她明确表示同意。我前面提到，默克尔已在一天前与难民自拍，并强调庇护法没有上限。很难想象她一天之后决定闭关。这大概也说明她当时所处的矛盾心态，一场感情与理性的激烈斗争。

Alexander在书中说："在一个细节上，与会者的记忆发生分歧。是拒绝所有的难民还是只拒绝所谓来源为安全第三国的难民入境？ 2015年8月进入德国的难民中，将近一半来自巴尔干。巴尔干当时既没有战争，也没有饥荒，更没有独裁政府，欧盟甚至已经考虑几年之后吸收巴尔干国家入盟。因此，来自巴尔干地区的人们根本没有理由申请庇护，其庇护申请也基本没有得到正面回应的希望。考虑到默克尔刚刚宣布的只为需要保护的人提供庇护，那么有针对性地将那些庇护申请无望的移民拒之门外是很合情合理的。至少叙利亚人将继续受到欢迎。"[1]

一位与会者在与Alexander谈话时清楚记得当时作出的决定是拒绝所有经过所谓安全第三国[2]抵达德国的难民，也就是说，拒绝所有德奥边境的难民。这种说法是可信的。因为在当时连入境者姓名都无法统计的情况下，很难想象联邦警察能够确认这些难民的真实身份。

电话会议之后，德梅奇埃马上给联邦警察局局长打电话。罗曼立即着手实施筹划好的行动。联邦警察周

[1] Robin Alexander, Die Getriebenen（慕尼黑，Siedler出版社，2017），19、20页。
[2] 安全来源国与安全第三国的区别：来源国指难民出生的国家，比如巴尔干国家现在被承认为安全来源国，来自安全来源国的庇护申请者比较容易被遣返；安全第三国指的来自危险国家的难民途经的国家，叙利亚是战争国家，但一名叙利亚人途经安全第三国到达德国，实际上就不再是难民，而属于经济移民。

六夜间各就各位，只等周日18点开始对所有难民闭关。不过，闭关令还没有签字。

这么大的动作能做到滴水不漏吗？为了避免边界出现混乱，政府决定封锁即将闭关的消息。危急时刻，政府可以向媒体提出不报道的要求。不过从9月13日中午开始，社交网络还是出现了即将实行边检的暗示。16点05分，明镜在线报道了边检的事。几乎同时，16点12分，内政部发出记者会邀请，邀请上说德梅奇埃将在17点30分宣布18点开始在边境实施新规则。

不过是什么规则呢？当有关边检的消息开始传播时，柏林仍然在为规则的细节争论不休。这一至关重要的会议从周日14点开始在内政部的指挥中心召开。接下来的三个小时可以说是决定德国乃至欧洲命运的时刻。

会议室里充斥着巨幅屏幕和最新的通信设备，在场的有内政部部长、所有内政部国务秘书、联邦警察局领导层以及内政部的四位部门领导、下属部门和再下属部门负责人。正在波恩的联邦移民难民署署长施密特（Manfred Schmidt）与柏林进行会议连线。

其实，周五下午电话会议的决定已经为周日内政部的会议明确了方向。但除了德梅奇埃，在场各位谁都不知道电话会议的事情，不知道最高层已经决心闭关。内政部部长首先发言。他并没有向与会者打开天窗说亮话，而只是含糊其词地说政府决定实行边检。之后他提出了最关键的问题：我们能够拒绝难民入境吗？[1]

---

[1] Robin Alexander, Die Getriebenen（慕尼黑，Siedler出版社，2017），22页。

与会者意见不一。负责安全的官员认为可以,并得到内政部两位议会国务秘书的支持。但是负责移民问题的官员表示怀疑。尽管德国庇护程序法允许拒绝来自安全第三国的寻求庇护者入境,但欧洲层面有"责任确定程序"的规定。据此,德国不能简单拒绝难民入境,而是必须首先审核应对庇护程序负责的是哪个国家。

这些官员认为,最终一切都取决于所谓的"都柏林规定"是否还有效。这是一个很棘手的问题,因为联邦政府开放边界这一行动本身就等于宣布"都柏林规定"实际无效,但柏林同时又坚持其有效性。年轻的国务秘书施罗德忍不住说:"认定'都柏林规定'有效是完全不合逻辑的。"[1]他认为拒绝难民入境是可行的。但是部分官员一再提出法律上的顾虑。联邦警察局局长渐渐失去了耐心:七国峰会期间不是也把很多难民挡在了国门外吗?为什么现在就不能施行闭关令呢?

内政部部长静观大家的讨论,同时将讨论情况汇报给上级——总理默克尔。在这次会议期间,德梅奇埃三次起身打电话。第一次,他拿着手机走到会议室的一个角落里通话;第二次和第三次,他离开会场几分钟。

这是难民危机期间最关键的几次通话,其后果比一周前开放边界的决定还要严重。因为国门大开本是例外,现在德梅奇埃下令恢复边检不过是为了恢复正常状态。但他再次征求总理的意见实际上是对周五电话会议的决议提出质疑。这一次默克尔既没有赞成闭关,也没有明确反对,只是表示有顾虑。总理担心的

[1]Robin Alexander, Die Getriebenen(慕尼黑,Siedler出版社,2017),23页。

是闭关令是否在法律上滴水不漏，担心拒绝难民入境将产生对自己不利的"丑陋画面"。

挂了电话之后，德梅奇埃向与会者提出了一个问题：假如难民反抗怎么办？有人回答：法治国家应当有法必依。话是这么说，但如果执法不力，法治国家不是将遭天下人耻笑吗？对德梅奇埃来说最关键的问题是：我们能承受因执法而产生的后果吗？他直接问罗曼：如果500名怀抱孩子的难民冲向联邦警察怎么办？罗曼感到有些措手不及。他想了一下说：那将由当职的联邦警察来决定。

德梅奇埃接着问：我们是否能肯定闭关将带来"多米诺骨牌效应"呢？意思是一旦德国关闭边界，维也纳政府会担心难民滞留奥地利，因此将拒绝来自斯洛文尼亚的难民入境，并将引起斯洛文尼亚、匈牙利、克罗地亚、塞尔维亚、马其顿直到希腊的连锁反应。假如抵达希腊的难民不能继续北上，那么就不会再有更多的难民偷渡地中海。德梅奇埃想知道，德国要在边境阻挡难民多久才能引发多米诺骨牌效应。回答是"可能三天"。德梅奇埃仍然不做决定。他再次离开会议室打电话。

这一次他要社民党主席加布里尔表态。加布里尔在周五的电话会议上已经同意了闭关的决定。但德梅奇埃将他的顾虑传达给社民党主席，要求加布里尔不顾法律的风险，坚持闭关。是不是默克尔硬要拉一个垫背的、必要时将责任转嫁给社民党呢？细节只有默克尔、德梅奇埃和加布里尔心里清楚。我们只能判断社民党主席没有随着内政部部长的指挥棒走。因为这次通话之后，德梅奇埃下令修改闭关令。罗曼不得不将最关键的那一句"必要时也将拒绝申请庇护的人入境"改为"允许来自第三国的没有有效居留证件但申请庇护者入境"。换句话说，边防警察虽然检查证件，但只要难民说"避难"，就能够进入德国——不管他是途经安全第三国还是他的家乡属于安全来源国。已经在边界各就各位的联邦警察对此表示难以置信："这么大动静就为了这?"[1]

为什么已经做出的闭关决定最终没有实施?事后,内政部和安全部门将所有的责任都推到了默克尔头上,认为她在最后一刻背叛了德梅奇埃。总理府则认为是内政部部长失职,是他没有将政府最高层电话会议的内容付诸实施,因为他不愿置部分下属官员的司法顾虑于不顾。而这些顾虑后来证明是没有道理的。几周之后,内政部和司法部共同认为:当初拒绝难民入境是完全可能的。联邦议院的专家也在一份鉴定中证实了这一点。

不过,在9月12、13日的那个周末,这一切还没有那么明了。没有一个当事人愿意在此背景下作出一个法律上可能有争议而且会遭主流媒体批评的决定。因此,德梅奇埃没有在自己的权限范围内下令拒绝让难民入境,而是征求总理的意见。总理不置可否,并要求德梅奇埃做出他不可能做的承诺——保证闭关令在法律上完全站得住脚,并保证在执行命令时不产生令政府尴尬的画面。

因此,德国边界在这个周末仍然对所有人敞开。由于没有一位政治决策人拿出结束例外状态的勇气,例外遂变成常态。这一状态直到今天也没有根本的改变。《世界报》记者Alexander得出结论:"德国边界大开不是默克尔或其他某位阁员有意作出了这样的决定,而是在关键时刻,没有人愿意承担关闭边界的责任。"[2]

2015年9月,德国实际废除了边界。如此事关国家兴亡的决定既没有内阁通过,也未经议会讨论。在那个多事之秋,很多的政府行为是基于口头指令,极少书面

[1]Robin Alexander, Die Getriebenen(慕尼黑,Siedler出版社,2017),25页。
[2]同上,26页。

的东西保留下来。因此，2019年8月《世界报》发表的2015年夏秋内政部会议记录便显得格外珍贵。据此，2015年9月2日，也就是默克尔与法伊曼共同决定"一次性"接收难民之前的两天，内政部部长德梅奇埃在一次内政部会议上说，向难民开放边界既不符合德国的法律，也不明智。那样一来，德国接收的难民人数将会激增。即使对德国这样一个富裕而且井井有条的国家来说，也意味着难以承受的负担。

## 第二章 难民大军压境

> 如果我愿意,整个欧洲大陆都将变成黑色。
> ——穆阿迈尔·卡扎菲,利比亚前总统,2010年2月

> 你们现在以为到叙利亚去杀害无辜平民就能削弱伊斯兰国。这是怎样荒谬的逻辑?
> ——萨拉·瓦根克内希特,德国左翼党议会党团前主席,2015年12月

> 只要在地中海获救之后马上得到前往中欧的通行证,就会有越来越多的人上路。
> ——塞巴斯蒂安·库尔茨,奥地利总理,2016年秋讲此话时任奥地利外长

据联合国难民署统计，2015年，全世界的难民人数达到6400万，创历史纪录。如果把他们组成一个国家，那么其人口将排在世界第21位，与法国并肩。而2005年，全球难民还不到3800万。为什么短短十年时间里，流离失所的大军几乎翻了一番呢？一个原因是近年来的武力冲突激增。最令人瞩目的当属叙利亚战争。这场战争使中东再次成为全球的火药桶。为什么中东在过去一百年里战事频仍？要搞懂这一点，也许应当翻开已经发黄的日历。

## 三名英国人和中东的边界

1915年秋天，英国内阁在唐宁街10号首相官邸召开会议，讨论如何阻止德国人赢得战争。当时，"一战"的堑壕战打得正酣。一边是德军，另一边是英法联军。一排士兵倒下，下一排跟上。数百万年轻生命就这样毫无意义地被消耗。在这场谁更不怕死的较量中，德国人本来就占上风，现在又得到奥斯曼苏丹的支持——他呼吁全世界穆斯林与协约国决一死战。此时的奥斯曼帝国虽然已趋没落，但仍然幅员辽阔，今天的"火药库"中东地区当时完全属于奥斯曼帝国的版图。土耳其人、阿拉伯人、库尔德人、犹太人和平共处七百年，每个族群都享有高度的自治。

英国驻埃及高级专员亨利·麦克马洪在内阁会议上发言。他说，在阿拉伯世界德高望重的麦加谢里夫兼埃米尔侯赛因·本·阿里打算借"一战"的混乱实现自己创建阿拉伯帝国的梦想，于是其表面效忠奥斯曼帝国苏丹，暗地里致信英国政府，提出如下一揽子建议：伦敦支持他策划阿拉伯大起义；作为回报，他将带领穆斯林兄弟助协约国一臂之力；起义成功并联手战胜德国之后，英国将帮助他实现肢解奥斯曼帝国的计划。这位麦加部落首领划定的界线相当于今天叙利亚和土耳其的边界，界线以北的土耳其归奥斯曼帝国所有；界线以南为阿拉伯帝国，包括今天的叙利亚、黎巴嫩、伊拉克、以色列、巴勒斯坦、约旦和阿拉伯半岛。

对英国来说，这个一揽子建议很有吸引力。因为在这笔交易中，阿拉伯人在"一战"前线倒戈的承诺将立即兑现，而英国协助侯赛因建国的许诺则暂时是空头支票。内阁会议决定与阿拉伯人成交。

这个消息使开罗一名27岁的英国人——托马斯·爱德华·劳伦斯（Thomas Edward Lawrence）欢欣鼓舞。贵族出身的劳伦斯在牛津大学历史系读书期间，曾独自徒步考察巴勒斯坦和叙利亚境内的十字军古堡遗迹，一路受到淳朴善良的阿拉伯人的关照。从此他与阿拉伯世界结下不解之缘。大学毕业后，他以考古工作者的身份重返中东。"一战"爆发后，由于劳伦斯精通阿拉伯语，又熟悉中东的风土人情，被英国政府派往驻开罗的陆军情报局工作。

巴黎得知伦敦与侯赛因之间的交易后火冒三丈。当时法国的外交仍然以殖民主义的套路为主导。巴黎心想，战争好不容易提供了一个瓜分殖民地的机会，怎么能把便宜让给阿拉伯人。法国的不悦使英国犯了难，怎么也不能在这个节骨眼儿上得罪自己最重要的战争盟友。伦敦政府这时想起了议员马克·赛克斯（Mark Sykes）。36岁的赛克斯与劳伦斯一样有贵族血统。不过两人的共同点可能仅限于此。某种程度上赛克斯是个骗子。他撰写的一部有关中东的书漏洞百出，不过忽悠一下政府阁员倒是绰绰有余。

1915年12月，赛克斯来到首相官邸。他自信地铺开一张中东地图，用手指画了一条线，作为法国和英国势力范围的分界。上半部分归法国，包括今天的叙利亚、黎巴嫩、土耳其南部和伊拉克北部；下半部分由英国控制，包括今天的以色列、巴勒斯坦、约旦、伊拉克的大部分和阿拉伯半岛。首相对这个建议颇为满意：既安抚了法国，又顺带扩大了英国的殖民地。至于此方案与对侯赛因的承诺撞车，那就只有骑驴看唱本儿——走着瞧了。

五天后，赛克斯会晤法国驻伦敦使馆参赞弗朗索瓦·皮科（Francois Georges-Picot），签署赛克斯—皮科协定。协定内容不多，只有三页纸。附带的地图上，一条几乎笔直的线将中东地区一分为二。这正是赛克斯用手指画出的那条线，区别只是将巴勒斯坦部分地区（包括圣城耶路撒冷）置于国际管理之下。双方商定，协定内容绝不可透露给阿拉伯人。

在开罗的劳伦斯和他的同事得知协定内容时想"集体呕吐"（劳伦斯日记语）。他决定用实际行动抵制这一背信弃义的协定，骑上骆驼，拿起武器，于1916年10月与阿拉伯起义军会合。从此，劳伦斯成为日后的传奇人物——阿拉伯的劳伦斯。

除劳伦斯和赛克斯之外，对今天中东版图具有决定性影响的第三个英国人是哈伊姆·魏茨曼（Chaim Azriel Weizmann）。他出生于俄国，在德国攻读化学专业，在瑞士拿到博士学位，之后移居英国。他是英国犹太复国主义的领袖，毕生奋斗的目标是建立犹太人的巴勒斯坦国。当时统治巴勒斯坦的奥斯曼苏丹对魏茨曼的宏伟目标不感兴趣。但战争是趁火打劫的好机会。

战争也是化学专家大显身手的时候。还在"一战"初期阶段，魏茨曼便被介绍给时任军需大臣的大卫·劳合·乔治（David Lloyd George）。这位化学博士一边使出浑身解数提高英国弹药产量，一边不遗余力地游说军需大臣，让他相信建立一个犹太国家对英国有百利而无一害。功夫不负有心人，乔治终于成为犹太复国主义的支持者。更让魏茨曼欣喜若狂的是：他的赌注成功了——1916年12月，乔治成为唐宁街10号的新主人。

此时，劳伦斯已是阿拉伯起义军首领费萨尔（侯赛因的儿子）的顾问。他做了一件大逆不道的事情：将赛克斯—皮科协定的内容透露给费萨尔。两人决定用军事上的胜利制造既成事实。带着对本国政府的愤怒和对阿拉伯人民的歉疚，劳伦斯率一支骆驼大军越战越勇。

1917年年初，赛克斯被伦敦政府任命为中东专员。魏茨曼马上向赛克斯摊牌：犹太人要求在巴勒斯坦建立一个由英国皇冠保护的国家。首相也强调为犹太人建国是他外交政策的一部分。

这样，英国正式答应了三个相互排斥的有关中东未来的方案：大阿拉伯帝国、赛克斯—皮科秘密协定（英法瓜分中东，巴勒斯坦部分划归法国、部分由国际管理）以及魏茨曼计划（巴勒斯坦暂由英国控制，若干年后成立犹太国）。

此时这三个为中东问题而较劲的英国男人当中，劳伦斯只知道前两个方案；魏茨曼则对秘密协定一无所知；只有赛克斯完全了解伦敦政府的尴尬处境，因为它把巴勒斯坦这个尚待征服的新娘许给了三个新郎。而赛克斯本人成了英国中东政策的实权人物。

赛克斯认为到了让劳伦斯刹车的时候了。1917年5月，两人在阿拉伯半岛的某个地方举行秘密会晤。让劳伦斯震惊的是，英国政府不仅对阿拉伯人背信弃义，还让犹太复国主义者成为阿拉伯人新的死敌。痛心疾首的劳伦斯在日记中写道："如果我是一个诚实的顾问，应当对他们说：回家吧，不要再做无谓的牺牲。"劳伦斯非但没有这样做，反而继续与阿拉伯朋友并肩拼杀，与奥斯曼帝国争夺每一寸土地。7月的阿卡巴战役使劳伦斯成为让土耳其人闻风丧胆的英雄。

聪明的魏茨曼利用俄国十月革命后英国的不利战局[1]，逼迫伦敦发表公开声明，支持犹太人在巴勒斯坦建国。还没有放弃最后一线希望的劳伦斯在1917年年底协助英军攻占耶路撒冷。这是十字军东征几百年后第一支进入犹太教、基督教和伊斯兰教共同的圣城的欧洲军队。

英国征服了巴勒斯坦这个已经许配给三个新郎的新娘。到底给谁呢？巴黎首先举手。伦敦政府决定施缓兵

---

[1] 十月革命前的沙皇政府以及沙皇之后的临时政府都与英、法结盟，十月革命后的苏俄退出第一次世界大战，使协约国暂时陷入被动。

之计：战争结束之前，新娘将由英国守护。劳伦斯继续扮演他最钟爱的角色：阿拉伯人民的大救星。他的骆驼大军得道多助，节节胜利，占领大马士革后受到当地人民的夹道欢迎。

魏茨曼不甘落后，星夜兼程赶往巴勒斯坦村庄拉姆拉，试图安抚劳伦斯。他闭口不谈建国，只说移民，并保证犹太移民不会给阿拉伯居民带来坏处。劳伦斯识破对方意图，在日记中写道："魏茨曼的如意算盘是50年后建立犹太人的巴勒斯坦。而在这50年里，给犹太人的巴勒斯坦披上英国的外衣。"劳伦斯的描述一针见血，只不过后来英国的外衣只披了30年。

法国采取务实的政策，满足于得到叙利亚和黎巴嫩，并从此背上殖民的包袱——不得不一次次面对并一次次镇压星星之火的抗议。而忙于对抗法国殖民者的阿拉伯人却忘记了对英法划定的边界提出质疑。于是，赛克斯—皮科秘密协定中置种族、部落和宗教于不顾的边界线就这样确定下来。英国在自己的辖区里创立了伊拉克和约旦，让立了战功的费萨尔做伊拉克国王，算是一个安慰奖。他的兄弟阿卜杜拉得到了约旦。阿拉伯人没有得到新娘，却分得一部分嫁妆。这一招儿很损，让侯赛因的后代心甘情愿地拼命维护殖民者随意划定的边界。

于是，不是一家人进了一家门。伊拉克的国土上生活着不共戴天的逊尼派、什叶派和库尔德人；叙利亚的逊尼派、阿拉维特派、库尔德人和基督徒之间也是你死我活。在这些人造国家诞生之后的一百年里，中东地区爆发了80多场战争和危机，造成大约650万人死亡，上千万人背井离乡[1]。

[1] "三名英国人和中东的边界"这一部分参考德国《时代周报》2017年第26期的长篇文章。

把该地区的纷争与战乱完全归咎于一百年前的英法殖民者未免过于简单，但是中东的灾难又确实与西方密不可分。殖民时代结束之后，西方国家，特别是世界上唯一的超级大国美国热衷于价值外交或者说民主输出，为此不惜发动非法战争，或支持当地的反对派为内战推波助澜。这些战争没有带来民主秩序，反倒使老百姓的生活不如此前的独裁时代，伊拉克就是最好的例子。有时，输出民主不过是幌子，西方真正在意的是能源——石油和天然气。由于叙利亚战争是近年来难民浪潮的推动力之一，因此我以这场战争为例。

## 微型世界大战

叙利亚也开采石油和天然气，但其产量不能与沙特、伊朗和卡塔尔相提并论。叙利亚更重要的价值在于其石油和天然气管道必经之地的位置。特别是一条尚待修建的天然气管道，不管由谁来建，都绕不开大马士革。

波斯湾大约一万平方千米的海域蕴藏着世界上规模最大的天然气资源。拥有开采权的两个国家是卡塔尔和伊朗。1996年，卡塔尔开始出口液化天然气。此开采方法速度慢、代价高，需要大买主才划得来。于是，卡塔尔打算修建一条途经沙特阿拉伯、约旦、叙利亚和土耳其的天然气输送管道。这样，波斯湾的天然气可以绕过俄罗斯出口给欧洲。2009年，卡塔尔开始游说工作。逊尼派的沙特立即答应，因为这样可以削弱什叶派伊朗的地位；土耳其也没意见，因为管道将扩大自己的区域影响。只有叙利亚坚决不干，因为计划中的管道将不利于自己的铁哥们儿俄罗斯。莫斯科不仅是大马士革的武器大本营，还在叙利亚拥有两座军事基地，这也是俄罗斯在中东的全部军事基地。叙利亚的态度激怒了利雅得和安卡拉。两国向伊斯兰"圣战者"输送武器，试图颠覆阿萨德政权[1]。这与美国多年来的筹划一拍即合。

华盛顿早就对阿萨德看不顺眼。小布什任总统期间，一再将叙利亚与三个"邪恶轴心"国——伊拉克、伊朗和朝鲜相提并论。阿萨德统治下的叙利亚确实称不上是民主的模范。不过我在前面提到，一百年前殖民者随意划定的界线把不同种族和宗教的人们强行绑在一个国家，这样的人口结构不是建立民主体制的最佳先决条件。以叙利亚为例，在大约2200万人口中，1700万是逊尼派穆斯林，其中也包括库尔德少数民族。另外还有200万基督徒和300万阿拉维特派穆斯林，后者是什叶派的一个分支。当殖民时代与"二战"一起结束时，叙利亚经历了二三十年的动荡，平均每年发生一场政变。直到1970年阿萨德的父亲（属于阿拉维特派）上台，建立铁腕统治，国家才渐渐安定下来。2000年子承父业的阿萨德担任叙利亚总统。这位眼科医生不是宗教狂热分子，接受西方教育，主张世俗化，比较得民心。2009年，阿萨德被评为阿拉伯世界最受爱戴的政治家。当然，叙利亚仍然是个人权记录不良的专制政体，但因此将阿萨德称为当代的希特勒（大赦国际2010年全球人权状况年度报告[2]）未免夸大其词，而且是对纳粹统治的美化。

在瑞士历史学家甘泽尔（Daniele Ganser）看来，以美国为首的西方国家将阿萨德塑造成大独裁者的形象，为推翻其政权制造舆论，而输出民主背后的真正意图是想从俄罗斯手中夺过对叙利亚的控制权。毕竟，谁控制了大马士革，谁就可以控制石油和天然气管道[3]。

2011年3月11日，叙利亚安全部队在南部城市达

[1] Daniele Ganser, Illegale Kriege（Zürich：Orell Füssli出版社，2016），289—292页。
[2] Amnesty International, Report 2010: Zur weltweiten Lage der Menschenrechte（Frankfurt a. Main）：Fischer, 2010），447页。
[3] Daniele Ganser, Illegale Kriege（Zürich：Orell Füssli出版社，2016），290页。

拉截获一辆来自伊拉克的装载了武器和炸药的卡车。叙利亚官方通讯社称，这些武器是用于在叙利亚制造暴乱的。这不是唯一的一辆试图驶入叙利亚的装载武器的卡车，其余车辆成功潜入。几乎同时，叙利亚各地爆发群众示威游行，参加者不只是逊尼派下层人民。大多数示威是和平的，但少数人袭击警察局，警察开枪。双方都有伤亡。这与利比亚战争如出一辙。阿萨德试图平息冲突。"但有人不希望局势稳定"，德国记者 Jürgen Todenhöfer 报道说。武器和资金涌入叙利亚，"与利比亚战争一样，主要赞助者是小小的卡塔尔"。[1] 卡塔尔希望借阿拉伯革命脱颖而出，取代沙特成为美国在中东最重要的盟友。这是叙利亚战争的第一阶段。

在 Todenhöfer 看来，2011年5月到8月是战争的第二阶段。越来越多的萨拉菲分子[2]、穆斯林兄弟会和"基地"组织成员通过伊拉克和叙利亚漫长的边界线进入战乱地区。这些"圣战者"的目的是推翻世俗化的阿萨德政权，建立伊斯兰国。Todenhöfer 发现，"他们当中的狙击手既向示威群众开枪，又对警察毫不留情"[3]。他们明显是要把水搅浑，使冲突升级。在利比亚战争和乌克兰政变中，都有这些"职业挑衅者"的身影。

2011年8月到2011年年底是战争的第三阶段。武装叛军以示威群众的保护者自居，但他们的真正意图是以人群做掩护，袭击叙利亚政府军和警察。叛军、平民、政府军和警察都有伤亡。叛军中的极端分子杀害阿拉维特人，阿拉维特人向逊尼派施行报复。局势越来越扑朔迷离。

[1] Jürgen Todenhöfer, Volk gegen Volk（www.nachdenkseiten.de）.

[2] 萨拉菲是伊斯兰一个极端保守的教派。萨拉菲分子信奉没有删减或更改的伊斯兰初始教义，甚至从外形上都极力模仿7世纪的先人（穿白色长袍，蓄浓重的长胡子）。很多成员主张暴力建立正统宗教国家。

[3] Jürgen Todenhöfer, Volk gegen Volk（www.nachdenkseiten.de）.

2012年年初至今是战争的第四阶段。叛军越来越激进和极端。越来越多的武器从卡塔尔和沙特进入叙利亚。美国的中东总指挥部设在卡塔尔,对战争进行遥控。

早在2011年7月,时任美国国务卿希拉里·克林顿就宣布叙利亚现政权失去了任何合法性,这无异于呼吁推翻阿萨德。但这一回美国不肯再派地面部队,一来风险太大,二来也缺乏民意基础。找谁来充当敢死队呢?这不难。上面提到的那些"职业挑衅者"实际上就是伊斯兰"圣战者"。瑞士历史学家甘泽尔认为,以美国为首的北约成员国和部分海湾国家联合武装起一支由多国"圣战者"组成的部队,让他们去叙利亚冲锋陷阵。而这支敢死队的最终目标是推翻阿萨德,建立伊斯兰国。

甘泽尔尖锐指出:"叙利亚战争是继20世纪80年代阿富汗战争和90年代波斯尼亚战争之后,美国与'圣战者'的又一次合作……对北约友好的德国和瑞士媒体一般使用'反叛分子'这个词,因为它听起来比'圣战者'或'伊斯兰恐怖分子'让人感觉舒服得多。"

与"圣战者"合作的不只是美国。据德国"《明镜》周刊"报道,英国特种部队SAS在伊叙边界训练"圣战者"(抱歉,是反叛分子);英国BBC披露,土耳其在土叙边界地区帮助阿萨德的对手备战[1]。

暴力引发反暴力,螺旋式上升。阿萨德得到伊朗和什叶派真主党民兵的支持;叙利亚、土耳其和伊拉克的库尔德人打算借战乱摆脱异族统治,创建自己的国家。因此就出现库尔德民兵打击伊斯兰国、而土耳其也以打击伊斯兰国为名与库尔德民兵作战的混乱。美国大概没

[1]Bürgerkrieg in Syrien:Britische Elite-Kämpfer bilden Rebellen aus(www.spiegel.de,2012年7月23日).

有想到阿萨德政权如此顽强，于是不满足遥控战争，而是寻找借口（阿萨德使用化学武器和美国记者被杀害）于2014年9月开始对叙利亚的空袭。2015年，法国、俄罗斯、英国和德国相继参战。2018年4月，美、英、法又以阿萨德使用化学武器（尽管没有确凿的证据）为由对叙利亚实行轰炸。

作为"二战"的战败国，德国在战争问题上异常谨慎。2003年，德国总理施罗德拒绝跟随小布什打击伊拉克；2011年3月，德国在联合国安理会对利比亚上空设禁飞区的决议投了弃权票。促使默克尔下决心参与叙利亚战争的原因是2015年11月巴黎的恐怖袭击事件。几个在布鲁塞尔和巴黎长大的第二代移民杀害了130名无辜平民。不过，正如德国左翼党议员萨拉·瓦根克内希特（Sahra Wagenknecht）在议会辩论时所说："你们现在以为到叙利亚去杀害无辜平民就能削弱伊斯兰国。这是怎样荒谬的逻辑？"她说空袭也是一种恐怖行为。2001年联邦议院就德国参加阿富汗战争进行表决时，很多议员还相信战争能够结束恐怖主义。但结果呢？塔利班的影响比以往任何时候都要大。这位智慧的美女议员说："五角大楼前不久承认，美国为削弱阿萨德支持了包括伊斯兰国在内的恐怖组织。令人沮丧的事实是：是西方特别是美国创造了这个令我们谈虎色变的怪兽。它是我们的战争的产物，是这个世界上西方发动的战争的产物……所有这些战争的目的都是为了天然气、石油和势力范围。"[1]这位议员对联邦国防军参战投了反对票。不过，议会以压倒性多数意见支持德国协助法国的空袭行动[2]。

---

[1] 德国议会辩论记录（2015年12月4日）。

[2] 德国派出一艘军舰和六架"狂风"战术侦察机帮助法国，但不直接参与空袭。

今天，战争在四个层面展开：第一，以美国为首的几个北约国家、卡塔尔和沙特阿拉伯试图推翻伊朗的盟友阿萨德，以削弱德黑兰在中东地区的影响；第二，世界各地的伊斯兰"圣战者"和叙利亚极端逊尼派与叙利亚什叶派和阿拉维特派决一死战；第三，在这场东西方冲突的延续中，美国企图将俄罗斯排挤出中东，莫斯科毫不示弱地还击；第四，叙利亚政府和反对派展开你死我活的斗争[1]。

在历史学家甘泽尔看来，以美国为首的北约国家在没有联合国授权的情况下发动战争，实际是对叙利亚的侵略。俄罗斯是在叙利亚合法政府请求下参战。因此，俄罗斯是叙利亚战争各方当中唯一没有违背联合国宪章的国家。

对伊斯兰"圣战者"来说，叙利亚战争是上天的礼物，因为战争使他们的意识形态得到更多穆斯林的支持；同时，极端分子趁战乱控制了部分油气田，获得稳定的资金来源。2014年6月，这些杀人不眨眼的恐怖分子在叙利亚和伊拉克宣布成立伊斯兰国。这大概是他们做梦都没有想到的。甘泽尔说，伊斯兰国是"美国制造"。我们很难否认他的观点。因为从20世纪80年代的阿富汗战争开始，美国一直沿用这一套路：为打苏联扶植本·拉登，给他日后坐大、建立全球恐怖网络——"基地"组织打下了财政和军事基础；两伊战争中美国看上敌人的敌人萨达姆·侯赛因，又让他发展成中东一霸，后来他不再听从华盛顿的摆布，让美国不得不用一个弥天大谎来清除他；现在为了推翻阿萨德，华盛顿又

[1] Jürgen Todenhöfer, Volk gegen Volk ( www.nachdenkseiten.de ).

暗中支持各路恐怖势力，使极端伊斯兰势力有史以来第一次拥有了自己的领土。

由此看来，中东地区受惠于美国顾头不顾尾的外交政策的不是大独裁者便是恐怖组织，最终遭殃的是与独裁者不属于同一教派的底层百姓。战争使他们失去亲人，生活无着，流离失所；战乱也使很多人对美国及西方恨之入骨，并因此为伊斯兰"圣战"队伍提供强大的后备军。

我前面提到的那条天然气管道看来一时半会儿无法动工。更使沙特和卡塔尔怒不可遏的是，战争爆发第二年，也就是2012年，阿萨德与伊朗政府签约。据此，伊朗开采的天然气可取道伊拉克和叙利亚，出售给欧洲。这将使伊朗既获得丰厚的收入，又将在与沙特争夺区域霸主地位的过程中赢得一个重要的回合。专家认为，由于俄罗斯利用美国选战的空隙使战局向有利于叙利亚政府的方向发展，因此有朝一日战争结束之后伊朗线成真的希望更大。

迄今，叙利亚战争已经多年，50多万人丧生[1]，1300万人无家可归，造成"二战"以来规模最大的难民浪潮。其中的600多万逃到叙利亚境内相对安全的地方，属于内部难民。近700万叙利亚人逃到周边国家。土耳其接收了370万，黎巴嫩100万，约旦66万（约旦政府提供的数字是130万）。联合国难民署还在伊拉克统计到23万叙利亚难民，埃及12万，北非3万。剩下的100万转道土耳其，经地中海和巴尔干来到奥地利、德国、瑞典等对难民敞开怀抱的欧洲国家。

[1] https://www.heise.de/tp/features/Der-amerikanische-Krieg-gegen-den-Terror-hat-mindestens-500-000-Tote-gekostet-4217435.html.

2016年3月，巴尔干线路封闭；欧盟同时与土耳其达成难民交易。来自叙利亚和其他中东国家的难民人数暂时减少。不过，这只意味着地中海东线（土耳其—希腊）的橡皮艇"航线"不再频繁，中线却繁忙依旧。这条线路由利比亚通往意大利。2015年有50多万非洲人经此线路抵达欧洲。还有多少人在那里排队等候，报道的数字不一。有的说50万，有的说100万。他们当中有利比亚人，但更多的人来自贫穷和战乱的非洲国家，比如索马里、尼日利亚、厄立特里亚。他们为什么选择利比亚做中转站呢？当然是因为该国与意大利只有一海之隔，但更重要的是卡扎菲被欧美发动的战争推翻之后，利比亚沦落为一个无政府、无管理的"失败国家"。

## 谁与美国叫板谁就没有好下场

利比亚是个盛产石油的国家。其石油蕴藏量在非洲排第二，仅次于安哥拉。1969年政变上台的穆阿迈尔·卡扎菲人称"无定向导弹"，我行我素，对超级大国美国尤其不服。不与"老大哥"结盟，又产油，这是个很危险的组合。果然，1986年，当时的美国总统里根下令轰炸利比亚首都的黎波里和第二大城市班加西，造成大约100人死亡，其中包括只有15个月大的卡扎菲的养女。据美国媒体报道，轰炸的目标其实是卡扎菲。不过，他暂时躲过了这一劫。里根的借口是之前几天发生在柏林一家迪斯科舞厅的恐怖袭击。这是一家美国士兵喜爱的舞厅。恐袭造成三人死亡，200人受伤。美国认为策划者正是卡扎菲本人。不管是不是这么回事，美国轰炸一个主权国家违背了《联合国宪章》和国际法，因此受到联合国全体会议的谴责。

1988年12月21日，泛美航空公司103号航班在苏格兰小镇洛克比坠毁，机上259名乘客全部罹难，其中有189名美国人。2001年，苏格兰一家法院裁定洛克比空难是由利比亚国家恐怖主义造成的，并判处利比亚间谍迈格拉希终身监禁。不过，以联合国观察员身份亲临法院的奥地利哲学家科赫勒尔说："我所了解的一切告诉我,这是一起误判。"[1]不管幕后策划者是谁?卡扎菲知道美国一心要除掉他,想留条后路,于是承认对洛克比空难负责,答应给死者亲属赔偿。这确实在短期内改变了西方国家对他的态度。贝卢斯科尼当政期间,利比亚与昔日殖民国意大利的关系简直是亲密无间。

那位喜欢举办脱衣舞会的意大利前总理认识到了这位利比亚将军的价值——为意大利看守大门。在叙利亚战争爆发之前,非洲是难民的主要产地。的黎波里—兰佩杜萨是非洲难民偷渡地中海前往欧洲的主线。兰佩杜萨是意大利最南端的岛屿,与突尼斯在同一纬度,与利比亚首都的黎波里只有300千米直线距离。

换句话说,欧洲大陆是否被非洲难民淹没,只看卡扎菲是否高兴了。他也曾经扬言:"如果我愿意,整个欧洲大陆都将变成黑色。"这就难怪他成为贝卢斯科尼的座上宾了。他不断地伸手要钱,理由是加强边境管理,或修建难民营。贝卢斯科尼深知把钱给卡扎菲比在意大利境内登记安置难民、审核他们的庇护申请要便宜得多。后来卡扎菲觉得应当把难民问题上升到欧盟层面,于是在2010年的欧非峰会上向欧盟摊开手,提出的数目跟现在欧盟给土耳其的差不多,却遭到当时德国外长威斯特韦勒的断然拒绝——因为当时难民问题还只是意大利一国的问题。德国躲在"都柏林规定"后面,坚持让难民进入的第一个欧盟国家负责登记和审核其庇护申请。该规定可行的前提是欧盟外部边界防守到位,来欧洲的难民人数有限。而一旦外部边界失守,难民人

---

[1] 德国之声中文网2013年12月21日报道。

数激增,"都柏林规定"就变得很不公平,因为它实际上强迫欧盟前沿国自认倒霉。偏偏意大利和希腊都是欧债危机的重灾区,一边在德国的紧缩政策下勒紧裤带,一边还要替德国等北欧和中欧国家解决难民问题,于是才在2015年采取消极抵抗策略,拒不登记和安置难民,而是直接让他们北上。因此,2015年德国面临的难民危机某种程度上也是多年自私行为遭到的报应。

2010年12月,"阿拉伯之春"的星星之火在突尼斯点燃,并很快在北非和中东形成燎原之势。这些针对当地专制政权的抗议得到西方媒体和政界的支持。利比亚的反对派也跃跃欲试。预感到大难即将临头的卡扎菲在2011年2月接受法国媒体采访时说:"如果你们趁火打劫,让我走投无路的话,我可以告诉你们将会发生的事情:非洲的难民浪潮将取道利比亚淹没欧洲。"[1]他说这话的时候,也许没有想到自己的末日来得如此迅速。

利比亚战争与叙利亚战争如出一辙。"职业挑衅者"与武装叛军联合起来,专门向国家安全力量施暴,实际上是为卡扎菲设了圈套。卡扎菲中计,命令军队镇压叛军。卡塔尔、沙特及西方媒体夸大政府军的暴行,对叛军的暴力却只字不提,并由此为北约干预营造气氛[2]。

2月21日,半岛电视台采访一位"目击者"。他情绪激动地描述卡扎菲军队在的黎波里一次大规模游行期间犯下的罪行:"我们在这里看到的情景令人难以想象。战斗机和直升机肆意轰炸,死了好多好多人。"他呼吁国际社会采取行动:"否则利比亚人民就将被消灭了。"[3]

[1] "Ihr werdet von einer Immigrationswelle aus Afrika überschwemmt"（www.heise.de,2015年4月23日）。

[2] Daniele Ganser, Illegale Kriege（Zürich：Orell Füssli 出版社,2016),238页。

[3] 同上,239页。

很多西方媒体未经核实就报道了这个战斗机和直升机的故事。尽管五角大楼和德国政府都承认没有任何证据，联合国安理会却以此为基础通过了在利比亚设立禁飞区的决议。德国记者 Joachim Guilliard 认为，这个故事是凭空杜撰的[1]。

不过，在利比亚设立禁飞区和对利比亚施行轰炸似乎还不完全是一回事。但北约对联合国决议做了延伸注释。2011年3月19日，美国、法国和英国开始空袭利比亚。意大利、丹麦、加拿大、西班牙、比利时、荷兰、挪威、希腊和保加利亚紧跟。28个北约成员国中，12个参与了这场非法战争，连一向保持中立的瑞典也按捺不住。只有德国以安理会非常任理事国的身份投了弃权票，并因此受到北约盟友的激烈抨击。

2011年6月27日，卡扎菲以反人类的罪名受到全球通缉。10月20日，这位在利比亚当政时间最长的将军被杀害，细节不详。北约空袭之前，利比亚是非洲最富有的国家，人均国民生产总值最高，人均寿命最长。全民享受免费教育和医疗，免交电费。国有银行向人民提供无息贷款。贫困人口占比比荷兰还低。今天，利比亚是个"失败国家"。各派武装争夺政权，经济凋敝，石油工业完全瘫痪。南部成为伊斯兰国的老巢，北部是蛇头犯罪集团的大本营。因战乱、饥荒或生活无望而背井离乡的非洲人们以及在逃的刑事犯云集利比亚海岸等待偷渡地中海的机会。

---

[1] "Hand in Hand"（德国亲左翼党日报 *Junge Welt*），2012年2月18日。

## 非洲输出剩余人口

世界上最贫穷和最富有的大陆只有一海之隔。因此，非洲人铤而走险偷渡地中海到欧洲是再正常不过的事情。过去欧洲有穆巴拉克和卡扎菲这样的独裁者为其看守大门。先是"阿拉伯之春"把穆巴拉克赶下台，后来卡扎菲被推翻。现在埃及和利比亚都成了非洲难民来欧洲的中转站。

2015年，德国媒体把注意力集中在叙利亚战争难民身上，其实那一年来德国的非洲难民数量与叙利亚难民不相上下。其中部分来自北非。这些国家被"阿拉伯之春"折腾得够呛，很多年轻人感觉前景暗淡。而越来越多的非洲难民来自撒哈拉以南地区。他们逃难的主要原因不是战争，也不是恐怖主义，而是人口爆炸。这与穆斯林较高的生育率有关。比如在尼日尔这个穆斯林占人口绝对多数的国家，每个育龄女性平均生七个孩子。尼日尔本来就是世界最贫穷国家之一，女性如此高产如何能脱贫？！在非洲人口最多的国家尼日利亚（1.7亿），女性人均生育五个孩子。尼日利亚近年来经济增长迅速，按理说高生育率本不是坏事，但由于该国国民生产总值的提高主要依赖于石油出口，高增长没有明显带动就业市场，年轻人的失业率仍然稳步上升，2017年高达30%。

与非洲的整体状况相比，尼日利亚还算幸运。据联合国统计，非洲15到24岁的年轻人中，60%找不到工作[1]。这对非洲和欧洲来说都是一颗定时炸弹。目前非洲人口

[1] https://www.welt.de/politik/ausland/article131157709/2050-muss-Afrika-zwei-Milliarden-ernaehren.html.

每12天增长一百万。预计到2050年，非洲人口将翻一番，从今天的大约10亿变成20亿。1950年，非洲新生儿在全球新生儿中所占比例为10%；到2040年，这一比率将达到40%。到21世纪末，全球人口的40%将生活在非洲。他们当中会有多少拼了命也要来欧洲呢？2017年，德国发展援助部部长穆勒说出了一个惊人数字：一亿。这不是21世纪末的远景，而是对最近一二十年的预估。欧洲这几十年除了让非洲独裁者为自己把守大门，还向非洲大把撒钱，以为改善非洲人的生活就会让他们踏踏实实留在家乡。但早有专家警告，经济状况改善会在短期内加大移民压力，因为生活水平提高也意味着将有更多的人有条件外出，或者有支付蛇头的经济实力。

  这些年除了冬季以外，几乎每天都有满载非洲难民的渔船抵达意大利海岸。并不是所有的非洲人都有好运气。由于渔船质量不佳和严重超载，翻船的不幸事件时有发生。2015年4月的一场悲剧中，500名非洲人葬身鱼腹。那一次事件震撼了欧洲公众，使再迟钝的政治家也不能对非洲难民的命运熟视无睹。欧盟决定增强海上救援力度，有时候救生船直接开到接近利比亚水域的地方，并把获救难民送往欧洲。这虽然保证了偷渡难民的安全，但是也起了两个反作用：一个是蛇头知道有欧盟兜底，给难民的船只越来越破，难民的安全更没有保障；另一个是欧盟的人道主义行为鼓励越来越多的非洲人铤而走险。2016年，时任奥地利外长的库尔茨就一针见血地指出："只要在地中海获救之后马上得到前往中欧的通行证，就会有越来越多的人上路。"[1]

[1] https://www.bayernkurier.de/ausland/19788-so-viele-afrikaner-wie-noch-nie/.

## 穆斯林危机弧形带

叙利亚战争使1300万人流离失所，超过全球6400万难民的五分之一。除叙利亚之外，阿富汗、伊拉克和索马里是目前最大的难民"产地"，而难民的源地却远不止这几个国家。我们假设手捧一个地球仪，目光对准非洲和亚洲，从卡萨布兰卡向东偏南画上、下两条弧线，直到伊斯兰堡，中间的地带包括摩洛哥、阿尔及利亚、突尼斯、利比亚、埃及、马里、尼日尔、乍得、苏丹、埃塞俄比亚、索马里、厄立特里亚、以色列、巴勒斯坦、黎巴嫩、叙利亚、沙特阿拉伯、也门、伊拉克、伊朗、阿富汗和巴基斯坦。这一条弧形带是世界上战争最多、贫困程度最严重的地带。您还发现了什么？没错儿，除了以色列，其他都是穆斯林占人口多数的国家和地区。因此，专家称这个弧形地带为"穆斯林危机弧形带"。为什么伊斯兰国家如此多灾多难？这和我上面提到的美国和欧洲的干预有关，与中东北非各国政府的失误有关，但也离不开伊斯兰教派争斗。

公元632年，伊斯兰教创始人和阿拉伯帝国的缔造者穆罕默德谢世。这位穆圣犯了一个凡人的错误——生前没有安排接班人问题。怎么办呢？当时一部分人坚持血统论，认为只有与先知有血缘关系的人才有资格当接班人，具体来说就是穆圣的堂弟兼女婿阿里（Ali）；但大部分人则认为应当由穆罕默德最忠实的追随者来担此重任，推举他的生前好友阿布·巴卡尔（Abou Bakr），尊称其为哈里发（先知的继承人）。拥护阿里的一派虽然心里不服，但暂时求同存异。公元656年，第三任哈里发被害。继任者正是穆罕默德的女婿阿里（Ali）。按说这下应当皆大欢喜了。可偏偏叙利亚总督穆阿维叶（Muawiya）不买阿里的账。穆斯林由此分裂为逊尼和什叶两派。逊尼是阿拉伯语音译，原意是"遵循传统者"；什叶就是阿里派的意思。

公元661年，阿里遇刺身亡，穆阿维叶成为第五任哈里发，在大马士革建立倭马亚王朝。这回轮到什叶派不服气了。到了穆阿维叶和阿里的儿子辈，逊尼派和什叶派大打出手。公元680年，阿里的儿子侯赛因一家和大批什叶派在卡尔巴拉（今天伊拉克境内的什叶派圣城）被杀害。卡尔巴拉从此成了什叶派圣地，它提醒什叶派牢记这个深仇大恨。今天什叶派穆斯林中还流传着一首悲歌："到处都是卡尔巴拉"。他们在侯赛因受难纪念日上演圣徒受难戏，和基督徒将耶稣的心路历程搬上舞台差不多。

自卡尔巴拉事件之后，什叶派只承认阿里后裔的伊玛目为穆斯林的宗教和政治领袖。伊玛目在阿拉伯语里便是领袖的意思。也就是说，逊尼派追随哈里发（一直到13世纪阿拉伯帝国崩溃），什叶派则只认伊玛目。在阿拉伯帝国时代，哈里发是政教合一的最高领导人，相当于皇帝兼教皇。什叶派则在将近800年的时间里与权力无缘，直到1501年波斯帝国宣布什叶派为伊斯兰正统，什叶派也终于有了帝国的外壳，并与逊尼派的奥斯曼帝国[1]展开不懈的斗争。与基督教世界天主教徒和新教徒平分秋色的局面不同的是，伊斯兰世界里，逊尼派在人数上占压倒优势，与什叶派的比例是17∶3。换句话说，85%的穆斯林属于逊尼派，什叶派则只占穆斯林人口的15%。

逊尼派和什叶派下面又有很多分支，我本着求知的精神想把这事儿弄明白，结果差一点儿精神崩溃，因为太错综复杂了。作为局外人，我认为更重要的是记住两大穆斯林派别的分布地区，因为这对理解今天中东的战争各方至关重要。目前什叶派占人口多数的国家有伊朗、伊拉克、阿塞拜疆、巴林和黎巴嫩。叙利亚阿萨德

---

[1] 奥斯曼帝国（1299—1922）。

总统所属的阿拉维特派是什叶派的一个分支。除此之外的伊斯兰国家就都是逊尼派的地盘了。特别值得一提的是伊拉克。被处绞刑的伊拉克前总统萨达姆·侯赛因是逊尼派，当政期间压制多数派什叶派。萨达姆被美国推翻之后，什叶派翻身做了主人，逊尼派的日子不好过了，有不少来德国避难。

今天伊斯兰世界两大派别的对抗主要体现在沙特阿拉伯和伊朗之间的对峙。沙特王室是瓦哈比教派，这是一个伊斯兰原教旨主义派别，可以说是逊尼派里最极端的一个分支，与萨拉菲有近似之处。与沙特争夺中东霸主地位的是什叶派的伊朗。1979年，在伊朗发生的伊斯兰革命震惊世界。亲西方的巴列维国王被推翻，从流亡地返回德黑兰的什叶派宗教学者霍梅尼受到上百万民众的欢呼。同年4月，伊朗成为继巴基斯坦和毛里塔尼亚之后的世界上第三个伊斯兰共和国，霍梅尼是最高领袖。

今天的叙利亚战争不仅是美俄之间的代理人战争，也是沙特和伊朗争夺区域霸权的战争，同时是逊尼派和什叶派的教派之争，与17世纪欧洲天主教徒和新教徒之间的三十年战争有可比性。当那场战争于1618年爆发的时候，谁也没想到一打就是三十年。而叙利亚的参战各方估计也都没有想到战争会如此旷日持久。自由军、伊斯兰阵线、阿尔·努斯拉阵线，反对阿萨德的逊尼派武装越来越多。由于美国希望阿萨德下台，因此凡是阿萨德的反对派都被西方媒体称为反叛武装甚至自由斗士，尽管他们当中不乏极端分子和恐怖分子。美国和沙特支持这些"叛军"。但阿萨德的援军也在壮大。除俄罗斯力挺叙利亚政府之外，伊朗也组织伊拉克什叶派和黎巴嫩真主党民兵为阿萨德助阵。我前面提到，从叙利亚战乱中渔翁得利的是伊斯兰国。他们当中有不少是原萨达姆政府军的成员，属逊尼派。对沙特来说，敌人的敌人是自己的朋友。因此沙特暗中没少帮助与阿萨德为敌的伊斯兰国。

17世纪欧洲天主教徒和新教徒打得难解难分，头破血流，直到两败俱伤、精疲力竭的时候才签署了威斯特伐利亚条约。以此为鉴，叙利亚战争的结束可能遥遥无期。2015年德国接收的几十万叙利亚难民估计会在这里生根立足。

## 潘多拉的盒子

话说希腊众天神也是钩心斗角，尔虞我诈。而遭殃的往往是人类。普罗米修斯在天上盗火种送给人类，给人类带来光明；这引起宙斯不满，他发誓让灾难降临人间。他让儿子用泥巴捏了一个美女，名为潘多拉（Pandora），并把潘多拉介绍给普罗米修斯的弟弟厄庇墨透斯。普罗米修斯猜到宙斯不怀好意，恳请弟弟不要娶潘多拉为妻。正在为婚姻问题发愁的老实巴交的厄庇墨透斯哪能抵挡主动上门的美人儿的诱惑，欢天喜地与潘多拉完婚。

新娘从宙斯那里得到了一个魔盒。宙斯神秘兮兮地叮嘱潘多拉把魔盒送给人类，但是叮嘱他们绝不能打开。看来这位万神之主太了解女人了。想当初夏娃不顾警告偷食禁果，潘多拉听宙斯这么一说，哪儿还等到送给人类，自己就把盒子打开了。从此，灾难和罪恶传播到人间，而且一发不可收拾，只有希望留在了魔盒里。这使世界成了一个毫无希望的场所。还有一种说法是：潘多拉的盒子被第二次打开，"希望"这股轻烟也被释放出来。于是，尽管人间生活糟糕透顶，但人们仍然充满希望，乐此不疲。哲学家尼采因此认为，希望才是万恶之源，也是宙斯对人类最大的惩罚。抛开哲学家的思考，"潘多拉的盒子"从此成为带来灾难性后果之行动的代名词。

具体到欧洲的这一场难民危机，是哪个事件打开了潘多拉的盒子呢？可以说是一系列事件，也可以说潘多拉的魔盒被多次打开。德国政府在2015年9月头两个周末的作为或不作为无疑是后来一系列连锁反应的导火线；但利比亚和叙利亚战争无疑也触碰了潘多拉的盒子。还有的学者认为，20世纪90年代的南斯拉夫战争是始作俑者。欧洲大陆的唯一防线在那一系列战争之后失守了。读了下一章之后，您可能还会发现更多的潘多拉，比如德国前总理科尔和德国最高法院。

# 第三章 天堂近在眼前

不但不守卫边界，还将国门敞开。这是几千年来没有发生过的事情。

——亨利·基辛格，美国前国务卿，2015年12月

国际法意义上的庇护法不是单个人通过国际法得到庇护的权利，而是一个国家给予单个人庇护的权利。

——弗里德里希·贝尔伯 [Friedrich Berber]，德国国际法专家，1960年

她（默克尔）将自己变成了难民的保护神，从而使危机加剧。她无视现实的程度令人想起执政晚期的科尔。

——莱纳·魏豪斯 [Rainer Wehaus]，《斯图加特消息报》评论员，2015年9月

既然难民的主要来源地是阿拉伯国家和北非，那么他们为什么瞄准欧洲这个问题就似乎显得多余了——因为欧洲近在咫尺。地狱与天堂之间只隔着一条地中海。土耳其成了中东难民的最大中转站。天气晴朗的时候，从土耳其的海岸能看到希腊海岛——这是地中海东线。2015年土耳其边防睁一只眼闭一只眼，如同开闸放水，数十万难民乘橡皮艇抵达希腊。地中海中线我在前面提过：从利比亚的黎波里到意大利的兰佩杜萨岛，虽然不到150海里，不过对橡皮艇来说就具有相当的冒险性了。最便利的要数西线，从摩洛哥到西班牙不到一小时。不过这条线路在相当长一段时间里对难民来说基本行不通，我稍后再做解释。

难民青睐欧洲的另一个原因是历史的渊源。伊斯兰教自诞生之日起，便与欧洲的基督教展开信众和地盘的博弈。

## 两个一神教

随着以穆斯林为主的难民的涌入，欧洲民众对伊斯兰教的恐惧和厌烦也在加剧。但很多人不愿面对的现实是：伊斯兰教和基督教之间有很多相似之处。基督教有十诫，伊斯兰教有五个支柱；两者都要求信徒通过固定的仪式表示自己的虔诚；两个宗教都注重接济穷人；都以向全人类传播福音为己任；都相信上帝或真主有一双雪亮的眼睛，善举和恶行都记录在案，秋后算账；根据生前表现，信徒或上天堂，或下地狱；在中世纪，不管是基督教的地盘还是伊斯兰教的帝国，政治与宗教都融为一体，君权神授[1]。当然，基督教和伊斯兰教最大的共同点是两者都是一神教。某种程度上，伊斯兰教是穆罕默德站在基督教的肩膀上发展起来的。"6世纪在麦加出生的穆罕默德对基督教十分着迷，打坐静思好几年，自称得到了上帝的启示。"给他启示的加布里尔就是那个梦里暗示玛利亚怀了上帝之子以及将耶稣诞生消息传达给东方三位智者的大天使。看来600多年后，这位天使还是唯恐天下不乱。这一次他不光通风报信，还展开了启发式教学。他让穆罕默德用主的名义宣读。而大字不识一个的穆罕默德竟然把《古兰经》诵读出来。从此，穆罕默德开始传教，并和耶稣一样受到迫害。公元622年，穆罕默德及其追随者逃到麦加以北300千米的麦地那。伊斯兰历由此开始。

与被钉在十字架上的耶稣相比，穆罕默德的运气要好得多。他在公元623年与麦地那附近的部落签署和平友好条约，建立联盟，并在阿拉伯半岛上用胡萝卜加大棒的策略迅速扩张。具体来说，穆圣追随者对镇压穆斯林的犹太人或多神教者毫不留情，对驯服的基督徒和犹太教徒则宽容对待，只要缴纳一定的费用就可以继续信奉自己的宗教。除此之外，沙漠里的贝都因人大多皈依了伊斯兰教。

由此看来，穆罕默德不仅是伊斯兰教的创始人，也是阿拉伯帝国的缔造者。穆罕默德的敢死队为什么所向披靡？一个原因是东罗马——拜占庭帝国（今北非、巴尔干、意大利、叙利亚、土耳其等地）和波斯

[1] 伊斯兰教今天仍然如此。大部分基督徒对十诫、对仪式不那么当真了，也不大相信上帝是"会计员"。基督教国家或多或少实现了政教分离。

帝国（首都在今天的巴格达附近）的互相残杀。夹在中间的阿拉伯各部落原来不是拜占庭的领地，便是波斯的势力范围。两大帝国互戕给了阿拉伯人钻空子的机会。穆罕默德所到之处，那里的老百姓权衡一下利弊，是继续搂住拜占庭或波斯肌肉已经松弛的"大腿"还是跟随气势汹汹的新主子去征服天下，想一想就没什么好犹豫的了。

阿拉伯穆斯林势不可挡的另外一个原因是：扩张比防守更刺激。中国是典型的防守型国家，修长城费多大工夫！游牧民族灵活快速，骑着骆驼打天下，失去的是一无所有，得到的却可能是全世界。这一定给7世纪的阿拉伯人带来了巨大动力。

不过，他们最主要的力量源泉还是伊斯兰教的吉哈德精神。吉哈德是阿拉伯语的音译。今天更为流行的说法是"圣战"，一些极端穆斯林自称为"圣战主义者"，这是对吉哈德原意的误读，吉哈德原本是奋斗、努力的意思，努力与私心杂念作斗争，为真主的事业鞠躬尽瘁。伊斯兰不是佛教那样独善其身的宗教，而是与基督教一样，具有极大的分享欲望。这也是一神教的特点，都觉得自己的上帝或真主是正根儿。自己得到了真理不能独吞，要通过各种渠道广而告之。

## 不打不成交

穆罕默德于公元632年逝世。阿拉伯穆斯林化悲痛为力量，越战越勇，先消灭了波斯帝国，又从拜占庭夺取大片领土。北非是最早伊斯兰化的地区之一。早在7世纪地中海就成了基督教和伊斯兰教的界海。伊斯兰冲击欧洲首先是以海盗的形式。"一般认为，伊斯兰教徒第一次袭击基督教世界是在公元652年。伊斯兰船只从埃及的亚历山大出发，袭击了西西里岛最大的城市叙拉古，大肆破坏、掠夺，绑架了800名男子和妇女，在亚历山大的奴隶市场上出售。"[1]

公元732年，安拉的战士越过比利牛斯山攻入法兰克，如果不是查理曼[2]的祖父Karl Martell在今天法国西部的普瓦捷（Poitiers）抵御了穆斯林军队的入侵，整个西欧就失守了。"伊斯兰势力在短短20年时间内征服了伊比利亚半岛，却不得不止步于比利牛斯山脉南麓。不过，打消了沿内陆征服欧洲的念头，却意味着更想从海上征服欧洲。"[3]在日本历史学家盐野七生看来，8世纪是伊斯兰势力覆盖地中海世界东南西三面的一个世纪。一直到公元1000年，在地中海世界掌握主导权的不是基督教徒，而是伊斯兰教徒。伊斯兰士兵发出的豪言壮语"要把圣彼得大教堂变成伊斯兰的马厩"曾经使一千多年前的欧洲人胆战心惊。

伊斯兰战士的豪言可不是随便说说。公元830年，他们向基督教世界的首都罗马进发。攻城未果后，穆斯林果真洗劫了当时位于罗马城外的梵蒂冈圣彼得大教堂。公元876年，教皇约翰八世致信神圣罗马帝国皇帝说："所有地方都已化作掠夺、杀戮和放火的舞台。人们躲过剑锋也逃不过大火。逃过大火，等待他们的也是铁锁链，他们被带走送到异教徒的地方，在那里当奴隶，做牛做马，迎来死亡。这就是可怜的基督教徒的命运。"[4]那时地中海沿岸的欧洲人完全生活在白色恐怖和水深火热之中。200年之后（1096年），热衷于内部权力斗争的基督教世界才打起精神，为拯救北非的难兄难弟和被阿拉伯人占领的圣城耶路撒冷发动十字军东征。

公元1291年，"巴勒斯坦基督教徒的最后堡垒阿卡

---

[1]〔日〕盐野七生：《罗马灭亡后的地中海世界》上（北京，中信出版社，2017），14页。

[2]Charlemagne 或卡尔大帝（Karl der Große，742—814），查理大帝，欧洲中世纪早期法兰克王国的国王，曾经统一西欧大部分地区。

[3]〔日〕盐野七生：《罗马灭亡后的地中海世界》上（北京，中信出版社，2017），25页。

[4]同上，91页。

陷落，长达200年的十字军时代落下了帷幕。照伊斯兰的说法，十字军东征是以伊斯兰方面'把最后一名十字军士兵赶下地中海'而告终的。"[1] 其实十字军在军事上取得了局部胜利，只是一致对外了一段时间之后，基督教世界又恢复到老样子——内斗。1202年开始的第四次十字军东征竟将矛头对准同样信仰基督教的拜占庭帝国。基督教士兵在君士坦丁堡烧杀抢掠，连教皇都看不下去了。这一次内斗也使东西两大基督教流派（东正教和罗马天主教）永远丧失了重新融合的机会。

而真正为拜占庭帝国敲响丧钟的是13世纪末崛起的伊斯兰奥斯曼帝国。1453年4月，16万人的奥斯曼大军兵临君士坦丁堡城下。数千基督教士兵负隅顽抗了两个月，终因寡不敌众而城池失守。千年拜占庭帝国[2]随着君士坦丁堡的陷落而灭亡。奥斯曼苏丹穆罕默德二世干脆把首都迁到君士坦丁堡，后来更名为伊斯坦布尔。"基督教徒居民沦为奴隶，基督教堂改造成了新居民伊斯兰教徒的清真寺。这一系列变化显示，这位刚刚二十来岁的胜利者满脑子都是进攻西方基督教世界的想法。"[3]

穆罕默德二世一不做二不休，在随后的十几年里接连占领塞尔维亚、波斯尼亚、希腊、当时属于热那亚共和国的莱斯博斯岛[4]以及威尼斯共和国最重要的海军基地内格罗蓬特。为了劝降内格罗蓬特总督，穆罕默德二世曾向安拉发誓不斩降者。他也确实"信守诺言"，没有砍下总督和守城士兵的头颅，而是将他们的身体劈成两半。1492年，伊比利亚半岛上的基督教武装联合起

[1]〔日〕盐野七生：《罗马灭亡后的地中海世界》上（北京，中信出版社，2017），174页。
[2] 史学家也称信奉基督教的拜占庭帝国为东罗马帝国，与西欧同样信奉基督教的神圣罗马帝国遥相呼应。
[3]〔日〕盐野七生：《罗马灭亡后的地中海世界》下（北京，中信出版社，2017），13、14页。
[4] 莱斯博斯岛位于爱琴海上，今天隶属希腊。2016年初春因巴尔干线路关闭，上万难民被困岛上。莱斯博斯岛因此而闻名世界。

来，把占领该半岛800年的伊斯兰势力赶到了北非。西班牙重新回到基督教的怀抱（史学家称此为"再征服"[Reconquista]），这使15世纪没有完全成为基督教的耻辱世纪。

进入16世纪，奥斯曼帝国确立了伊斯兰世界的霸主地位。1520年继位的苏丹苏莱曼一心要把"伊斯兰之家"扩大到整个欧洲。他在基督教世界的对手是神圣罗马帝国的皇帝卡尔五世。这位德意志和西班牙的混血兼任西班牙国王[1]，统治的疆域还包括德意志、奥地利、荷兰和意大利南部。卡尔五世也是个宗教狂热分子，在殖民南美的过程中让传教士推广基督教。不过在欧洲，他的日子并不好过。他成为神圣罗马帝国皇帝的1519年，正是马丁·路德发动的宗教改革如火如荼的时候。各种威逼利诱都不能使路德回心转意，新教最终与天主教分道扬镳。宗教纷争之外，卡尔五世还面临一位世俗统治者的挑战——法兰西国王弗朗索瓦。"这两个人都长寿，16世纪上半叶一直在位。整个欧洲卷入了他们二人之间的权力游戏，削弱了基督教世界对伊斯兰的抵抗力量。"[2]

1532年，苏莱曼和卡尔五世第一次正面交锋。苏莱曼从陆海两路发动进攻。陆路直抵维也纳[3]，被匈牙利国王费尔南德（卡尔五世的弟弟）击退；海军也在地中海溃败。卡尔五世决心直捣协助苏莱曼作战的北非海盗老巢，顺利拿下突尼斯。在阿尔及尔，基督教联军则差点儿全军覆没。法兰西国王弗朗索瓦认为有机可乘，为打垮西班牙宿敌，不惜与奥斯曼帝国结盟，

[1] 被称为卡洛斯一世。
[2] 〔日〕盐野七生:《罗马灭亡后的地中海世界》下（北京，中信出版社，2017），46页。
[3] 苏莱曼第一次包围维也纳是1529年。

并因此受到整个基督教世界的谴责。16世纪中叶，弗朗索瓦驾崩，卡尔五世主动退位，地中海受控于奥斯曼海盗。1561年，卡尔五世的儿子、西班牙国王腓力二世组织基督教联军，旨在夺回的黎波里，却以基督教士兵遭受大屠杀而告终[1]。

谁也没有想到，16世纪拯救基督教世界名誉的竟然是小小的马耳他。1565年3月，一支奥斯曼大军离开伊斯坦布尔，两个月后抵达马耳他。马耳他骑士团不畏超级大国的军队，利用地理优势，顽强抵抗了四个月，以损失三分之二兵员的代价取得攻防战的胜利。他们"让世人看到了全欧洲都认为'不可能'的事情成为'可能'，看到了战无不胜的奥斯曼军队并非战无不胜"[2]。苏莱曼在攻防战后的第二年去世。地中海的基督教世界进入一个相对平静的时期。不过，平静只持续了五年。1571年10月，地中海经历了规模最大也是最后的一次海战——黎凡特海战。起因是此前一年奥斯曼帝国血洗威尼斯共和国的领地塞浦路斯。威尼斯虽然是欧洲基督教大家庭的一分子，但它以贸易立国，在东西方冲突中尽可能保持中立，有点儿像今天的瑞士。现在，奥斯曼不仅攻打和掠夺塞浦路斯，而且对那里的威尼斯贵族和商人格杀勿论。是可忍孰不可忍！于是威尼斯与西班牙联手组成一支强大的海军，在希腊西部帕特雷湾外的海面上打响黎凡特海战。鏖战五个小时，威西联军大获全胜，奥斯曼海军被彻底击溃。这次海战使奥斯曼帝国断了从海上进攻欧洲的念头。

在基督教与伊斯兰教冲突较量的历史中，17世纪最

[1] 历史学家称之为"杰尔巴屠杀"。
[2] 〔日〕盐野七生：《罗马灭亡后的地中海世界》下（北京，中信出版社，2017），247页。

值得记住的一个年份是1683年。那一年7月,奥斯曼苏丹穆罕默德四世集结17万人的大军再度包围神圣罗马帝国的首都维也纳。此时奥斯曼帝国的鼎盛时期已过,好战的苏丹打算借攻城战的胜利重振帝国雄风。此时的神圣罗马帝国内忧外患。新教与天主教势力间持续三十年的战争[1]特别使主战场德意志元气大伤,给传统对手法国称霸欧洲大陆提供了绝佳时机。而曾经与奥斯曼结盟的法兰西当然不会在维也纳被围困的时候,向神圣罗马帝国皇帝利奥波德一世伸出援手。9月,当利奥波德已经弃城而逃、守军弹尽粮绝的时候,德意志各诸侯与东欧国家组成的援军及时赶到。特别是波兰—立陶宛联军在守城战中立下了汗马功劳。有人认为,1683年的维也纳战役是欧洲文明和奥斯曼帝国的命运拐点,就像两部不同方向的电梯一样,一个上升,一个下滑。

那之后的几十年里,奥斯曼帝国除了利用北非的海盗不时骚扰地中海对岸的欧洲,似乎已经黔驴技穷。1740年,奥斯曼签署了"海盗禁令"。19世纪,西欧各国开始对北非全面殖民。北非海盗彻底销声匿迹。

随着近代欧洲对外殖民扩张,伊斯兰世界曾经的优越感彻底消失。19世纪下半叶,阿拉伯半岛和埃及兴起萨拉菲运动。"萨拉菲"在阿拉伯语里是"前辈""先人"的意思。萨拉菲派主张遵循祖辈遗训,完全按照《古兰经》的教诲生活,甚至从外形上也模仿先知穆罕默德,穿长袍,蓄大胡子。他们想从伊斯兰教最初的辉煌汲取与西方对抗的力量。今天,伊斯兰原教旨主义运动产生了很多变种,有的通过制造恐袭与西方展开不对称战

---

[1] 1618—1648年。

争，比如"基地"组织或伊斯兰国，但并非所有原教旨主义者都是恐怖分子。

为什么在伊斯兰世界之外，欧洲发生的恐怖袭击事件最为频繁？很简单，因为欧洲的穆斯林移民最多，为恐怖分子提供便利或藏身之地的潜在人数最大。而两大宗教和两种文化的冲突在过去几十年里并没有阻止穆斯林对欧洲的热情，这也是因为不打不成交，在冲突中增进了解。还有一部分穆斯林带着吉哈德精神来到欧洲，不拿自己当外人，并试图最终获得人口优势。

## 德法火车头的轻率决定

几百年的时间里，阿拉伯帝国、奥斯曼帝国和北非的穆斯林海盗前赴后继、流血牺牲都未能占领欧洲；今天，阿拉伯和北非的穆斯林不费一兵一卒大摇大摆进入欧洲，欧洲人"不但不守卫边界，还将国门敞开。这是几千年来没有发生过的事情"。[1]

为什么会这样？是和平时间太久，欧洲人没有危机意识了？还是某国或某几个国家的政策失误？应当说是兼而有之。欧洲的无边界状况始于1985年的申根协定，而申根协定始于朗布耶（Rambouillet）。朗布耶地处巴黎西南郊，距离巴黎市中心不到50公里。那座著名的城堡于14世纪建成，是好几位法国国王的寝宫。二战后它成为法国总统的避暑山庄和法国国宾馆。1975年首届七国峰会就在那里召开。1984年5月29日，朗布耶城堡再次成为一个重大历史事件的见证。那天是德法例行峰会的

[1] 美国前国务卿基辛格接受德国《商报》采访，2015年12月29日。

最后一天。上午，德国时任总理科尔、法国时任总统密特朗和法国时任总理莫鲁瓦（Pierre Mauroy）举行会谈。

德国和法国这一对曾经水火不容的死敌在"二战"结束后认识到，只有两国真正和解，欧洲才可能长治久安。因此德法从握手言和到密切合作既是欧洲一体化的基础，也是这一进程的目的。欧洲融合能有今天，与战后三对德法领导人的名字分不开：阿登纳和戴高乐、施密特和德斯坦以及科尔和密特朗。20世纪80年代初，德法关系经历了施密特与德斯坦的黄金搭档期后，陷入短暂低潮。尽管德国总理施密特与德斯坦的继任者密特朗同属左翼阵营，但两人从经济政策到财政理念都相距甚远，互相看不顺眼。1982年年底，德国政府中的小伙伴自民党倒戈，推翻施密特，成全了基民盟主席科尔。虽然科尔和密特朗这两位领导人"从政治观点到个性爱好都迥然不同，但他们彼此马上产生了好感，并在接下来的12年里改变了欧洲的面貌"[1]。他们的第一个"壮举"是在不经意间取消了两国之间的边界。为什么说不经意呢？我们来看上面提到的三人会晤的谈话记录。

在敲定了科尔和密特朗将于当年9月共同前往凡尔登战役遗址后，"科尔问：我们能在边界做些什么？"[2]警察和海关都反对取消边境检查，不过他并不认为这是完全不可能的。科尔指出，边境警察在旅游旺季对小轿车一般都是挥手放行，一年当中真正检查的时间只有八个月。两国可以考虑在这段时间有所作为，让老百姓切身体会欧洲一体化的优越性。密特朗提出两

---

[1]〔德〕张丹红：《从查理大帝到欧元—欧洲的统一梦》（武汉，长江文艺出版社，2017），238页。

[2] 德意志联邦共和国外交档案1984年（慕尼黑，2015），750页。

点顾虑：如果德法放弃边界检查，荷兰的卡车大军将对法国运输业构成威胁；法国的非法移民问题也可能加重。科尔说，我们也有非法移民，主要是土耳其人。"总理认为可以分几步走，可以先对德国和法国牌照的轿车放行，对载重车继续检查。密特朗回答说：可以在随后的记者会上宣布这一决定。总理补充：荷比卢会很快跟上。"[1]

密特朗在随后的记者会上宣布，两国政府已决定取消对旅游者的边界手续。将给欧洲带来严重后果的这一决定，原来是科尔和密特朗几句话就拍板定案的。可以肯定的是：两位政治家没有预见到这个在他们看来小菜一碟的决定将带给欧洲的深远影响。

不出科尔所料，荷兰、比利时和卢森堡紧随两位大哥的脚步。1985年7月14日，德国、法国及荷比卢三国在卢森堡小镇申根签署开放内部边界的多边协定。从"二战"结束到20世纪80年代的40年里，欧洲一体化步步深入，从关税同盟到内部市场，内部边界变得越来越不重要。特别是首批申根五国之间的边检早在申根协定签署之前就比较宽松，一般只是抽样检查。不过在申根协定签署之前，每个国家可以在特定情况下严格边检，比如针对犯罪团伙，或流行病肆虐时期。申根协定则像欧元一样，具有不可逆转性。谁关闭边界，谁就是冒天下之大不韪，是开历史的倒车。申根协定同时产生榜样效应：意大利、西班牙、葡萄牙、希腊、奥地利、丹麦、芬兰和瑞典在20世纪90年代先后成为申根成员国。1997年，欧盟通过阿姆斯特丹条约，申根国正式将

---

[1] 德意志联邦共和国外交档案1984年（慕尼黑，2015），750页。

守卫边界的主权上交布鲁塞尔。

我个人认为，欧洲融合进程中犯了三个致命的错误：申根协定、欧元和欧盟东扩。东扩是迫于美国压力，因为华盛顿担心如不及时将原华约国家拉入欧盟，他们就会投入莫斯科的怀抱；欧元主要是密特朗的主意[1]，是他"批准"两德统一的前提条件；而申根协定的始作俑者则是德国前总理科尔。

2007年12月，九个在2004年加入欧盟的东欧国家成为申根成员。至此，四亿欧洲人可在24个欧盟国家之间自由穿梭。对布鲁塞尔的官员和欧洲政治精英来说，这当然是件可喜可贺的事情，因为欧盟又向欧罗巴合众国的方向迈进了一大步。老百姓则是几家欢乐几家愁。欢乐的当然是这些新申根国的公民，他们从此可自由出入几乎所有西欧国家，这在冷战期间是完全不能想象的；而与这些国家有共同边界的西欧人民则犯了愁。为什么？因为从人民生活水平来说，东、西欧仍然是两个世界。西欧人担心"窗户大开"之后，进来的将不只是新鲜空气，还有大量的苍蝇和其他害虫。

最不爽的是德国人，具体来说是与波兰接壤[2]的德国东部人民。那时候两德统一十几年，东德人经历了两场货币改革[3]，很多人在经济转轨过程中失业。现在刚刚过上几天安稳日子，又要担心波兰偷盗团伙过来抢劫。不难想象，一个没有边检的区域很容易变成有组织的犯罪集团的天堂。盗贼可以大摇大摆地进来，之后带着"战利品"迅速逃离边界，可谓速战速决。时任内政部部长的朔伊布勒[4]对德国人打包票说，

---

[1] 密特朗时代还没有"欧元"这个名字，只是说欧洲统一货币。

[2] 德国与波兰的边界线长达460千米。

[3] 先是1990年的东马克换西马克，后是2001年的马克换欧元。

[4] Wolfgang Schäuble（1942— ）：基民盟政治家，曾任内政部部长和财政部部长，现任联邦议院议长。

治安情况不但不会随着申根区的扩大而恶化，相反，因为边防警察将在边境线周围的30千米范围内加强巡逻，因此德国人将会感到更安全。结果呢？与波兰毗邻的村民可惨了——小到现金细软，大到汽车拖拉机，只要能搬动的，都难不倒波兰的小偷团队。为了不影响欧盟的安定团结，德国媒体对这类事件极少报道。据一位知道内情的德国朋友透露，布鲁塞尔认为德波边境的状况不值得担忧，因为随着波兰人民生活水平的逐步提高，这类不愉快的事件会自动减少。

今天的申根区包括德国、比利时、丹麦、爱沙尼亚、芬兰、法国、希腊、冰岛、意大利、拉脱维亚、列支敦士登、立陶宛、卢森堡、马耳他、荷兰、挪威、奥地利、波兰、葡萄牙、瑞典、瑞士、斯洛伐克、斯洛文尼亚、西班牙、捷克和匈牙利。其中冰岛、列支敦士登、瑞士和挪威不是欧盟国家，而且这些国家也没有真正取消边检。欧盟成员国中，爱尔兰、塞浦路斯、罗马尼亚、保加利亚和克罗地亚不是申根区成员。"脱欧"前的英国也始终没有加入申根区。

## 谁来守卫申根区外部边界？

我住在科隆一个深受中上层知识分子喜爱的小区，邻居大多志同道合，关系融洽。孩子们之间也是形影不离，难舍难分。我家经常留宿楼里的其他孩子，我的女儿也时常在邻居家过夜。楼里联欢的时候，大门都是敞开的，孩子们自由选择扎堆儿的地方。某种程度上，我们这栋容纳八个家庭的居民楼就像是取消了内部边界的申根区。不过前提是大家共同严守"外部边界"。我们不断提醒孩子们出来进去的时候一定把前后两个大门关严。

申根区的情况如何呢？我前面提到在1997年欧盟通过的阿姆斯特丹条约中，申根国正式将守卫边界的主权上交布鲁塞尔。不过布鲁塞尔并没有认真对待，辜负了申根国的信赖。其实这并不奇怪。欧盟是个臃肿异常的官僚机构，而且大多决定采取一致通过的原则，就像一家公司有27位董事长。决断难，实施更难。2004年，欧盟外部边界合作机构（Frontex[1]）终于成立。"它是欧盟对防守外部边界这个至关重要的问题漠然视之的有力证明。"[2] 该机构的成立虽然"显示欧盟对外部边界发生的事情给予更多的关注，但Frontex的任务并不是为守卫边界采取行动，而是观察，具体来说就是协调各国的措施，采集数据，分析风险，等等。当2013年难民浪潮已经显露端倪的时候，Frontex只有318名工作人员"。[3]

Frontex是个很具欧盟特色的机构。一方面，欧盟不是欧罗巴合众国，没有自己的选民，不需要对谁负责，因此Frontex在某种程度上不过是个装点；另一方面，即使Frontex认真对待自己守卫外部边界的任务，它也没有实权，任何行动都需要欧盟前沿国的批准。而希腊和意大利这样的前沿国宁可让自己的海岸线失控，也不愿让Frontex插手。

综上所述：申根国草率地将守卫边界的任务交给欧盟；欧盟既无诚意，也无实权；防守申根区外部边界的重担落在了申根区前沿国的肩上。换句话说，谁靠边儿，谁倒霉。虽然欧盟单设了一项基金给予前沿国一定的补偿，但随着难民的增多，这点儿资助成了杯水车薪。

申根区地中海前沿国有三个：西班牙、意大利和希腊。取道地中海的难民因此有三条线路：西线（西班牙线）、中线（意大利线）和东线（希腊线）。我们熟悉了一船船非洲难民在希腊和意大利登陆的画面，其实，与非洲距离最近的是西班牙。尽管西班牙在北非的飞地休

---

[1] 法语frontières extérieures（外部边界）的缩写。

[2] Hans-Peter Schwarz, Die neue Völkerwanderung nach Europa（慕尼黑，DVA出版社，2017），60页。

[3] 同上。

达（Ceuta）和梅利利亚（Melilla）与摩洛哥只有一步之遥，但2015年抵达西班牙的难民数量微不足道。为什么？因为马德里和拉巴特政府签了协议，后者必须收回从摩洛哥出发的难民。"在西班牙政府强硬政策的震慑下，谁还愿意付钱给蛇头，结果只坐上橡皮艇来一趟往返呢？"[1]为显示拒绝接收非法移民的决心，西班牙还在飞地修筑六米高墙和铁丝网。马德里的做法使得试图取道西线偷渡地中海进入欧盟的难民数量最小[2]，葬身地中海的人数也最低，2015年只有106人。而同年死在中线和东线的难民分别为2892人和805人。这也说明没有绝对的人道主义。你坚决不收，看似不人道，但铤而走险的难民也就寥寥无几；而你出于人道来者不拒，那么就会吸引更多的难民冒生命危险找上门来，葬身鱼腹的也就更多。

总体来说，保守政府的难民政策比较强硬。西班牙2018年以前便是如此[3]。贝卢斯科尼担任意大利总理期间与利比亚总统卡扎菲配合默契，我在第二章有详细描述。雅典的保守政府也曾努力防守海岸线。后来意大利和希腊两国左派政治家上台，不再采取积极的防范措施，加上卡扎菲在战乱中丧生，没有人再为欧洲看大门，为蛇头组织难民偷渡提供空前的便利。而偏偏意大利和希腊这两个国家债务缠身，自顾不暇，不愿也不能抵挡日益汹涌的难民浪潮，在登记和安顿难民方面越来越力不从心，于是从2015年年初开始采取"挥手政策"，让数十万难民北上，去奥地利、德国、瑞典这些愿意接收难民的国家。

[1]〔德〕张丹红：《从查理大帝到欧元——欧洲的统一梦》(武汉，长江文艺出版社，2017)，340页。

[2]这是2018年以前的状态。2018年夏天，由于意大利新政府拒绝让难民船靠岸，越来越多的非洲人在西班牙的飞地翻墙穿网，使西班牙成为新的移民通道。

[3]2018年西班牙左派上台，改变了难民政策上的强硬态度。

## 难民利益高于一切

中东和非洲难民潮水般涌向欧洲，当然是因为欧洲不像加拿大那样遥不可及，因为欧洲在历史上与"穆斯林危机弧形带"有着剪不断理还乱的关系，也当然因为欧洲不认真防守自己的边界，让偷渡者有机可乘，但假如欧洲有严格的外国人法，让非法进入者原路返回，那么蛇头的钱就不那么容易赚了。对难民来说，欧洲最具吸引力的是其独一无二的庇护法。它是世界上唯一一部将难民利益置于接收国利益之上的法律，并且实际上给了欧洲之外60多亿人口通过庇护法移民欧洲的可能。可以说欧洲人在20世纪上半叶将世界推入灾难的深渊，下半叶则一步步矫枉过正。

20世纪上半叶，在欧洲土地上爆发的两场世界大战不仅夺去了上千万人的生命，也使上百万人无家可归，成为无国籍的人。难民地位公约就是在这一背景下诞生的。1951年7月28日，联合国会议在日内瓦通过难民地位公约，也被称为日内瓦公约。其原本目的是保护欧洲领土上因"二战"而产生的难民，既不适用于1951年1月1日之后的难民，也不适用于欧洲以外的难民。该公约对难民的定义是：因种族、宗教、国籍、特定社会团体的成员身份或政治见解而受到迫害并居留在国外、不愿或不能接受本国保护的人。公约要求签字国保障难民的地位，提供身份证件、结社自由、迁徙自由和福利救助。1954年公约正式生效之后，适用范围不断扩大，地域上从欧洲扩展到全世界，难民定义从受政治迫害者拓宽至战争难民。不过，德国和欧洲左派政治家闭口不谈的是：日内瓦公约第23条明确规定，难民保护公约不适用于非法移民；第33条写明，如果难民在客居国犯罪或者对客居国安全构成威胁，提供庇护的国家有权将他遣返。

在联合国致力于难民保护的同时，欧洲诞生第一个区域人权公约。1950年11月4日，欧洲人权公约在欧洲理事会主持下于罗马签署，1953年生效。该公约在后来的几十年里不断发展完善,签约国达到47个[1]。它为欧洲难民问题的特殊解决道路奠定了基础。其中第一条"任何人的生命权应受到法律保护"在目前的难民危机中经常被引用。而欧洲人权公约对后人影响最大的一条是:设立欧洲人权委员会和欧洲人权法院,以确保公约得以有效执行。欧洲人权法院的判决对欧盟成员国具有约束力。它的一个个有利于难民的判决使欧盟的庇护法越来越朝难民利益高于一切的方向发展,并"无形中给守卫欧盟外部边界设置了不可逾越的障碍。"[2]

不过在20世纪五六十年代,欧共体在庇护法方面仍然各自为政。德国著名国际法专家Friedrich Berber认为,"按照现行国际法,不存在国际迁徙自由。"每个国家都有维护其人口单一结构和国家历史认同的权利,"自由迁徙将使这一权利受到严重威胁。想想看,假如澳大利亚对来自中国、日本和印度的移民不加控制的话,那么这个国家的前景将会是怎样。"[3]在他看来,"国际法意义上的庇护法不是单个人通过国际法得到庇护的权利,而是一个国家给予单个人庇护的权利。"

那时候欧共体各国的庇护法差异很大。以德国为例。别看今天左翼和保守阵营的政治家都为德国基本法第16条[4]感到自豪,其实这一条款的原始意思是不将一名受政治迫害者引渡给第三国。直到1959年,联邦宪法法院才在一起诉讼审理过程中对庇护法做了全新的阐释。20世纪60到80年代,在日内瓦公约和欧洲人权公约的大气候下,在法官有利于难民的判决和政治家拯救全世界受难者的豪情壮志的竞赛中,德国庇护法对避

[1] 除传统意义上的欧洲国家之外,签约国还包括俄罗斯、乌克兰、格鲁吉亚、亚美尼亚和阿塞拜疆。
[2] Hans-Peter Schwarz, Die neue Völkerwanderung nach Europa(慕尼黑,DVA出版社,2017),75页。
[3] Friedrich Berber, Lehrbuch des Völkerrechts. I. Band. Allgemeines. Friedensrecht(慕尼黑,C. H. Beck出版社,1960),378页。
[4] 基本法是德国的宪法。第16条的内容是"受政治迫害者享受庇护"。

难申请审理的规定越来越细，初衷是不让任何受迫害者因司法疏漏而遭拒绝。如此有利于庇护申请者的法律以及德国日臻完善的福利体系吸引了越来越多以申请庇护为由、实际上以移民德国为目的的外国人。

20世纪90年代初，前南斯拉夫爆发的战争使每年来德国申请庇护的人数达到几十万，与今天的规模差不多。一方面，立法者将庇护范围扩大到战争难民；另一方面，科尔领导下的保守政府还没有完全丧失自我保护意识，在议会中争取到2/3多数席位同意修改宪法，对基本法第16条加以补充：经过所谓安全第三国的难民不得在德国申请避难。安全第三国指的是那些承认日内瓦公约和欧洲人权公约的国家。由于德国周围都是安全第三国，使陆路进入德国的难民都可以被遣返回第三国。来德的难民数量因此骤然下降。

根据1997年签署的阿姆斯特丹条约，申根国将防守外部边界的任务交给了欧盟；与此同时，欧盟国也将制定庇护政策的主权大部分上交布鲁塞尔。同年，"都柏林规定"生效，目的是明确哪个欧盟国家负责审理某个特定难民的庇护申请。据此，难民必须在抵达欧盟的第一个国家提交庇护申请，同时禁止一人向几个国家发出避难请求。2004年，也就是欧盟宪法条约在里斯本诞生的那一年，布鲁塞尔颁布难民政策准则[1]。"当时，取道庇护法的民族迁徙以及由此带来的欧盟外部边界问题已经初露端倪，欧盟却要求其成员国将保障单个难民的受庇护权置于保护外部边界之上。"[2]根据该准则，欧盟成员国除了有义务接收传

[1] 前面已经讲过准则与规定的区别，准则不具约束性，而规定则必须得到欧盟国遵守。

[2] Hans-Peter Schwarz, Die neue Völkerwanderung nach Europa（慕尼黑，DVA出版社，2017），88页。

统意义上的受迫害者和战争难民之外，还要安置一大批所谓受辅助保护的人。这些人虽然不符合受庇护条件，但是假如把他们遣返回国，那么他们可能面临死刑、刑罚或不人道待遇，他们的生命和安全可能因一场国际或国内武装冲突而受到威胁。"死刑、刑罚和不人道待遇"这一条日内瓦公约也有，但"生命和安全可能因一场国际或国内武装冲突而受到威胁"这一条是欧盟添加的。看起来好像无足轻重，较起真儿来，凡是有局部战争的国家（叙利亚、伊拉克等），理论上全国人民都可以来欧盟避难了。辅助庇护可以享受一年，并可延长两次，然后就能长期居留了。换句话说，2015年随难民浪潮涌入德国的叙利亚、伊拉克或阿富汗人现在都已享受长期居留的待遇。

欧洲为什么在难民问题上如此理想主义？我在前面提到主要是历史原因。德国哲学家尼采曾经将国家称为"有组织的不道德"[1]，第二次世界大战似乎为尼采论断的正确提供了佐证。因此，"二战"结束后，"至少民主国家打算洗面革新，通过国际法强制国家行善。联合国人权宣言就是在此基础上产生的。"[2]

不过，这一人权宣言不具约束性。真正当真的大概只有欧洲人。我已经提到了欧洲人权宣言和欧洲人权委员会，而对难民政策影响最大的也许还要属欧洲人权法院。设立人权法院是欧洲人权宣言的承诺。1959年，欧洲人权法院在法国斯特拉斯堡问世。法院的任务是监督欧洲人权宣言在签署国的执行情况。法院的权限在过去几十年里不断扩大。今天，人权法院有47名全职法官，

[1] Friedrich Nietzsche, Werke in drei Bänden（慕尼黑，Hanser出版社，1966），635页。

[2] Hans-Peter Schwarz, Die neue Völkerwanderung nach Europa（慕尼黑，DVA出版社，2017），80页。

也就是说每个成员国派出一名法官，任期九年，其判决对所有人权宣言签字国具有约束性。奥地利、荷兰等国甚至把人权法院的判决置于与本国宪法同等重要的地位。

在2017年6月去世的德国著名历史学家Hans-Peter Schwarz看来，欧洲人权法院在难民庇护问题上扮演着重要的角色，也是造成今天申根区危机的主要责任机构之一。他举了两个例子。2011年12月21日，欧洲人权法院作出判决，禁止欧盟其他国家按照"都柏林规定"将难民遣送回希腊，因为那里安置难民的条件太差。于是德国内政部决定不再将从希腊过来的难民打发回去。这样，斯特拉斯堡的欧洲人权法院不仅置现行欧盟法律于不顾，而且它还向滞留希腊的难民发出信号：如果前往德国，不必担心被遣返回希腊。同年，欧洲人权法院判决意大利向2009年在国际水域被发现并被遣返利比亚的24名厄立特里亚和索马里难民每人赔偿15000欧元。理由是集体遣返剥夺了单个难民申请庇护的权利，而且他们在利比亚可能受到非人道待遇。这一判决迫使意大利海军将在国际海域发现的难民悉数接到意大利，意大利无形中成了蛇头犯罪集团的盟友，也给日后希腊和意大利左翼政府在守卫边界方面的无所作为提供了最好的借口。

欧洲人权法院的专职法官们只有一个职责：监督日内瓦公约和欧洲人权公约在欧盟成员国的实施。他们只对公约负责，不必考虑他们的判决可能给欧盟各国带来的后果。而欧盟成员国只有硬着头皮执行判决内容，不敢质疑其合法性和可行性。

那么欧洲之外的国家呢？它们几乎都在日内瓦公约上签了字，但没有一个国家像欧盟那样一板一眼地执行，顶多在人道主义基础上量力而行。美国、加拿大、澳大利亚等国的难民法都是居高临下式的，由本国政府决定接收难民的数量和允许他们逗留的时间，而且不将任何一个国际法庭的判决视为神圣。全世界难民潮水般涌向欧洲还有什么奇怪的呢？

## 高福利召唤，谁不动心？

20世纪90年代，我曾结识了一位在德国做访问学者的中国哲学家。那位老兄不知哪根筋动，一心要去难民营体验生活。功夫不负有心人，德国有关部门还真允许他去科隆附近的一座难民营住了一周。后来他和我聊起那段难忘的经历，滔滔不绝。当时的难民主要源于巴尔干地区，一般来说庇护得到批准的希望微乎其微。但他们照来不误，因为在家乡辛辛苦苦一个月挣的工资还不如这里的零花钱多。反正在难民营吃住全包，零花钱可以寄回家。这位学者说，他结识的难民有的已经是"二进宫"，意思是已经被遣返过，找机会又过来了。别看申请德国签证手续烦冗，非法进入德国（没有有效证件）却易如反掌：你只要会说一个德语单词"Asyl"（避难），德国边防警察就必须让你入境。之后将启动长达几个月的审理程序。因为在此期间不允许工作，所以这些百无聊赖的青壮年难免打架斗殴，破坏公物也是常有的事，反正不是自己的家，早晚会被遣返。我忘不了哲学家的一句话："幸亏难民人数有限。假如来个几百万，再富裕的国家也会被整垮了。"

难民在德国的零花钱有多少呢？各联邦州的情况不一。一般来说，踏上德国的土地，一声"Asyl"（对发音的要求不高），不管你是真难民，还是来寻求幸福生活的所谓经济难民，还是就想来揩揩德国的"油"，抑或是肩负使命来搞恐怖活动的，你会被就近安置在一个难民营里（第一接待站），分到一套被褥和卫生用品，住宿和一日三餐免费，包括咖啡和热茶。也就是说，最基本的生活费用国家都包了，零花钱纯粹是为了满足额外的需求，比如烟酒或公共交通。一般来说，在第一接待站待上几天或几个星期之后，德国"衙门"会按照一个很复杂的公式把你分配到某个联邦州。那里难民营的居住条件应当比第一接待站略好。住宿、一日三餐和日常用品仍然免费。德国庇护法规定的零花钱约为每人每月350欧元，但各联邦州可灵活掌握。有的联邦州尽可能把现金折合成实物，比如发给难民公交车票。对难民来说，当然拿现金最划算，因为现金可以寄回家，公交车票离开德国就没有意义了。况且出门还可以蹭车，德语里叫乘黑车。在德国乘车买票靠自觉，而且查票不是经常发生的事情。偶尔倒霉遇上查票的，你可以装（有时候都不用装）听不懂德语，遇上较真儿的查票员给你开罚款单，回到难民营让工作人员给疏通一下就行了。一位曾在难民营工作的朋友就亲眼看到过这样的事情。据她介绍，她所在的难民营里，部分人平时不在难民营逗留，只在领取零花钱的那一天回来。她估计，这些人要么在其他城市打黑工，要么登记了多重身份，换着地方领零花钱。

350欧元听起来不多，但仔细想想又不少。衣食住行四个项目中，国家包了食和住这最重要的两项，医疗保险也由纳税人承担。350欧元是真正意义上的零花钱。德国很多收入较低的上班族在支付了房租、水电和各项保险之后，不一定有350欧元可以灵活支配。

这样高额的零花钱是2012年两名难民打官司打出来的。他们起诉的理由是给难民的零花钱自从1993年之后就没有提高，而1993年至2012年的通胀率累计超过了30%。2012年难民的零花钱为每月225欧元，比社会救济的水平低35%。结果，两名难民在联邦宪法法院胜诉。最高法院责成议会尽快修改庇护法的相关规定，保证申请庇护者能够过有尊严的生活。法官在判决书中说，在德国，外国人和德国人应当受到同等待遇，不能把难民变成二等公民。零花钱一夜之间涨了100多欧元。蛇头把这个好消息传播到世界各个角落。2013年，也就是此裁决作出的第二年，来德国申请庇护的人数一下激增至近13万，几乎比上年翻了一番。之后基本就是每年翻一番。某种程度上，宪法法院关于难民零花钱的判决对难民浪潮起了推波助澜的作用。

2015年9月24日，也就是德国边界大开20天之后，《斯图加特新闻报》发表了一篇题为"爱你邻居的邻居"的评论。这个题目影射的是《圣经》里的一句话："爱你的邻居"。评论称宪法法院的判决是愚蠢的。"如果我们以后给难民危机写一个大事记，那么就应当从那个历史性的愚蠢开始。2012年，宪法法院推翻了德国庇护法对难民待遇的相关规定，把德国的社会救济体系送给全世界的穷人。一个五口之家每月可得到1500欧元现金，住房免费，这是德国从那之后向全世界发出的邀请。"[1]最先接受邀请的是巴尔干地区的人民。直到2015年，来自巴尔干地区的人在难民总数中所占比例高达40%。而那个地区既没有战乱，政治迫害也难以想象。而且像那位中国哲学家了解的，很多人是"二进宫"，因为这个邀请太诱人，让人难以拒绝。再之后，这个喜讯就传遍了全世界。来德国的难民把这里富裕生活的照片通过手机发给亲朋好友，于是像滚雪球一样招来了越来越多的贫困移民。评论员继而批评天真的德国人："《圣经》里说爱你的邻居。德国人则愿意把这份情感送给邻居的邻居。很多人为每一个来到德国的难民欢欣鼓舞，却毫不犹豫地指责那些不那么欢欣鼓舞的同胞排外。"评论员甚至认为叙利亚战争不过是欢迎文化的推崇者们的借口，因为来德国的叙利亚难民不到难民总数的三分之一，而且这些人里面还有不少是买了假护照的非叙利亚人。德国正在进口贫困，而经济界代表却为此叫好。该评论员认为这是因为德国人的固执已见。一旦自欺欺人地认为难民涌入对德国来说是个福音，就一条路走到黑。时任劳动部部长的社民党政治家纳勒斯坦承，来德国的难民中只有十分之一的人符合德国劳动市场的要求，但公司的高管仍然为这百分之十摩拳擦掌。"经济界坦然接受这100人当中的10个合格者，并不考虑另外的90人怎么处理。这是很短视的，因为那90人将会成为德国的负担。"评论最后指名道姓地批评总理默克尔：

[1] https://www.stuttgarter-nachrichten.de/inhalt.leitartikel-zur-fluechtlingskrise-liebe-deinen-uebernaechsten.ef6e2003-3a3e-466a-bed8-d601ebf88cb6.html.

"她将自己变成了难民的保护神,从而使危机加剧。"评论最后说:"解决危机的出路只有一个:收回向全世界受苦人发出的邀请。"在欢迎文化热度最高的时刻,这样理性的声音太孤独、太微弱了。

欧洲还有比德国更慷慨的,比如丹麦。2015年9月之前,难民在丹麦每月得到的零花钱为1400欧元[1]。不过当难民浪潮汹涌之时,哥本哈根政府很快见"好"就收,从2015年9月起,将零花钱锐减至每人每月216欧元。法国和德国差不多,每月给难民零花钱340欧元。瑞典、荷兰和英国也属于比较大方的国家。它们成了全世界贫穷地区人民最为心仪的国家就不足为奇了。欧盟委员会的德国委员厄廷格尔早在2015年秋天就主张欧盟国家应统一对难民的待遇,降低部分国家对难民的巨大吸引力。不过这个建议很不现实,因为欧盟毕竟不是欧罗巴合众国,西欧国家出于人道主义不会明显降低难民福利标准,而把枪抵在东欧国家领导人的脖子上他们也不会改善对难民的待遇,因此这一落差问题一时半会儿解决不了,难民浪潮由东向西的走向也难以逆转。

为什么我们要大庇天下寒士俱欢颜呢?西欧左派政治家认为,这是因为欧洲十分富裕,我们承受得起接收贫穷移民的负担;其次,我们是民主国家,要以实际行动兑现我们的价值观。不过富裕的民主国家似乎并不只存在于欧洲。那么其他有可比性的国家是否也是来者不拒呢?

我们先来看看多种族、多元文化的澳大利亚。前总理霍华德[2]任职期间开始实施严格的难民政策,用三

---

[1] 这笔钱需要缴税。
[2] John Howard,1996年至2007年担任澳大利亚总理。

个词来概括就是：震慑、排斥和转嫁。堪培拉政府不惜血本在太平洋岛国瑙鲁和巴布亚新几内亚修建戒备森严的难民营，把在海上截获的、试图偷渡澳大利亚的难民集中在那里，对庇护申请的审理程序不在澳大利亚本土，因而也不按照澳大利亚的法律进行。申请遭拒的遣返，得到批准的也不得踏上澳大利亚的土地。澳大利亚为此又与第三方签约，比如柬埔寨，让得到澳大利亚官方承认的难民迁居到那里。换句话说，即使你受到政治迫害，或者逃避战争，你也休想在澳大利亚本土获得新生。这就难怪铤而走险去澳大利亚的难民寥寥无几了。想想看，你冒着搭上性命的危险，乘橡皮艇前往澳大利亚，最好的结局是在瑙鲁被"关押"几个月之后到柬埔寨安家落户。为此你还得把全家多年的积蓄拱手送给蛇头。要多冤有多冤。这便是震慑、排斥和转嫁。"震慑"针对的是难民，让他们明白费多大劲也不可能通过庇护法移民澳大利亚，而且瑙鲁岛的难民营不是海滨度假村；"排斥"针对的也是难民，堪培拉政府毫不含糊地发出不欢迎难民的信号；"转嫁"的意思是把难民问题转嫁给其他国家，先是太平洋岛国，之后是亚洲的贫穷国家，只要舍得花钱，总能找到自告奋勇的国家。媒体和非政府组织对政府的做法不断发出激烈批评，但两个主要政党都不思改变，因为他们知道这一政策会得到大多数选民的支持。

再来看"民主世界的灯塔"——美国。2016年奥巴马政府承诺接收一万名叙利亚难民，但最终没有达标。美国与联合国合作从土耳其及黎巴嫩难民营直接挑选难民，以家庭为主，并对他们进行严格的安全审查。美国志愿家庭向慈善组织报名，帮助难民家庭找房子，并协助他们办理必要的手续。政府给每名叙利亚人925美元的起始资助；之后的8个月，难民每月可领取289美元及食品券。入境时难民即得到工作许可。美国不但允许他们工作，而且要求他们必须工作。英语不够好的必须接受低端工作，比如整理超市的货架。美国认为工作是融入社会的钥匙。一般来说三个月之内找不到工作就会付不起房租，国家还减少补贴，只能靠慈善组织接济。而这不是长久之计。因此难民在美国的生活压力比较大，从积极的意义上说，找工作的动力也大。这与德国庇护申请审理过程中不允许难民工作的政策形成鲜明对比。

那么加拿大那位帅哥总理又是如何对待难民的呢？特鲁多在外界给自己树立的形象是特朗普的反面。特朗普大搞民族主义，排斥外来移民；特鲁多则高举多元文化的旗帜，欢迎移民和难民，并且在摄像机前自我感动得热泪盈眶。自从他宣布将与特朗普背道而驰、张开双臂欢迎难民后，数千名没有合法身份的移民从美国潜入加拿大。一开始他们受到礼遇，有吃有住，比德国的条件还好；而一旦庇护申请遭拒，马上被关押起来，直到被遣返，这又是在德国无法想象的。德国左派政党和媒体在涉及难民问题时最忌讳的一个词就是"上限"，认为为接收难民人数设上限是不人道的。而他们推崇备至的特鲁多每年都为难民人数设限，且实际接收数量一般都低于上限。2017年的上限是7500人。同年来德国申请庇护的难民将近19万。

综上所述，欧洲取消了内部边界，对外部边界又不认真防守；有关难民和移民的立法将难民利益放在首位；把初来乍到的难民与为本国福利体系作出多年贡献的国民同等对待，甚至对外来人更加无微不至。欧洲召唤难民和移民，难民和移民蜂拥至欧洲，一个愿打一个愿挨。

## 第四章 德国——一个秋天的童话

> 我们得到的是活生生的礼物！……德国将发生彻底的变化。对此我们已经兴奋不已！
> ——卡特琳·戈林-埃卡尔特，时任绿党议会党团主席，2015年11月

> 今天萨尔费尔德迎来图林根的第一辆难民专列。老实说，今天是我一生中最美好的一天。
> ——博多·拉莫罗，左翼党政治家，图林根州州长，2015年9月

> 对德国来说，那些年轻的、对未来充满信心的、富有天赋和雄心大志的难民是一种幸运。而这种幸运有多大将取决于我们自己，取决于我们多么发自内心地欢迎这些陌生人。
> ——莎宾娜·吕克尔特，《时代周报》副总编，2015年8月

历史学家石义师在《文明的幻象》一书中这样评价德国人:"在西方各国中,德国人是最富有理性精神的。他们勤于思考,做事讲究有条不紊和效率,特别喜欢有序的生活,特别遵守国家秩序。"我在2015年秋天却见证了德国人用激情取代理性。当国家秩序已经无从谈起的时候,他们没有表现出忧虑,反而欣喜若狂。我常常感到置身梦境,并希望这不是一场噩梦。

## 语不惊人死不休的"默克尔二世"

在用激情取代理性的代表性政治家中,首先是德国总理本人。还记得2015年8月26日在德国东部小城海德瑙诞生的那位"难民总理"吗?从那天起,默克尔与之前的她判若两人。因此,我把那之前担任了十年总理的默克尔称为默克尔一世,"难民总理"则是"默克尔二世"。默克尔一世瞻前顾后,十米一刹车;默克尔二世奋勇向前,一条路走到黑。默克尔一世见风使舵,只认民意,不讲原则;默克尔二世固执己见,不顾民意,只认死理。默克尔一世沉着冷静,有时让人感觉不近人情,人称铁娘子、冰雪女王;默克尔二世柔肠百转(不过只针对难民),人称默克尔妈妈。语言风格也发生变化,虽然默克尔一世和二世都不免言之无物(这也是政治家的通病),但一世的讲话只是空洞,二世则学会了喊空洞的口号[1]。

[1] 有关默克尔的讲话艺术我稍后还有进一步的介绍。

默克尔二世"登基"之后喊出的第一个口号是："我们能搞定！"那是在2015年8月31日举行的夏季记者会上。当时还没有闸门大开，但是政府已经预料到原来40万难民的预测打不住。地方负责安置难民的部门已经叫苦连天。此时已成为默克尔二世的总理为全国人民打气："德国是一个强大的国家，我们已经战胜了那么多的困难，这一次我们也能搞定。我们能搞定！哪里有障碍，我们就在哪里克服。"[1]

"我们能搞定"从此与默克尔的难民政策密不可分，甚至可以说这句话对默克尔的支持者和反对者同样意义重大。在反对者眼里，这句话主语含糊，宾语不明。首先，"我们"是谁？如果是指全体德国人民，那么你事先征求了人民的意见吗？其次，能搞定的是什么？德语里只是一个小小的代词"das"，是"这个"的意思，而"这个"又是什么呢？如果是指让所有"来客"都有个栖身之地，那确实能搞定；如果是指让几十万难民融入德国社会，那么这根本搞不定，因为很多人压根儿就没打算融入。在默克尔二世的支持者看来，还是总理牛：用这么一句简单明了、朗朗上口的话足以应对所有的批评，因为不管对方怎么说，你只需重申"我们能搞定"。后来，当德国在难民问题面前显得越来越力不从心时，很多媒体展开了围绕这句话的正反方辩论。总理说出三个单词[2]，把全德国切割成势不两立的两大阵营，彼此都像小孩子赌气一样地说："我们能搞定！""我们搞不定！""我们就是能搞定！""我们怎么也搞不定！"单单这一点就不能不

[1] https://www.faz.net/aktuell/politik/angela-merkels-sommerpressekonferenz-13778484.html.

[2] "我们能搞定"的德语原文是"Wir schaffen das"，总共三个单词。

佩服总理的讲话艺术。

如果说"我们能搞定"这句话是为了鼓舞士气、没有特指的对象或者说对象是全国人民的话，那么默克尔二世在2015年9月11日接受媒体采访时说出的那一句"避难的基本权利没有上限"，就有特指了。当时德奥两国总理作出国门大开、来者不拒的决定已经过了一周，左翼政党和媒体对此欢欣鼓舞，批评的声音主要来自默克尔所在的保守阵营，而声音最大的要数巴伐利亚州州长泽霍费尔。他称默克尔的决定是个严重的错误，同时要求为德国接收难民的人数设上限。因此"避难的基本权利没有上限"是说给自己阵营里的反对派听的。这话多少有点儿赌气的意思：你要求上限，我就告诉你上限是不合法的，因而是不可能的。我在第一章里已经对总理的这句话做了分析：理论上没错，基本法里没有明文规定德国一年可以或应当接收多少难民；但她忽略了基本法有关庇护条款里的关键一句："凡是通过安全第三国来德国的不得享受庇护。"绝大多数来德国的难民都通过了安全第三国，也就是说绝大多数人都不应当得到庇护，这也是从泽霍费尔到部分法学家认为默克尔9月4日到5日夜间作出的决定违背宪法的原因。总理的表态某种程度上也有倒打一耙的嫌疑——你说我违法，你的要求才违法呢。默克尔"没有上限"的一句话在国内外产生了两个极其恶劣的附带效应。在国内，它为此后两年有关上限的辩论定了调——"上限"既违背法律，又有悖人道，因此大逆不道；在国外，德国总理的这句话等于重申了向全世界受苦受难人民发出的邀请，加剧了德国边界的失控状态。它实际上也是默克尔两天后拒绝下达闭关令的前兆——你刚刚邀请大家来，接着把家门反锁起来，这怎么说得过去？！

"难民总理"在2015年秋天说出的另一句名言也是针对批评者的："说真的，假如现在我们要为在危急时刻展现了友好面孔而道歉的话，那么这就不是我的国家了。"这是默克尔在9月15日与奥地利总理法伊曼共同举行的记者会上说出的。与"避难的基本权利没有上限"相比，这一句更具情绪化，还有点儿威胁的味道：你们要是不拥护我，我就去其他国家申请避难了！闹情绪的话虽然不必太当真，但是其效果也不可低估。本章最后一节我会进行更详细的论述。

2015年10月初，默克尔在接受德国电视一台采访时说："德国有3000千米的边界线，不可能修筑这么长的界栏。"言外之意，守卫德国的边界是不可能的。这个意思她换着花样地强调了无数次，比如："闭关自守不是21世纪的解决办法。"总理在公开场合说这话的时候，一般会赢得雷鸣般的掌声。换了其他国家，假如政府首脑承认他守不住边界，那么要求他下台的声音一定会不绝于耳。而在德国，总理做这样的表态非但不会丢掉乌纱帽，相反还受到追捧。而且没有人对默克尔明目张胆地偷换概念（把"防守边界"与"闭关自守"等同起来）提出异议。这是我在2015年秋天因为怎么也理解不了德国人而感到最郁闷的时刻。我想，要是德国3000千米的边界线都无法看守，那中国（22457千米的边界线）还不得绝望到家了！在边界防守的问题上，德国总理的态度其实也是自相矛盾的。一方面，3000千米太长，管不过来；另一方面，她花几十亿欧元请土耳其看好其7000千米的海岸线。同时，默克尔还不断强调守卫欧盟的外部边界。可她有没有算过：欧盟的陆地外部边界长达8000千米，海岸线绵延43000千米！

## 在野党哪儿去了？

我们假设2015年的德国政府是由社民党和绿党组成的，默克尔是在野党——联盟党议会党团主席。如果左翼红绿政府为蜂拥而至的难民敞开了国门，那么保守的联盟党会恼羞成怒，并要求成立议会委员会立案调查。默克尔会在议会辩论中指责红绿政府违背宪法。保守的媒体也会抨击政府的不负责行为。在在野党和媒体的双重压力下，政府可能会及时转向，或关闭边界，或采取控制难民人数的措施。

可惜2015年德国的政局并非如此。那时当政的是所谓大联合政府——保守的联盟党[1]和左翼的社民党。这就好像美国的共和党和民主党联合执政，这在美国是不可想象的。在欧洲一些国家，左右阵营的两大政党获得的选票越来越少，与志同道合的小伙伴组不成多数政府，于是只能两大政党组阁，结果两党彼此越来越接近，使选民难以区分。如果竞争对手快成孪生兄弟了，选民对选举就失去了兴趣。所以说大联合政府是民主的毒素。默克尔执政四届[2]，三届是大联合，两大党不断缩水。

2015年9月，当时德国议会由五个政党——默克尔所在的基民盟、基民盟姊妹党基社盟、社民党、绿党和左翼党组成，其中三个执政党（基民盟、基社盟、社民党），两个在野党（绿党和左翼党）。基民盟和基社盟合称联盟党，组成共同的议会党团（联盟党议会党团），这是"二战"以来70多年的传统。五个政党在议会中组成四个议会党团。左翼党是原东德国家社会党的后继党，比社民党更左；绿党就更不用说了。按照左右阵营来区分，联盟党可以说是一对三。不过，当时默克尔已经当了10年总理。她的一大执政风格是所谓的不对称战术。把对手的政治主张据为己有，让对手的选民没有动力去选举，这样她可以永踞总理宝座。这也是社民党的诉求大多兑现、但选票却越来越少的原因。有人因此讽刺说默克尔是有史以来最优秀的社民党人。这样的战术虽然保证默克尔一再连任，但她领导的基民盟在她执

[1] 联盟党是基督教民主联盟（简称基民盟）和基督教社会联盟（简称基社盟）的统称。基社盟只在巴伐利亚存在，基民盟则不在巴伐利亚设点，这样两党互不构成竞争。在议会中两党组成共同的议会党团，"二战"以来一直如此。

[2] 第四届于2018年春天开始。

政期间面目全非。废除兵役制和能源转型是2015年之前默克尔给保守政治家的两道最难下咽的菜。不过与边界不作为相比，那两道就是小菜一碟了。

默克尔这个保守党政治家作出了极"左"的决定，因而得到其他三个左翼政党的衷心拥护。且慢，社民党领导人曾在极为短暂的时间里保持了头脑的冷静。我前面提到，默克尔曾在9月4日晚给社民党主席加布里尔打电话，问他是否同意德国接纳滞留在布达佩斯的7000到8000名难民。加布里尔说同意，前提是这是一次性的行动。加布里尔继承了社民党的现实政治传统，属于务实派。不过当他发现总理已将难民问题道德化、媒体和民众也紧紧跟随的时候，他毫不犹豫地选择了机会主义，放弃了最初的谨慎，成为默克尔的坚定支持者。他甚至戴着"Refugees welcome"（欢迎难民）的徽章去参加议会会议。此举违背了议会的着装规定：不得把政治宣言显露在穿戴上。不过在那些疯狂的日子里，大家心里只装着难民，政治正确的信息当然可以写在脸上。在加布里尔看来，保守阵营的总理敞开国门欢迎难民，那么左翼阵营的社民党怎么也不能站到总理的右边。这可以说是加布里尔最大的失算，也是社民党自掘坟墓的开始。

议会中的两个在野党——绿党和左翼党则毫无保留地赞同总理的决定。他们做梦也没有想到一个保守阵营的总理会帮助他们实现国际主义的理想。一时间，议会成了群情激昂的难民统一阵线。以往的议会辩论你听两句就能知道是执政党还是在野党的议员在发言，现在则分不清朝野，听到的都是对总理难民政策的赞誉（或至少不提出批评）。绿党议会党团主席卡特琳·戈林－埃卡尔特激动地说："我们得到的是活生生的礼物！"她还说："德国将发生彻底的变化。对此我们已经兴奋不已！"她这句话好像是那之后德国发生的一切的不祥预告。汉堡市议会一位绿党籍女议员的话更令人瞠目："再过几十年，德国人在一些大城市所占的比例将下降到20%，这是多么好的一件事！"另一位绿党政治家、巴登－符腾堡州州长温弗雷德·克雷驰曼希望默克尔在欧盟层面分摊难民的计划成功。由于他意识到这将是一场持久战，因此他"每天都为默克尔祈祷，希望她保持健康"[1]。说绿党成了总理的啦啦队毫不过分。

左翼党因为不可能成为联盟党的执政伙伴[2]，所以坚决不为总理唱赞歌。可以说，默克尔难民政策在左翼党政治家身上引发的更多是一种自我感动的情愫。而在这方面，谁也比不上图林根州州长博多·拉莫罗。2015年9月5日，他在德国东部萨尔费尔德小城火车站迎接一辆来自慕尼黑的难民专列时对德国志愿者说："我真高兴你们在这里！"当火车终于进站时，州长热泪盈眶，拿着扩音喇叭用阿拉伯语欢迎难民。这位德国第一名左翼党籍州长在站台接受地方电视台采访时说："今天我哭了一天。萨尔费尔德是1945年'二战'结束后发现武器最多的城市，是纳粹特别活跃的城市。今天萨尔费尔德迎来图林根的第一辆难民专列。老实说，今天是我一生中最美好的一天。"

拉莫罗的这一席话其实一语道破天机：德国政界在2015年秋天表现异常的原因是德国几十年的赎罪欲望终于找到了一个突破口。曾有记者问默克尔看到世界各地的难民们高举"默克尔，救救我！"的牌子时心里怎么想，这位德国总理说，看到这么多人认为德国是个能够提供帮助的国家，这让她感到很高兴："这很珍贵。想一想我们的历史，这真的令人感动。"

总理因为不敢承担关闭边界的责任使本来开了一道缝儿的国门被难民冲破；而左派怎么也没有想到一个保守派总理竟然替他们实现了没有国界的乌托邦理想，于是议会没有了在野党。在民主制度下，在野党的责任本

[1] http://www.tagesspiegel.de/politik/winfried-kretschmann-im-interview-ich-bete-jeden-tag-fuer-angela-merkel/12900668.html。

[2] 联盟党仍然视左翼党为前东德统一社会党的后继党，在联邦和州一级都拒绝与左翼党联合组阁。

来是监督政府，此时应当质问默克尔为什么置基本法于不顾，并强烈要求议会对国门大开的决定展开辩论，甚至应当要求议会成立调查委员会，调查总理开放边界依据的是哪一条法律。可惜，议会在野党在这个决定德国和欧洲未来的重大问题上自我放弃了，这为一个右翼新政党的崛起铺平了道路。

在难民问题上，议会中也不是完全没有反对默克尔的声音。只不过她的反对派不是在野党，而是她自己的党友。基民盟80后政治家延斯·施潘（Jens Spahn）[1]因为敢于公开唱反调脱颖而出。他在2015年9月底就发出警告：如果边界失控状态继续下去，那么欢迎难民的气氛随时可能转变。而批评声音最高的还要属巴伐利亚州州长泽霍费尔。

### "巴伐利亚雄狮"

这不仅是因为总理事先没有通知（到）他，让他一觉醒来后院儿已经满是难民（巴伐利亚与奥地利接壤），还因为这位政坛老手具有极其敏锐的政治直觉。他立即意识到这样的"善举"开了头儿，就不好收场，而且将激励更多的难民投奔德国。在他看来，来者不拒的决定就像是拔出葡萄酒瓶的软木塞，再想恢复原状就得费点儿劲了。

泽霍费尔批评默克尔单方面废除欧盟法律[2]，并一再威胁巴伐利亚将采取单独行动，恢复边检。由于巴伐利亚是大批难民抵达德国的第一站，因此可以说他

---

[1] 施潘，1980年生人，被视为德国政坛的一颗新星。特别在难民问题上，他很早就站到了本党主席和总理默克尔的对立面。2018年春，联盟党与社民党的组阁谈判中，默克尔迫于压力，不得不将施潘拉入内阁。偏偏他接管的是卫生部，在抗疫期间与总理捐弃前嫌，并肩作战。

[2] 他指的是"都柏林规定"。

是默克尔难民政策的直接受害者。他在2015年9月接受媒体采访时说："有人只负责唱人道主义的高调，有人则要负责具体操作，调动资源。这样的分工是不能接受的。"[1]他虽然没有指名道姓，但是他的所指大家都心照不宣：唱高调的是总理，做实事的则是他自己。泽霍费尔提出必须为难民人数设上限。

泽霍费尔称德国现在是一个非法治国家。一时间，他好像成了在野党的领袖。而他领导的基社盟与默克尔所在的基民盟从"二战"结束以后就是姊妹关系。基社盟雄踞巴伐利亚，在其他联邦州不设支部；基民盟则在巴伐利亚之外的联邦州发展地盘，两党互不竞争，在联邦层面组成共同的议会党团——联盟党议会党团。这其实对其他政党来说颇不公平，因为总是一党对两党的阵势。这也是联盟党战后执政时间最长的原因之一。2015年的德国政府是由联盟党和社民党组成的大联合政府，实际上则是三党执政——基民盟、基社盟和社民党。一个执政党的主席批评另外一个执政党主席，说她的行为违法，这在联邦德国的历史上还是前所未有的事情。

从那以后，泽霍费尔只有一个目标：说服默克尔接受基社盟每年20万难民上限的建议。不过，他显然低估了"难民总理"的固执。2015年11月基社盟在慕尼黑召开的党代会上，默克尔作为基民盟主席发表讲话。这是姊妹党之间的惯例。在默克尔讲话的20分钟，与会者一直期待着她说出"上限"这个词。但默克尔重申这段时间以来她颠来倒去的那句话："闭关自守不是21世纪的方案。"其实，基社盟从来没有要求闭关自

[1]http://www.faz.net/aktuell/politik/fluechtlingskrise/csu-chef-seehofer-will-bayerns-belastung-nicht-laenger-hinnehmen-13817924.html.

守，不过是认为德国不可能把全世界的难民都接过来。默克尔虽然向基社盟伸出橄榄枝，强调该遣返的要坚决遣返，要尽一切努力减少难民的人数。但就是避免"上限"这个字眼。讲话结束，她得到了礼貌性的掌声。泽霍费尔接着走上台，默克尔仍然站在台上。泽霍费尔讲了13分钟，句句是向总理的示威："我现在讲一讲我们的观点，这样我们可以明确立场。我们认为，如果我们不明确上限的话，我们不可能长久得到老百姓的支持。"他的话博得与会者一阵阵热烈的掌声。那大概是默克尔担任总理10年期间最尴尬的场面。她身高1米65，比1米93的大个子泽霍费尔矮了整整一头。这位巴伐利亚州州长站在讲台上，像个严厉的老师；默克尔距他两米远，像犯了错误的小学生。泽霍费尔讲话的时候，默克尔的表情逐渐僵化，最后撇起嘴，双臂交叉，脸上是一种不屑的表情。泽霍费尔最后以威胁的口吻说道："你知道我们不达目的是不会善罢甘休的。我们还会接着讨论这个话题。"在全场雷鸣般的掌声中，默克尔一言不发地走下台，一言不发地直奔出口。她大概心想，慕尼黑这个鬼地方轻易不会再来了。

让我感到不解的是，理性完全在巴伐利亚州州长一边，但大部分媒体却支持总理。挨批的不仅是"上限"，因为在主流媒体看来，庇护权是基本人权，是没有上限的；我的媒体同行认为同样不可接受的是泽霍费尔对待女士的粗暴方式。我想，政坛像战场，从政的女性对此都有心理准备。如果对待女政治家要讲绅士风度，那么男女平等的原则何在呢？

巴伐利亚之外的德国人本来就不那么喜欢巴伐利亚人。这也许是因为巴伐利亚处处优秀：拜仁慕尼黑队把持着德国甲级联赛的冠军杯；巴伐利亚的啤酒举世闻名；巴伐利亚人生产的宝马、奥迪畅销全球；连巴伐利亚的风景都最怡人。一句话，假如巴伐利亚独立，会是一个像瑞士一样的高精尖国家。这让德国其他地区的人们由羡慕而生嫉恨也是人之常情。大家对巴伐利亚人另眼相看大概还有一个原因，那就是在全球一体化弄潮儿的眼里，巴伐利亚人太传统，太跟不上潮流。他们保持着自己传统的服装，精心维护着自己的习俗和节庆。其实，巴伐利亚的经济最发达，教育水平在全国最高。这些阿尔卑斯山脚下的人们不过是希望德国仍然尽可能保留德国的原样。这在我们这些外来移民眼里是一种再正常不过的诉求,但在左翼政党和媒体看来就是大逆不道了。不无讽刺的是,19世纪巴伐利亚人被普鲁士剥夺国家主权,而现在巴伐利亚人似乎成了德国最后的普鲁士。

狮子是巴伐利亚的象征,泽霍费尔因其在难民问题上的强硬态度被媒体称为"巴伐利亚雄狮"。当然授予他这个称号不是表达对他的赞赏,而纯粹是讽刺。

## 独立的媒体哪儿去了?

总理已经定了调,"避难的基本权利是没有上限的",因此,"上限"这个词在2015年的秋天成了一个大逆不道的字眼[1]。图宾根市市长、绿党籍政治家波利斯·帕尔默[2]在接受电视一台采访时说,作为一个只有10万人口的城市的市长,他每天诚惶诚恐,因为不知道今天上面又分配给他多少难民,地方的安置能力有限,德国的承受能力也有限。记者马上义正词严地质问:"您难道也支持泽霍费尔的上限吗?"

德国公法媒体[3]自难民危机爆发以来自愿成为默克尔无上限接收难民政策的吹鼓手。媒体的职责本来是监督政府的,所以媒体自视为国家的"第四权力"[4]。但在那一场全民欢迎难民的热潮中,主流媒体悄悄地重新定义了自己的职责,不再监督政府,而是教育觉悟不高的民众,让他们发自内心地支持默克

[1] 对左翼政党和媒体来说,"上限"直到今天仍然是非人道主义的代名词。
[2] 绿党也有务实的政治家。
[3] 包括电视一台、二台和几家广播电台。与私人媒体的区别是,公法媒体的经费由国家征收,名为广播电视费。
[4] 另外的三个权力是立法、行政和司法,所谓三权分立。

尔的人道主义路线。很多媒体人忘记了记者前辈、电视一台晚间新闻节目前主持人弗里德里西斯（Hans Joachim Friedrichs）的那句名言："衡量一名好记者的标准是：他从来不让自己服务于一项事业，哪怕是一项在他看来很正义的事业。"2015年的秋天，很多记者加入了帮助难民的志愿者队伍。媒体人成为一场运动的积极分子，同时热情洋溢地报道这场运动，你还指望看到和读到客观的报道吗？

　　我那时有一个习惯——每天晚上和小女儿一起看10分钟的儿童新闻节目。儿童台KIKA是由电视一台和二台共同负责的。KIKA主持人去德奥边境报道难民问题，临别时与难民热烈拥抱，就差称兄道弟了。电视里出现频率最高的是水汪汪大眼睛的叙利亚难民儿童。我有一次看见女儿感动得热泪盈眶，禁不住问她："如果来德国的难民大多数是青年男人，你在电视里看到的却总是水汪汪的大眼睛。这是什么呢？"女儿想了想用德语回答："Manipulation（操纵）。"她让我自豪！从那以后，我们俩都对儿童新闻节目失去了兴趣。

　　这也难怪。如果记者认为自己的任务是教育老百姓，让受众群体明白德国接收大批难民是道义上的责无旁贷，那么他在选择画面的时候会下意识地做有利于难民的甄别。当时主流媒体还有一个说法：来德国的叙利亚难民当中，有不少是工程师和医生。言外之意，这正好解了德国工程技术人才和医生匮乏的燃眉之急。媒体和政治家还告诉我们，今天来的年轻难民正是解决德国人口老龄化问题的钥匙，有了他们，德国的养老体系便有了保障。我此前还真不知道德国的养老体系原来已经危在旦夕。换句话说，我们今天欢迎的是我们明日的大救星。

　　了解德国媒体状况的朋友可能会说，公法媒体是靠国家强制征收广播电视费来经营的，当然会有亲政府的倾向，那么私营媒体呢？德国发行量最大的《图片报》在20世纪90年代的难民浪潮中没少报道阴暗面，营造了反对难民的气氛，无形中向政治施压，成为政府严格实行庇护法的推动力。但这一回，《图片报》也为欢迎文化推波助澜。还在2015年夏天，该报就连篇累牍地向读者解释为什么目前有很多难民来德国，为什么德国必须帮助他们，并在8月底发起一场声势浩大的募捐活动[1]。该报一位记者陪伴几名叙利亚年轻人从阿勒颇"逃到"德国，历时12天。这样的报道显得既真实，又煽情，但事后看来并不具代表性。因为记者报道的是大学生，而这部分人在难民中所占的比例微乎其微。记者与被报道对象成为患难与共的兄弟，报道时应当保持的距离完全消失。

再说几句《图片报》：它是大众报纸，顾名思义，图片多于文字，而且每份报纸都少不了裸露照片，因此被知识分子视为低级趣味。但这份报纸很能反映民意。很多年前有一位资深记者对我说，做记者的一定要读《图片报》，因为你能通过它了解德国老百姓感兴趣的话题。也就是说，这份报纸的编辑没有那么多政治正确的条条框框，也没有任何宣扬左派意识形态的嫌疑，但就是这样的一份报纸都受到欢迎文化的感染，或者说成为欢迎文化的推动者，其他媒体就更可想而知了。

以我当时订阅的报纸《时代周报》为例。那是一份左翼知识分子喜爱的报纸，德国前总理施密特生前曾是该报多年的发行人。我因爱屋及乌，成为《时代周报》的忠实读者。报纸的左翼倾向显而易见，但也能感觉出编辑部百家争鸣的努力，因此总体来说让我比较满意。但在2015年的夏天，我开始对自己心爱的读物产生隔膜，甚至对部分编辑的狂热感到恐惧。我忘不了该报副总编莎宾娜·吕克尔特（Sabine Rückert）8月23日发表的评论《找朋友》[2]。导语的两句话就表明了作者的鲜

[1] http://www.bild.de/news/inland/wir-helfen/darum-muss-jeder-helfen-42369816.bild.html.
[2] http://www.zeit.de/2015/32/fluechtling-integration-voelkerwanderung.

明立场:"难民是德国的幸运。我们必须认识到这一点,并与反对难民者做坚决的斗争。"作者在评论中引用了德国劳动市场和职业研究所的一份调查报告。据此,德国每年需要30万到50万非欧盟的移民,以维持福利体系的运转。作者接着写道:"对德国来说,那些年轻的、对未来充满信心的、富有天赋和雄心大志的难民是一种幸运。而这种幸运有多大将取决于我们自己,取决于我们多么发自内心地欢迎这些陌生人。"这是当时主流媒体报道的基调。

左翼媒体对默克尔不计后果的"人道之举"欢呼雀跃似在情理之中,但在《世界报》《法兰克福汇报》和《图片报》这样的保守媒体上也基本读不到质疑的声音,这与德国十几年来编织的另一个神话有关。这些年来,每隔几个星期就会有一家研究所公布一份德国每年需要多少万欧盟以外移民的报告。对各媒体来说,这是必须报道的话题。企业联合会也隔三岔五地发出德国已经面临技术人员匮乏的警告。重复得足够多了,不但媒体人对此坚信不疑,很多普通公民在难民问题的讨论中也把"德国需要大量移民"当成了口头禅。现实情况如何呢?

## 德国需要一支低技能的劳动大军吗?

德国确实存在技术人员匮乏的问题,但这只是局部问题,主要是巴登符腾堡州尖端企业聚集的地区。其主要原因是很多德国传统优秀企业建在远离大城市喧嚣的山沟里,对希望享受都市文化和娱乐生活的工程师和高级技术人员来说缺乏吸引力。

说句题外话,为什么德国那么多尖端企业云集巴符州,而且不显山不露水,不上市不张扬,总部设在飞机找不到甚至火车都不通行的地方呢?这和德国的工业化历史有关。100多年前巴登符腾堡那块山清水秀的宝地是农业较为发达的地区,因而也更加受到经济转型的冲击。不过危机总也暗含着机会,一些能工巧匠适应时代潮流,从家庭工厂起步。我们假设甲村的张三开办了一家生产自行车的工厂，工厂办得红火，需要更多的劳动力，正好邻居家的壮小伙儿李四刚刚成为经济转型释放出的剩余劳力，于是搭帮结伙，工厂的规模越来越大。由于当时交通不便，通信也不发达，邻近乙村的另一位能工巧匠王二麻子竟与张三不谋而合，也开了一家生产自行车的工厂。竞争使自行车质量日臻完善。今天张三和王二麻子的公司在自行车行业独占鳌头，李四的后代也可能独树一帜，形成三足鼎立之势。这不是天方夜谭，而是对德国西南部优秀企业扎堆儿这个现象的一个合情合理的解释。据说生活在那里的施瓦本人没有什么别的喜好，专爱鼓捣机器和钻研发明。当然这也和他们地处山沟儿、缺乏娱乐和夜生活有关。

德国诸多行业世界冠军远离大城市的另一个原因是德国近100多年战乱频仍。特别在"二战"期间，大城市是盟军轰炸的重点目标，汉堡、柏林、慕尼黑、不来梅、斯图加特、德累斯顿、科隆，一个接一个的大城市被多多少少地夷为平地。这种不计平民伤亡的狂轰滥炸可以说是盟军对纳粹的以牙还牙，同时借此打垮德国的意志，摧毁德军的士气。想想看，在那个时代创业的德国人会把公司或工厂开在柏林或科隆吗？当然不会。有正常思维能力的人都知道，还是前不着村后不着店的山沟里更安全。德国的赫尔曼·西蒙教授提出的隐形世界冠军概念[1]其实也完全可以从字面上理解。

书归正传：德国到底存不存在专业人才匮乏的问题呢？我上面说了局部存在，但一般来说，只有在全民就业的前提下谈人才短缺才有真实意义。而德国目前的失

[1] 这个概念是西蒙教授1986年首次提出的。在他看来，除了众所周知的世界500强企业，全球最优秀的企业其实是那些知名度不高的行业冠军企业。西蒙教授为隐形世界冠军确定的标准是：这些企业产品的全球市场份额占有率排在前三名；同时公司年营业额不超过10亿美元。德国是隐形世界冠军最多的国家，达1400家企业。而这些隐形世界冠军最为密集的是巴登符腾堡地区。

业率在6%上下徘徊。退一万步说，即使目前德国企业已经人才饥渴，今后因人口老龄化更需要外来移民，但今天这些来自中东和非洲的难民是解决问题的钥匙吗？随着数字化的发展，德国需要的低技能劳动力会越来越少，本国无特殊技能的长期失业大军已经令人头痛，现在再接收上百万难民，不是会激化社会矛盾吗？

不过，这样煞风景的话当时基本听不到。经济界的代表人士也表现出完全与现实脱节的乐观主义。最典型的例子是戴姆勒总裁蔡澈（Dieter Zetsche）。他在2015年9月认为难民浪潮将给德国带来第二个经济奇迹，并呼吁企业为难民提供就业位置。结果怎么样呢？一年之后，据记者统计，德国30家达克斯上市企业加起来只雇用了54名难民。不过总体来说，一支低技能的劳动力大军对企业来说是件好事，而且那些大公司的老板也感受不到德国治安恶化带来的后果，因此他们往往不改初衷，仍然支持默克尔的难民政策。

只有几位经济学教授在公开讨论的时候会拿出一些耸人听闻的数字，警告上百万的难民将给德国的福利体系带来多么巨大的负担。但支持欢迎文化的经济学家马上反驳：救人于水火的伟业不能用金钱来计算，德国是个富裕的国家，我们能搞定！而偏偏又是这些经济学家随时拿出德国技术人才匮乏、人口老龄化的问题作为接收难民的理由。那到底是无条件的人道主义，还是打着人道主义的旗号解决自身的问题，还是担心无私的国际主义说服不了大众，于是夸大自身的问题，我常常感到困惑。

## 有这样胳膊肘朝外拐的吗？

有了政治家的慷慨激昂、媒体的推波助澜、经济界的拍手叫好，普通老百姓的欢迎热情就是理所当然了。电视里不断看到各大城市火车站上千民众欢迎难民专列的画面。他们有的把泰迪熊塞给难民儿童，有的高呼"Refugees welcome"（欢迎难民），有的热烈鼓掌，有的唱起了国歌，有的因为热泪盈眶而语塞。除了火车站，德国人还在很多城市组织欢迎难民的游行，打出"Refugees welcome"

的巨幅标语，齐声高呼："我们在这里，我们放高声：难民在这儿受欢迎！"

作为考虑问题比较实际的华裔，我对德国人的这种狂热感到不解。我设想我们生活的德国是一个大村子。邻村奥地利发生了暴乱，那里的很多村民担心受到暴力牵连，夜里偷偷跑到我们这儿来避避风头。邻里之间互相帮忙是不言而喻的事情，因此我们也趁月黑风高，把他们让进家门。我们这个村家大业大，让避难的奥地利人住上一年半载不成问题。等暴乱一过，他们会急切地回家，我们也会感到轻松。久病床前连孝子都见不到，更别说不沾亲不带故的人了。但是现在呢？叙利亚这个村子不仅不是邻村，而且距离我村3000千米。我们不仅把投奔到我们这儿的叙利亚人悉数收留，我们还把与他们结伴同行的伊拉克村、阿富汗村、巴基斯坦村、索马里村、厄立特里亚村、刚果村、尼日利亚村、尼日尔村、突尼斯村、摩洛哥村、利比亚村等的村民都收留了。我们不是悄悄地收留他们，而是敲锣打鼓上街欢庆，说做梦都在想他们来，现在终于把他们盼来了。我们还拿着高音喇叭说，我们村儿肥得流油，还想来的都来吧！当最后一个床位都被占据了以后，我们开始让客人打地铺，把地下室、储藏室全都腾出来，给所有的来客好吃好喝招待。人生不就这一回吗？何不让整个地球村的人都开心。我们就这么潇洒，这么任性！

记得我刚到德国的时候，一位中国朋友给我打预防针："德国男人可不像中国男人那样，出门不让女孩子掏钱。如果他对你没有'企图'，连杯咖啡都不会请你。"后来的实践证明，这话虽然略微夸张，但德国人确实在金钱问题上比较计较，朋友出去吃饭一般是AA制；很多夫妻的账目也是泾渭分明；孩子一成年，父母往往就实行财政切割。可是当难民——这些别说八竿子、就是八十竿子也打不着的陌生人非法进入德国之后，德国人把以往对金钱、对私有财产的观念和原则抛掷脑后，有钱的出钱，有力的出力。有的请假去难民营做义工，一些企业允许员工提前下班去难民营帮忙，退休老人义务教难民德语。

据德国电视一台报道，10%的德国人加入了帮助难民的队伍。德国总人口8000万，十分之一是800万，相当于十个德国人围着一个难民转。我看到这个数字时，第一个念头是：这还不把难民烦死了[1]；第二个念头是：那其余90%的德国人是怎么想的呢？媒体说90%的德国人支持默克尔的难民政策。这是民调的结果。再看民调机构提出的问题："您认为德国应当帮助难民吗？"这么泛泛的提问谁能说不呢？如果提问改为："您支持默克尔开放边界接收所有难民的政策吗？"估计结果就会大不相同。这就不免有偷换概念的嫌疑，因为帮助难民绝不等同于废除边界。

如果读主流媒体网页的网民评论，你甚至可以得出相反的结论：90%的人坚决反对默克尔的难民政策，因为每一篇主调积极的报道和评论都会招致90%以上网民的激烈批评；而每一篇批评性的评论（这类评论凤毛麟角）都会引起90%以上网民的共鸣。有的网页干脆关闭了评论功能。当然，在网页上写评论的并不等同于沉默的大多数，但德国主流媒体与老百姓之间的隔阂在难民问题上暴露无遗。

网络上的不和谐音并没有伤欢迎文化的大雅。那些投身难民事业的"德国好人"[2]没有时间看网上的评论，而主流媒体编辑部的记者们大概认为是一小撮狭隘和排外的德国人占据论坛，到处发泄不满，不值得一提。这部分民众的反弹没有妨碍2015年秋天那个德国神话的诞生。

## 德国人怎么了？

那个秋天实在很特别，我的德国朋友和邻居都很

---

[1] 果然有两名叙利亚难民在一名《南德意志报》记者的帮助下出了一本书，写所谓德国好人整天围着难民转，让他们忍无可忍，难以喘息。

[2] 这是难民浪潮中出现的新名词。在对默克尔难民政策持怀疑态度的德国人看来，德国好人们胳膊肘往外拐，把大爱献给陌生人，而且对难民政策带来的负面效应视而不见。

兴奋，好像德国刚刚赢得了世界杯足球赛的桂冠。有人说这个秋天的童话很像2006年的夏天。那年夏天，第18届世界杯足球赛在德国举行。尽管德国队最后只得了第三名，但德国的出色组织、德国人的放松和友好征服了全世界的球迷。德国人在战后第一次大胆地把国旗挂在阳台上、汽车上，第一次骄傲地展示自己的爱国主义，那是德国人内心摆脱战后阴影的一个夏天，德国人自己称之为"一个夏天的童话"。2015年秋天，德国人在摆脱战争阴影之后，赢得了"人道主义世界冠军"的称号，并因此而自我陶醉。因此，称其是"一个秋天的童话"或是"一个童话般的秋天"毫不为过。

那个童话是怎么诞生的呢？为什么它偏偏发生在德国？它的土壤是什么？我想最主要的原因大家都听说过：德国人因"二战"而产生的负罪感。

德国在20世纪两次将欧洲推入深渊。特别是第二次世界大战，纳粹不仅侵占欧洲国家，还屠杀了600万犹太人。这样大规模的机器性屠杀在人类历史上空前绝后。当苏联红军解放集中营时，德国不仅军事上一败涂地，道德上也彻底失守。"二战"后德国第一届总理阿登纳将联邦德国纳入西方体系。美国在帮助德国重建的同时，也要求德国反省自己的罪行。认罪的传统延续至今。1970年12月时任总理勃兰特在华沙"二战"阵亡士兵墓前的长跪使德国赢得了全世界的尊敬。另一位总理施罗德曾经说："对纳粹主义及其发动的战争、种族屠杀和其他暴行的记忆已经成为我们民族自身认同的一个组成部分。"

德国的认罪文化也反映在中学的历史教学上，纳粹统治德国的12年占了相当的比重。我和女儿算了算，学生们断断续续花在这12年历史上的时间足有半年，而战后联邦德国本来很值得自豪的70多年，老师只用一部90分钟的纪录片就打发了。因此在我这个外人看来，德国的历史课有点儿不成比例。这样的教育使战后出生的人仍然感到自身罪孽深重，使他们不能没有任何思想包袱地做出政治决策。在难民危机的问题上，历史负担成了默克尔和很多德国人正常决断的障碍。在2015年9月4日的晚上，默克尔有大约三个小时的思考时间。我前面已经提到，她和时任奥地利总理的法伊曼一致认为，德国人和奥地利人都不会接受荷枪实弹的士兵在边界抵挡难民妇女儿童的画面。也许她会考虑到，闭关的事情其他国家都可以做，只是德国不行——因为历史的原因。默克尔在9月7日承认，现在大家把德国看成大救星，这很让人感动，特别是想一想德国的历史。我前面提到的那位为迎接难民激动得哭了一天的图林根州州长也不由自主地联系历史。

不止一次我和德国朋友因讨论难民问题发生争议，只要德国朋友一说"德国作任何决定的时候我都在想着我们的历史"时，我就没有兴趣再讨论了，因为朋友认为他们是在赎罪，你还怎么忍心批评这样的行为是不负责任的呢？后来我知道很多去火车站欢迎难民或参加欢迎游行的人是故意做给德国东部极右分子看的。还记得海德瑙仇外事件、难民总理诞生的一刻吗？德国前总统高克（Joachim Gauck）在那一事件之后将德国划分成两个阵营：我们有一个阴暗的德国，也有一个光明的德国。暴力袭击警察或难民营是不能接受的，但是那些不赞同默克尔难民政策的公民感觉自己都被归入了阴暗德国的阵营，成了异议人士，并从此告别传统政党，告别主流媒体。德国社会的严重割裂由此开始。我当时想，在对难民施暴和对全世界人民敞开怀抱之间还有一个相当广阔的空间，为什么德国人只认两个极端，不走中间路线呢？

2015年秋天德国童话诞生的另一个原因是默克尔将自己的难民政策道德化。我前面提到议会在难民问题上结成了统一阵线，因为两个在野党——左翼党和绿党都坚定站到了总理一边，反对的声音只来自默克尔自己的阵营。姊妹党基社盟党主席泽霍费尔马上称默克尔开放边界的决定是个天大的错误；默克尔所在的基民盟也存在争议。首先敢于批评总理路线的是基民盟主席团成员、时任财政部国务秘书的施潘。他在9月13日接受采访时说："媒体的报道和老百姓感受的现实之间差距越来越大，欢迎气氛随时可能结束。"默克尔第二天在基民盟领导层的一次内部会议上间接批评了施潘。据与会者回忆，总理十分严肃地表示：领导者当下的任务之一是传播乐观主义（用我们的话说是传播正能量）[1]。于是基民盟内没有人再敢在那个童话的秋天里打破秋天的童话。9月15日，也就是默克尔在那个关键性的周末最终没有勇气下达闭关令之后的周二，她在与奥地利总理法伊曼共同举行的记者招待会上针对党内的批评者说："说真的，假如现在我们要为在危急时刻展现了友好面孔而道歉的话，那么这就不是我的国家了。"这是一句分量很重而且很感情用事的话，不是默克尔平日的风格，说明她在党内面临的压力。而这句话同时给她的难民政策定了调：她是在危急时刻救人于水火，是彻头彻尾的人道主义，谁反对她谁就是冷酷心肠，是不道德的。默克尔把难民问题道德化是一个致命的错误，因为她使持不同意见者马上噤声，谁愿意背上不道德的名声呢？主流媒体对总理的情绪化表态大加赞赏，这使媒体圈内本来就寥寥无几的怀疑者更不敢提出异议，因为谁愿冒天下之大不韪，向占据了道德制高点的总理和欢迎热情高涨的民众泼冷水呢？

可以说，从2015年8月底开始，保守阵营的总理默克尔带给左翼媒体一个接一个的惊喜，先是让内政部给叙利亚难民提供集体庇护，接着国门大开来者不拒，局势完全失控之后仍然拒不收回成命，这让那些以解放全人类为己任的记者们欢呼雀跃；而本来就势单力薄的保守记者一时不知所措，有的受到人道主义感染、有的出于机会主义也对欢迎文化唱起了赞歌。于是一时间出现了"默克尔热"，很快有人提议将诺贝尔和平奖颁发给默克尔。当时德国的新闻里，"反对默克尔难民路线

[1]Robin Alexander, Die Getriebenen（慕尼黑，Siedler出版社，2017），76页。

成了一个区分善恶的界限。比如提到匈牙利总理欧尔班时，一般会加上"反对默克尔难民路线"这个定语，听众或观众马上就会知道：这是一个恶人。有时我想，假如总理是位左派政治家，她的决定让国家边界失控，那么保守媒体一定会炮轰她。而现在，就像议会成了欢迎难民的统一阵线一样，媒体也没有了左右的区分，变成整齐划一的欢迎媒体。

　　总理将政治道德化，媒体紧跟，连篇累牍地报道难民经历的苦难和德国人助难民为乐的先进事迹，而作为读者的德国人民又偏偏充满了负罪感，从救助难民中看到了道德升级的天赐良机，于是就有了800万义工的壮举。在我看来，"德国好人"的大量涌现除了上面提到的政治和媒体共同营造的欢迎气氛，除了为爷爷辈赎罪的心态，还有一个原因：帮助难民是居高临下的，是施舍性的，

▲默克尔访问柏林难民安置所

2015年9月10日，在德国柏林，德国总理默克尔访问难民安置所时与难民合影。本月4日，德国临时决定允许滞留匈牙利的大批叙利亚等国难民入境，仅5日、6日两天就有约2万难民涌入德国。

新华社/欧新中文

会给施舍方带来充实感和好心情。德国有一种开放式动物园,叫"抚摸动物园",里面豢养着一些驯顺的小驴或者绵羊。周末父母带着孩子们来消磨时光。孩子一只手捧着饲料喂食,另一只小手温柔地抚摸动物的脊背。不知道动物的感受如何,对孩子来说是莫大的享受和喜悦。有时候我在想,某种程度上,难民营是否成了成年人的抚摸动物园?当他们周日睡到自然醒,机械性地吃早餐、健身、与父母喝完义务性的下午咖啡之后,去难民营看望一下受苦受难的人们,帮他们整理、分发一下捐赠的衣服,与男孩子们踢一会儿足球,之后会感到莫名的满足。可以说,雨后春笋般涌现的难民营给部分德国人带来了新鲜和刺激。

默克尔、媒体和"德国好人"形成德国欢迎文化的三个支柱,缺一不可。总理振臂一呼,十分之一的人口毫不犹豫地响应,另外六成、七成欢欣鼓舞,而这一切不是为了自己国家的重建,也不是为了帮助本国灾区的人民,而是为了迎接和安置非法入境的上百万陌生人。虽然德国不是唯一一个慷慨接收难民的国家,但瑞典和奥地利很快转向,只有德国打肿脸充胖子硬撑着,这和德意志民族服从的天性有关。

这一天性源于普鲁士时代。18世纪的普鲁士是一个农民国家。"由于德国在三十年战争中错过了建立民族国家的机会,人民没有一个统一的国家作为认同对象,于是普鲁士国王把农民组织成了一支大军,培养他们绝对效忠的意识。"[1]普鲁士军队是世界上唯一一支把服从列为一项功勋的军队。德语里有一个词叫作"Ka-

[1]〔德〕张丹红:《从查理大帝到欧元——欧洲的统一梦》(武汉,长江文艺出版社,2017),80页。

davergehorsam",Kadaver是动物的尸体,Gehorsam意为服从,组合在一起的意思是"僵尸般的服从",是一种绝对的、盲目的、完全放弃个人意志的服从。我经常和一位记者朋友讨论难民危机。他总劝我别操心,说默克尔这样决定自有她的道理,她会处理好一切的。我暗自惊讶,连做记者的都放弃了独立思考,那还怎么要求普通民众对政府的决策提出质疑呢?

# 第五章 欢迎文化支离破碎
## ——2016年的德国

> 跨年夜气氛热烈,节庆基本是和平的。
> ——科隆警察局推特,2016年1月1日

> 国家边界是支撑民主体制的墙壁。推翻这座墙的人应当知道他在做什么。有效、同时人道地防守边界不是容易的事情。但每个政府都不能逃避这个责任。
> ——迪-法比奥,[Udo Di Fabio],宪法法院前法官,2016年1月

> 2015年的状况不能、不会也不允许重演。
> ——安格拉·默克尔,德国总理,2016年12月

幸好有四季轮回。随着2015年冬天的来临，来德国的难民人数明显下降。德国人欢迎难民的热度略微降温，大家都开始忙着为圣诞节做准备。德国真能搞定吗？我向两位德国女友（一位经济学教授，一位法官）流露出我的疑惑，她们的回答是肯定的。我希望她们的乐观最终是正确的。

我早就为全家计划好了2016年元旦飞里斯本，早上5点就得起床。所以当大女儿提出跨年夜与朋友们进城的时候，我坚决反对。其实旅游早起是借口。自从德国大开国门"放任自流"之后，感觉治安明显不好。尽管媒体仍然在维护欢迎文化，宣扬"我们能搞定"，但我越来越觉得不对劲儿。在这一背景下，我很高兴离开德国几天。

## "我们是默克尔请来的客人"

事后我知道自己在跨年夜对女儿下的禁令有多么英明。正当我们和邻居在阳台上一边喝香槟一边赏焰火时，在距离我们大约四公里的科隆火车站前广场上正在发生一起将成为德国欢迎文化转折点的事件。不过，由于大多数媒体自觉自愿地封锁消息，我在1月4日回到德国之后才和大多数德国人一起从电视二台的晚间新闻第一次获悉跨年夜发生在我家门口的丑闻。

那天晚上到底发生了什么呢？我给不了解情况的读者简单介绍一下：大约2000名北非和中东人（大多是难民）聚集在科隆火车站前广场和附近地区，对路过的女性围追堵截，先摸后偷，150名警察束手无策。被侮辱的妇女向警察求助，有的警察说他们也没办法，还有的说这种事是家常便饭。忠于职守的警察试图制止难民的行为，竟有难民说："我们是默克尔请来的客人，你不能把我们怎么样。"后来报案遭到性侵的有600多人，3人被强奸。还有数百人的手机、钱包被抢、被偷。如此规模的性侵事件在联邦德国是史无前例的。这是继德国边界失控之后国家权力的又一次失败，是不折不扣的丑闻。而这之后科隆警方、科隆市和北威州政府以及德国公法媒体的遮遮掩掩则是更大的丑闻。

2016年1月1日上午9点，科隆警察局发推特说："跨年夜气氛热烈，节庆基本是和平的。"当天上午，受害者在脸书上申诉，《科隆日报》编辑部接到受害者电话。记者致电警察局，警方只证实了一起性侵事件。尽管如此，《科隆日报》仍然于1月1日中午在网页上发表题为"跨年夜火车站前广场发生严重性侵"的报道；警察局依旧维持"基本和平"的说法。下午《科隆快报》网页发表有关两名受害女性的详细报道。1月2日（周六）早上，《科隆日报》记者接到警察局

▲德国科隆跨年夜性侵案震惊德国

这张摄于2015年12月31日的照片显示，人们聚集在德国科隆火车站前的广场上。
迎接2016年的跨年夜当晚，德国科隆火车站前的广场上摩肩接踵。一些不法分子借机作乱，至少数十名女性遭到偷抢或性侵。截至5日中午，警方收到的相关报案已超过90件。

新华社/美联

一位内线的电话。他说已经有30多名女性报案,警察局内部已开始调查,只是不肯对外宣布。在科隆地方媒体压力下,警察局在1月2日晚上承认跨年夜性侵事件的规模远远超过之前公开的。1月3日（周日）,《科隆快报》整版发表受害者的描述,并第一次公布涉嫌凶手的身份——以北非移民为主。

在这起丑闻中,唯一尽职尽责的是科隆地方媒体。上面提到的两份报纸编辑部在接下来的几天里穷追不舍,采访受害女性、警察局和北威州内政部,一些公务员提供了宝贵的内部情报。照理说公务员这样做是违规的,但他们对官方的遮盖做法显然忍无可忍。由于科隆媒体的不懈报道和网民的极度不满,德国公法电视台也不能再保持沉默了。不过,电视一台和二台的报道仍然十分谨慎。二台1月4日傍晚的新闻联播节目仍然对性侵事件只字未提,晚间新闻节目也只是小心翼翼地做了简短报道。第二天（1月5日）,科隆女市长雷克尔（Henriette Reker）举行记者招待会。她避免提及肇事者的来源地,更不提难民,反倒提醒大家不要过早下结论,等待警察的调查结果。她还建议女性外出时与陌生男人保持一臂距离。我听到这番话很气愤,因为她言外之意说遭到性侵的女性是咎由自取,这完全是给受害者的一记耳光。此前不久,这位女市长刚刚遇刺,险些丧命。凶手毫不掩饰地说,他下毒手的原因是雷克尔对难民太友好了。一时间,雷克尔成了媒体的英雄。此时的雷克尔刚刚恢复工作。如果不是有这样的背景,也许马上会有人要求她辞职了。

为什么警察局、政界和公法媒体都试图低调处理这一事件?据我个人分析,北威州是社民党的大本营,科隆警察局的高层应当也是社民党人居多,他们不愿因为这一事件给本党带来不利影响,不想给当时社民党执政的北威州政府添麻烦。深究起来,应当引咎辞职的首先是北威州内政部部长耶格尔。也许是出于意识形态的考量,他低估了跨年夜北非难民聚众闹事的危险,没有向科隆市增派警力,尽管科隆此前几年每年跨年夜都有性侵事件发生,只是因为警察局和检察院的刻意遮掩才没有曝光。而2015年年末越来越多的德国老百姓对难民政策持抵制态度,如果这样的丑闻暴露不是将直接威胁到欢迎文化吗?公法媒体和其他跨区域的媒体也是出于同样的顾虑才慎而又慎。当因遭性侵而报案的女性已超过600人时，我的一位记者朋友说："你知道吗，这里面一定有人为了给难民抹黑跟着起哄的。"我当时就跟他急了："你以为好多女性报案是闲着没事儿逗警察玩儿？"这就是德国式的政治正确：不该发生的事情就不会发生。如果某些媒体人是出于对难民的善意而回避事实，那么他们这种做法适得其反。对跨年夜事件的处理方式是媒体彻底失信于民的开始。

　　2016年年初，德国边境的压力有所缓和，一来因为冬天偷渡地中海的难民人数大幅下降，二来德国部分恢复边界检查。2015年入境的100万难民在全德国人民齐心协力之下都得到了安置。国家没有瘫痪，也没有大乱。默克尔在12月31日晚上的新年致辞中还在重申："我们能搞定。"但是她"请来的客人"太不给"默克尔妈妈"面子了，她的话音未落，这些初来乍到者就在各大城市酗酒吸毒，猥亵妇女，科隆跨年夜事件不过是冰山一角。当然并非所有难民都是罪犯，但假如100万人中的十分之一图谋不轨，那么给德国社会带来的震荡也会惊心动魄。本来已经对默克尔的难民政策极度不满的那部分民众开始高声抗议，一些欢迎文化的拥护者陷入思考——我们拯救的这些人是从战火中死里逃生的难民吗？科隆跨年夜事件无疑是难民危机的分水岭，有人说它使欢迎文化顷刻间变成废墟一片。我认为它至少使欢迎文化出现了深深的裂痕。

## 没有底线的人道主义

　　《华商报》是德国第一大华文报纸，半月刊。在2015年的第二期，也就是1月15日出版的那一期，有一篇文章马上吸引了我的注意，标题是："难民，在德国得到'All Inklusive'（全套服务或包吃包住）的特殊客人"。华裔作者小语以一个国际援助组织员工的身份在德国一座难民营工作。她在报道里首先坦诚自己每天面对那些难民时感受到的不平衡心理。她说在德国住宿，就是再便宜的青年旅舍也要付钱，而这些来自中东和非洲"从未上缴过一分钱的税，付过一天的医疗保险费,甚至有可能身揣着好些钱"的人却享受全包的待遇,"而且还可额外得到零花钱,成了一群不请自来,不劳而获,并享受全方位服务的特殊'客人'"。

德国记者在2015年对难民的报道几乎都是积极的,或者报道他们在家乡的不幸遭遇,或者报道他们来德国一路的艰辛。给我的感觉是,"难民"说什么,记者都信。而来自难民营内部的报道根本看不到。后来我认识了小语,了解到在难民营工作的人员都要签一份保证书,不和媒体交谈,也许是担心实情泄露。小语在报道中说,他们的难民营里,只有16%是叙利亚人,其余很多人在意大利、西班牙等国混了多年,又来到德国混救济。对这些人如此慷慨,岂不是鼓励大家说谎吗?岂不是在帮"蛇头"的忙吗?那么德国慷慨到什么程度呢?小语给我们透露了宝贵的细节:每人得到一套床上用品和卫生用品(牙膏、牙刷、400毫升洗发液、大块肥皂),还有杯子、不锈钢刀叉勺、手纸。婴儿也有一包,还另配尿片、湿巾、棉签、奶瓶、奶嘴、奶粉、米糊、瓶装菜泥,等等。食堂免费提供一日三餐,当然照顾穆斯林的饮食习惯。"从某种程度而言,我们简直就是他们的全方位保姆。早晚给西非国家来的人测量体温,做记录,哪个喉咙

▲难民转换营地之后的狼藉场面

据小语说,难民破坏公物是家常便饭。

小雨供图

109

痛，便给他们发药，白天还有两位女医生全天服务。很多非洲妇女已有一两个孩子，丈夫不知在哪里，又挺着大肚子来了。人一到，医生就为她们全面检查，生产前会提前联系好医院，并叫出租车送到医院，生完孩子后又叫出租车接回。他们没交过一分钱的医疗保险，却享受100%的免费。"大多数德国人去药店取药[1]，每次要自付5欧元。

小语的总体感觉是：这些"客人"并不感恩。有一次一名非洲男子到前台把德国人捐的衣服甩在工作人员面前说：这样的衣服我们在非洲也能免费得到。还有一位阿尔巴尼亚人抱怨说，发的零花钱还不够他抽烟呢。难民营里浪费的现象惊人：外面的照明灯一天24小时亮着；冬天经常是大门敞开，暖气开到最高一挡。她向难民营领导提意见，领导说又不是花她的钱。而小语每月工作缴税，怎么能说不是花她的钱呢。

后来，她的文章成了我的必读。我觉得这些文字应当翻译成德语给德国人读，可是哪家报社会发表呢？有些德国媒体后来挤牙膏似的一点点曝光的事情，小语很早就挑明了："难民申报者中单身年轻男子占80%以上。这些人精力充沛又无所事事，看到单身女性就荷尔蒙激增。"他们有的在难民营里骚扰单身女性，还有的在小镇上调戏德国女孩子。偷盗是另一个大问题："有的人不仅在难民营偷别人的手机、钱、鞋子，甚至坐了火车到大城市去偷。"被警察抓住后，他们说出难民营的地址，但警察往往核对不上，因为他们的姓名和出生年月一会儿一变。

在小语看来，德国的难民政策是一种没有底线的人

---

[1] 德国的医疗保险分法定和私人两类。90%的德国人是法定保险，每次取药需自费5欧元。

道主义，变相鼓励滥用法律。她在一篇文章中写道："来申报难民的准难民们，就算过几个月，经过一道道烦琐的法律审批程序后难民申请不被接受，但一大家子三到八个月领到的零花钱积攒起来，即使被遣送回家，这些钱也够他们花上一阵的了。几个月后，狡猾的人又换了姓名或者出生年月来申请难民，据说有名阿尔巴尼亚人已经在德国某难民申请部门按过7次手印了。这样成千上万的难民申请者来来去去由德国机构全程安排的旅行……在德国过上不劳而获的生活。"

## "伊斯兰国是对德国最大的威胁"

2015年秋天，当每天上万人涌入德国、边防警察根本来不及登记时，我最大的担心是恐怖分子混迹其中。这是明摆着的：很多难民来自伊斯兰国曾经肆虐的地区，有的人背井离乡正是为了逃避伊斯兰国的中世纪统治。这也是德国人同情难民的原因之一。那么反过来，伊斯兰极端分子难道不会利用德国国门大开这个千载难逢的机会、随人流入境并以德国为根据地实现捣毁基督教老巢的目的吗？这种煞风景的话在当时说出来会遭人白眼——没有同情心不说，还把受苦人往坏处想。不过在家里说说总可以——我和先生讲了自己的忧虑，心想他不是个人云亦云的人，一定能赞同我的意见。没想到他斩钉截铁地说："不可能。恐怖分子不会选择地中海这个危险的线路，他们一般会通过假证件乘飞机过来。"天哪！媒体对受众潜移默化的影响由此可见一斑，因为所谓恐怖主义专家在电视上都是这么说的。我只能小声嘀咕："恐怖分子连死都不怕，还怕这点儿困难吗？"直到2015年11月造成137人死亡的巴黎特大恐袭事件发生，凶手正是从德国过去的难民，恐怖主义专家才不再一口咬定难民队伍里不可能混入恐怖分子了。

2016年之前，德国没有发生过重大恐袭事件。也许是因为德国没有参与伊拉克、利比亚战争以及在2015年之前没有卷入叙利亚战争，因此不在伊斯兰国的重点打击对象之列；也许德国情报人员与外国同行密切合作，将恐袭扼杀在了萌芽中；也许因为2015年之前穆斯林在德国人口中的比例不算太高。在2015

年难民浪潮之前，德国穆斯林人口400万，占比5%。把穆斯林与恐袭联系到一起，在德国是绝对的政治不正确。没有人说穆斯林都是潜在的恐怖分子，但世界上99%的恐袭事件都是穆斯林所为，这是不争的事实。因此，"穆斯林人口越多，恐袭发生的概率就越高"，连左翼报纸《时代周报》都曾经下了这样的结论。

2016年的情况就大不一样了：德国参与对叙利亚的空袭，因此多次受到伊斯兰国的口头警告；由于2015年和2016年两年大约150万穆斯林入境[1]，而且很多人的身份不明，德国发生恐袭的风险提高。结果呢？2016年是让德国不堪回首的一年。那一年是迄今发生恐怖袭击事件最频繁的一年，说与之前一年边界失控无关纯粹是自欺欺人。我们来看看2016年确实发生和差点儿发生的恐袭事件：

2月：警察在柏林、北威州和下萨克森同时出手，逮捕四名阿尔及利亚人。他们涉嫌在柏林策划恐袭。

4月：两名萨拉菲分子涉嫌对一座锡克教堂进行炸弹袭击，造成三人受伤。

6月：警察在北威州、巴符州和勃兰登堡州逮捕三名伊斯兰国的支持者。三人涉嫌在杜塞尔多夫老城策划恐袭。

7月：一名手持斧头和大刀的17岁少年在维尔茨堡的区域列车上袭击乘客，造成五人受伤（其中四人是香港游客）。凶手被警察枪击而死。作案前，他在录像上自称是伊斯兰国的战士。他以难民身份来德国，自称是阿富汗人。

---

[1] 到底来了多少人谁也说不准。按照官方公布的数字是120万，但实际数字绝对不止于此。英国历史学家Murray在《欧洲的自杀》一书中说单在2015年就有150万难民进入德国。德国官方没有对此加以反驳。按照这一说法，两年之内入境德国的难民接近190万，我说其中150万穆斯林是完全现实的。

7月：一名27岁的叙利亚难民在巴伐利亚安斯巴赫的音乐节外面充当人肉炸弹，造成15人受伤。伊斯兰国声称是自己的手笔。

9月：三名叙利亚难民在石荷州被捕。联邦检察院指责他们伪装成难民入境，或已经有具体的恐袭计划，或等待伊斯兰国的指令。

10月：一名22岁的叙利亚难民在萨克森州被捕。据称他计划对柏林机场进行恐袭。他后来在狱中悬梁自尽。

10月：联邦检察院起诉一名19岁的叙利亚人。他为伊斯兰国侦察了柏林的潜在恐袭目标。

11月/12月：一名12岁少年涉嫌企图在路德维希港的圣诞市场制造恐袭。11月26日，他试图在圣诞市场点燃炸药；12月5日，他在市政厅附近的灌木林里隐藏炸药时被发现。据说该少年与伊斯兰国有联系。

12月：科隆检察院起诉一名16岁的叙利亚难民。据称他从伊斯兰国得到制造炸弹的指导，并已策划恐袭。

12月：两名少年（15岁和17岁）被逮捕。他们据称准备对一所公共设施进行带有伊斯兰国动机的恐袭。

12月19日晚8点：24岁的突尼斯人阿尼斯·阿姆里开卡车闯入柏林东部一座圣诞市场，造成55人受伤，12人死亡（其中包括波兰籍卡车司机）。第二天，伊斯兰国赞扬阿姆里是伊斯兰斗士。23日，凶手在意大利被警察击毙。

读这个简略的2016年恐袭大事记[1]，我们只能得出结论：2016年没有发生更多的惨案，造成更多的伤亡，是德国的幸运，是德国与外国情报部门密切合作的结果。同年6月，德国时任宪法保护局局长的马森（Hans-

[1] 这个大事记不完整，一些穆斯林作案、但不确定是否有伊斯兰国背景的都没有一一列出。

Georg Maaßen）[1]发出警告：伊斯兰国是对德国最大的威胁。时任内政部长的德梅奇埃也表示，随着伊斯兰国军事上的失利，其活动的重点正在转向欧洲[2]。而德国的难民政策实际上给恐怖分子大开方便之门这一事实部长就免提了。

## "乘火车也成了西方生活方式的一部分了？"

说起特里尔这座位于德国西南部摩泽尔河畔的城市，中国人大概首先想到的是那位大胡子的马克思。不过，在一般的旅游指南上，马克思故居可能都进不了特里尔名胜的前十名。该城是2000多年前古罗马人建的，尼格拉城门、圆形剧场、恺撒浴场[3]，等等，古罗马遗迹比比皆是。1986年，整个特里尔城被联合国教科文组织列入世界遗产名录。2016年，为纪念获得这一殊荣30周年，特里尔举办大型展览：尼禄——皇帝、艺术家和暴君。看媒体报道，大有为这位早已被盖棺定论的暴君平反的意思。7月19日，我请了一天假和已经放暑假的女儿去看展览。展览分布在三个罗马古迹，相隔虽然不太远，但在32℃高温下穿梭于断壁残垣，只为了解一位死了两千年的罗马皇帝的生平，对我这个历史迷来说是享受，但不知对12岁的女儿来说是否是强求。我时常带女儿做这类不成功便成仁的尝试，要么她更愿意和妈妈出行，要么她对我恨之入骨。到现在，第二种情况还没有出现。那天也是一样，女儿兴致盎然，不断向我提问，有时问得我哑口无言。而且她还坚持一鼓作气，

[1] 马森我稍后还会提及。2018年9月，德国政府差点儿因他而解体。
[2] https://www.welt.de/politik/deutschland/article156656699/Fuerchten-Verlagerung-von-IS-Aktivitaeten-nach-Europa.html.
[3] 顾名思义，恺撒曾驻扎特里尔。当时他的地位大致相当于唐朝的节度使。

中间不吃午饭休息，因为照她的理论，午饭后就会懈怠了。这样，我们一早乘三个小时火车到特里尔，看了六小时展览，傍晚又坐上回科隆的火车。

当时已经明显感到难民浪潮改变了德国：火车及公交车上中东人、非洲人和戴头巾穆斯林女性占比激增，有的男性脾气暴躁，有人读《古兰经》念念有词。对新的人口组成我没有什么好抱怨的，毕竟我自己也不是土生土长的德国人。但让我感到愤怒的是，这种不加甄别、来者不拒的政策使德国失去了昔日的安宁。隔几天就传来哪个恐怖嫌疑分子被逮捕、哪个恐袭在策划阶段就被侦破的消息。我常想，德国傻人有傻福，对边界这么大大咧咧，却不出大事。对锡金教堂的袭击没有引起大的轰动，大概因为袭击针对的是德国一个微不足道的群体，而且没有死人。不光我，我的一些德国朋友也认为，德国发生后果严重的恐袭只是个时间问题。即使不被定义为恐袭，几乎每天都有难民或移民持刀伤人的事件，有人已经提出"刀文化"的说法。

在这一背景下，整整一天和女儿沉浸在文化和历史中既是享受，也是解脱。不过在回科隆的火车上，出于记者的习惯，我还是拿出手机看看今天发生了什么稀奇的事情。各媒体网站的第一条都是："维尔茨堡区域列车发生袭击案"。我不习惯使用非文明用语，在女儿面前更是时刻注意自己的表率作用，但读完这条新闻，我脱口而出："Scheiße[1]！"把女儿吓了一跳。

原来头天晚上，在巴伐利亚维尔茨堡的区域列车上，一名17岁阿富汗难民振臂高呼"真主至大"之后，

---

[1] 德语的骂人话，相当于中文的"妈的"。

手挥斧头，大开杀戒。偏偏离他最近的是一家五口来自香港的中国游客。他连续砍伤四人之后，看到有乘客拉动紧急刹车装置并报警，跳车逃跑。路遇两名遛狗的中年妇女，少年对准一名妇女的头就是一斧头，嘴里还大骂："你们这些不信真主的荡妇！"所幸附近有正在执行任务的警察，才没有更多的无辜者受害。当警察要逮捕他的时候，已经杀红了眼的阿富汗人敢在太岁头上动土，竟将斧头对准了一名警察，警察的同事开枪射击，少年应声倒地。后来因医治无效而死亡。

那家香港人白天参观了德国著名的中世纪城市罗滕堡，乘区域列车回维尔茨堡的酒店。他们可以说在最错误的时间和最错误的地点选择了最错误的列车——为了一睹德国秀丽的风光，他们差一点儿把命搭上。父母、一对儿女和女儿的男友五人当中，只有17岁的儿子没有尝到斧头的滋味。不过，眼看着自己的至亲倒在血泊中，这个刺激也许会给他留下一生的阴影。两位男士受重伤，女儿的男友长时间昏迷，四个月后才返回香港。

我很为这一家同胞抱不平。他们在异国他乡遭遇不幸之后，政治家和媒体没有对他们表示关切。让绿党政治家、前农业部部长曲纳斯特（Renate Künast）痛心的反倒是难民的年轻生命终结了。她在推特上批评警察的做法过分，质问为什么不对准他的腿，让他活命。在有关难民问题上，我佩服部分绿党政治家的双重标准，把一切同情和爱心留给难民，对难民犯罪的受害者却视而不见。媒体除了引用曲纳斯特的推特，还关心少年难民是否接到了伊斯兰国的指令。似乎他喊"真主至大"，伊斯兰国追认他为"真正的战士"还不足以把他的罪行定性为恐怖袭击，而一定要找到伊斯兰国授意他恐袭的证据。我想同行们的良苦用心是：没有百分之百恐袭证据的袭击事件都不叫恐袭，而只是称为"袭击案"，这样德国仍然保持恐袭的零纪录，老百姓也就不会迁怒于总理的难民政策。左翼政治家在这种时候的第一个条件反射总是：我们做错了什么？是不是对未成年难民关心不够？其实，维尔茨堡作案难民的起步条件再好不过。他被一对德国夫妇收养，在一家面包店做了学徒，在行凶之前已经有了找到工作的希望。

事发三天后,我对香港那家人的同情以及对德国政治家和媒体的不满仍然不能平息,于是写了一篇题为"转移视线"的专栏文章,认为媒体和政客在惨案发生之后展开的讨论实际上是为了转移视线。我在文章中写道:"说心里话,那位阿富汗少年是接到伊斯兰国指令之后行凶还是受到伊斯兰国宣传蛊惑而走上施暴的道路,这有什么区别呢?媒体去掉'恐怖'两个字,能改善受害者的处境吗?不断强调这些孩子们逃难的不易并检讨德国在难民融入方面可能存在的不足,这实际上是在为恐怖主义开脱,是对受害者的蔑视和嘲讽。对我来说,维尔茨堡完全可以和巴黎、奥兰多和尼斯相提并论,而且可以被视为分水岭。因为现在我们知道,伊斯兰恐怖分子不仅视同性恋俱乐部和摇滚音乐会为眼中钉,他们随时随地都可能大开杀戒。"

虽然百分之百的安全是不可能的,但我认为国家机构有义务了解入境的是什么人,明确为谁提供庇护。而当阿富汗人效忠伊斯兰国的录像被IS网页公开的时候,我也不禁感到迷惑:为什么凶手能够顺顺当当地把录像传递到伊斯兰国网页,德国的情报人员就不会截获呢?我在文章中接着写道:"是恐怖袭击还是持刀行凶,是独狼还是伊斯兰国的战士,是职业人肉炸弹还是半路出家的歹徒,对所有这些无关紧要的问题的讨论也许正是为了遮盖国家机构的失误,为了避免讨论一些核心问题,诸如:去年不加控制地接收难民是否是个错误?如果是,如何纠正?在这期间,是否需要暂时停止接纳难民或控制数量?尽管巴尔干线路关闭,今年上半年仍然新来了22万。他们是什么人?从何处来?我们要继续接受由蛇头决定谁能入境德国的现状吗?德国电视二台主持人斯隆姆卡至少向总理府部长阿尔特迈尔提出了第一个问题:难民政策是否是个错误?"

这位默克尔心腹的回答令人拍案叫绝:"如果我们允许'基地'组织或伊斯兰国这样的恐怖组织影响我们的生活,导致我们不能去其他的国家读书,不能进行交流,那么恐怖分子就胜利了。因此我们不能让他们夺走我们的生活方式,因此我们必须与恐怖主义作斗争。"我在文章最后对他的回答做了评论:"说实话,他滔滔不绝一番,我却感觉云里雾里。为什么假如国家守卫自己的边界(这是它最主要的任务之一),我们的孩子就不能去其他国家,或其他国家的年轻人就不能来我们这里读书了呢?他张口闭口恐怖主义,这么说维尔茨堡事件还是恐怖袭击了?什么时候乘坐火车也变成西方生活方式的一部分了?"

从那天起,我在德国乘火车总是先下意识地看看周围有没有阿拉伯人。有的话就尽可能换个地方。我知道,这种不加区分的做法对阿拉伯人很不公平,对不起大多数奉公守法的阿拉伯人,但是如果你感觉国家不再保障公共安全,恐怖、犯罪分子都可以长驱直入,那只能自己多加小心。这时候,你只能避开那个凶手比较密集的群体。

维尔茨堡事件暴露了一系列问题:凶手在2015年5月已在匈牙利提出庇护申请,自称是阿富汗人。他的指纹当时已输入欧盟数据库。几天之后,他北上德国。按照"都柏林规定",德国理应把他遣返回匈牙利。但是那年夏秋,德国边境一片混乱,没有检查,也就不可能遣返。12月,他换了个名字在德国提出庇护申请。由于来德国的人太多,移民难民署都没有和他面谈,给他照相并取指纹。直到2016年3月,该机构才为他正式登记、取指纹,但没有和欧盟数据库核对。移民难民署后来承认这是个技术错误。在作案之前,他给自己拍了一段录像,表明了他对伊斯兰国的忠心。死后录像公布,才有人怀疑他不是阿富汗人,因为听他的口音更像是巴基斯坦人。谎称阿富汗人的巴基斯坦人应当不只他一个,因为阿富汗人得到庇护的概率远高于巴基斯坦人。

德国政府在此事件之后作出的反应是增加7500名联邦警察和1300名刑警,在公共场合增设摄像头。不过,这些措施治标不治本,只是让老百姓看到政府有所作为,却没有丝毫改弦更张的意思。由于凶手已经死亡,没有人对他的年龄提出质疑。

## "德国仍将是德国"

2016年的夏天,德国不得安宁。维尔茨堡列车上残害无辜的恐怖分子的那句"真主至大"余音未了,巴伐利亚安斯巴赫音乐节期间,一名27岁的叙利亚人充当人肉炸弹,造成15人受伤。幸好他没有通过安检,只能在音乐节场地外引爆。要在过去,这类活动根本没有安检,如果带着炸药入场,那么后果不堪设想。

德国人似乎醒过味儿来,心有余悸地自问:到底有多少恐怖分子乘虚而入?他们下一次什么时候动手?民调显示,三分之二的德国人认为默克尔的难民政策是错误的。欢迎文化似乎危在旦夕。议会夏季休会结束之后,默克尔不再重复"我们能搞定",而是试着给老百姓吃定心丸。9月初她在议会发表讲话,提出:"德国仍将是德国。"这话讲得很艺术。即使德国因为难民浪潮而面目全非,那么德国也还是德国。和"我们能搞定"一样,说了等于没说。但"我们能搞定"是乐观的,或者有点儿和她的批评者赌气的味道;而"德国仍将是德国"就有宿命的因素在内了,即使有朝一日伊斯兰教成国教了,德国也还是德国,总理的话也挑不出毛病。

紧接着默克尔接受了德国电视一台长达18分钟的采访。电视一台每年都在议会夏季休会期间采访一些重要的政治家,名为"夏季访谈",对默克尔的采访是2016年夏季访谈系列的最后一个。当时德国开放边界整整一年,如果说德国真的搞定了的话,那么访谈就可以谈谈其他的内政或外交议题。结果呢?我算了算,18分钟的采访,头10分钟完全谈难民。总理镇定自若、面带微笑地历数政府这一年里都采取了什么有效措施。其实恰恰是这些"成绩"说明"我们能搞定"的希望多么渺茫。我们来看看总理说了些什么。

"我们制定了融入法,告诉在这里的难民必须遵守德国的法律,而且要学习德语。"按照常理，你为了躲避战乱投奔他国，遵守那里的法律难道不是理所应当的吗？到了一个陌生的国家，学习那里的语言，这难道不是在当地自食其力的第一步吗？如果连这最起码的规则都要靠制定法律强制推行，那么这要么说明部分难民认为在德国可以为所欲为，要么说明德国接收的人太多，已经完全失控。总理接下来说："为了缓和难民浪潮的压力，我们决定克服逃难的原因。"怎么克服？结束叙利亚战争？这不是德国说了算的事情。相反，德国在这个问题上根本就没有话语权。解决非洲人口过剩问题？这也不是德国能搞定的事情，而要非洲自己解决，而且绝非一朝一夕。"我们要打击蛇头，将移民合法化。"什么意思？把想来欧洲的非洲人直接接过来？而且默克尔承认了此前的大批移民为非法，那还为什么照收不误？总理还信誓旦旦地说要让欧洲伙伴分摊德国已经接收的难民。这个设想不仅不现实，而且也不合理。为什么德国好人做尽之后又让大家来分忧呢？这就像我前面说的自己一拍胸脯请来了100个陌生人，现在感觉承受不住了，想让邻居们每人收几个。谁会答应呢？

我们把默克尔这些看似充满正能量的话翻译成大实话就是：我们已经无法控制局势，所以推出一部融入法，让老百姓看看我们不是无所作为；我们不能阻止更多的人上路，我们也不会关闭边界，因为那样会生产丑陋的画面；我们只能继续向其他欧洲国家施压，有难同当。您说听了总理的表述能不心凉吗？

随着德国治安的持续恶化，默克尔在党内面临的压力越来越大。为了安抚党内的反对派，默克尔在2016年12月初的基民盟党代会上斩钉截铁地说："2015年的状况不能、不应当、也不允许重演。"听起来这好像是总理在间接认错。不过你要是这样解读就大错特错了。在2016年那多事的一年，每发生一次恐袭或是难民的严重刑事犯罪事件，默克尔总会面临记者的一个问题："2015年开放边界的决定是不是一个错误？"总理的回答总是毫不含糊：不是，再出现那样的人道危机，我还是会作出那样的决定。这就出现了语义学角度的自相矛盾：既然2015年什么错误都没犯，那么为什么2015年不能、不应当、也不允许重演了呢？

看来只有我较真儿，不然为什么记者都不再追问了呢？

有感于默克尔的讲话艺术，我特别写了一篇题为"伟大总理的豪言壮语"的专栏文章。我从她的政治导师科尔说起："在北大读德国语言文学的时候，贝多芬的遗嘱和前总统魏茨泽克1985年纪念'二战'结束40周年的演讲曾经是我们翻译考试的内容。经过这样的折磨，我对前总理科尔的质朴语言简直是感激涕零：'狗在狂吠，骆驼队伍继续前进。'（Der Hund bellt, die Karawane zieht weiter，意思是你随意批评，我无动于衷）两个主语，两个动词，一个副词，没有任何修饰，却生动形象，让人难忘。被科尔一手栽培的默克尔不知不觉地继承了政治导师的语言风格。'欧元失败，欧洲就会失败。'2010年5月，默克尔在联邦议院用这句简短的话阐释救助希腊的必要。这话乍一听十分在理，可仔细一想根本不合逻辑：难道希腊出局就意味着欧元寿终正寝吗？欧洲作为一个大陆，有可能失败吗？无论如何，这句口号式的话语达到了总理预期的效果——谁愿做欧洲的掘墓人呢？今天我们知道，一系列希腊救助计划不过是障眼法。这不是我的发明，而是慕尼黑经济研究所所长福斯特教授说的：因为给希腊的贷款不可能偿还，因此那实际上是资金转移；而且希腊从来就没有兑现改革协议的意思。"

我接着回顾了2011年默克尔给人印象最为深刻的两句话："现在我们正处于作出决定的夏天。紧接着将是作出决定的秋天和冬天。"夏天之后是秋天和冬天，这好像是自然规律；政治家做决定，也是他分内的事情。不过如果我们考虑到那年夏天总理脑子一热做出的能源转型的决定给德国经济带来多么严重的后果，那么她接着说的"接下来将一个决定接着一个决定"简直就像是威胁了。幸好当时默克尔不过是吓唬吓唬国人而已。

2012年，默克尔玩了一回哲学家的深沉。我在文章中写道："她在介绍政府将与公民就国家未来展开对话的项目时说：'所有没有在过去发生而且不是现在正在发生的，都是未来。'她讲得多有道理！这可比其他德国哲学家的晦涩强多了。比如康德有句名言：'我能够，因为我想要做我必须做的事。'且得琢磨一阵子。康德还有一句：'我们的决定比我们的认知走得更远。'这意思是说我们的政治家不知道他们的决定将会产生什么样的影响？这不免令人感到不安。"

2013年是大选年。默克尔创下效率最高选战的纪录，因为她发明了一句主谓宾再简单不过的口号："你们了解我。"结果，她差一点儿获得了绝对多数！像科尔一样，科尔的小姑娘（默克尔刚刚崭露头角时大家对她的称呼）也完美掌握了"说半天什么都没说"的艺术。当记者问她政府是否做好援救德意志银行的准备时，默克尔说："说到德意志银行我只想说，德意志银行是德国银行和金融体系的一部分。"这可比一句生硬的"无可奉告"圆润多了。

不过我最佩服这位物理学出身的政治家的还是她讲话的极简主义并在文章中举例说明："这一手法在难民政策中达到顶峰。面对批评者，默克尔只有一句话：'避难的基本权利没有上限。'还有那一句名言：'我们能搞定！'旁人不明白的是：谁是'我们'？我们能搞定什么？这句话说出一年半之后，仍然令人浮想联翩。近来我从媒体中了解到，民粹主义政治家的一个标志是为复杂的问题提供简单的解决办法。果真如此的话，'我们能搞定'不是再简单不过了吗？"

## 三年长了一岁

玛丽亚-拉登贝格，19岁，弗莱堡大学医学系的学生。她的面容和年龄一样如花似玉。2016年10月16日夜间，玛丽亚与同学聚会结束后，沿着弗莱堡城门外的德莱萨姆河骑车回家。侯赛因·K正百无聊赖地在河边溜达。远远看见一个姑娘骑车过来，走近一看，竟如此美艳。他毫不犹豫地把玛丽亚从自行车上拽下来，先扼住她的喉咙使其昏迷，接着咬她的头和胸部，用令人作呕的方式将玛丽亚强奸数小时，最后把她扔进德莱萨姆河，让她淹死在浅浅的河床里。

凶手很快被抓获。又是一名17岁的无人陪伴未成年的阿富汗难民。不过这一次他的年龄马上受到质疑。警方查出，侯赛因曾于2013年在希腊抢劫一名女性，强奸未遂，后将她从一处10米高的围栏扔下去。女青年命大，只受重伤。

当时侯赛因·K自称16岁。也就是说，他花了三年的时间长了一岁。在希腊法庭上，他一副满不在乎的样子，坚信自己不会因此被判刑，还嘟囔了一句："不就是个女的嘛！"在希腊虽被判刑10年，后来因大赦被释放，但需要定期去警察局报到。再后来希腊警方就失去了他的线索。原来2015年10月，聪明的侯赛因随着人流来到德国。希腊方面没有上报欧洲刑警，而收留了侯赛因的德国有关部门相信了他编织的谎言。由于他自称未成年，弗莱堡青年局为他找到了一个阿富汗裔医生家庭。2016年夏天，侯赛因搬进了养父母的大别墅。

不排除养父母和"德国好人"一样爱自己邻居的邻居，更何况这位小兄弟还是老乡，但对这个医生家庭来说，接纳侯赛因也是一笔非常划得来的交易。据报道，一家私人的青年救助组织与地区青年局谈判达成协议，每月青年局（国家机构）给私人组织5000欧元，用于支付侯赛因的日常开销以及帮助他医治战乱和逃难带来的心灵创伤。该组织每月付给养父母2800欧元，作为对他们善举的补偿；另外每月给侯赛因400欧元零花钱。考虑到侯赛因衣食住行都不花钱，400欧元是实实在在的零用钱，应当说他比绝大多数德国孩子的财政状况都好得多。由此看来，侯赛因只身闯德国，给他自己、他的养父母和救助组织造成三赢局面。2015年来德国的难民当中，像侯赛因这样的无人陪伴未成年者有6万。这对救助组织来说是多么一本万利的事情，而侯赛因的养父母也不只收留了他一个。这也是资本主义国家富人越富穷人越穷的一个典型事例，因为穷人家没有空闲房间，没条件接待远道而来的客人。

侯赛因一路瞒天过海，证明了他的聪明才智。如果他现在放下屠刀，立地成佛，改邪归正，奋发图强，那么他在德国可以有光明的前程。不过此时20多岁（后来的年龄鉴定证明）的侯赛因从世界观到人格已经塑造成熟。他根本就没抱着为德国社会做贡献的目的而来，因此上学三天打鱼两天晒网；一家汽车修理厂提供的实习位置被他拒绝，理由是"工作低下"，因为他的一项工作是清洗车里的地毯；还有一个木匠学徒的机会，他也断然拒绝，原因是报酬太低。他更愿意做的事情是酗酒和吸毒。这种日子过腻了，只能强奸寻刺激。侯赛因的事例虽然是难民中的个案，但某种程度上也是德国政策太仁慈、福利太诱人造成不良后果的一个典型案例。

据说玛丽亚的父亲是一名欧盟高官，坚决支持欧盟接收难民，并要求其他成员国学习德国的榜样。在父亲的影响下，玛丽亚积极投身救助难民工作，课余时间去难民营做义工。这给玛丽亚的惨死又平添一层悲剧色彩。

玛丽亚被奸杀事件是继科隆大规模性侵之后对欢迎文化的又一个致命打击。该事件给德国难民政策最大的影响是把所谓未成年难民的真实年龄问题拿到了桌面上。其他欧洲国家都逐渐开始对可疑案例进行强制性年龄鉴定，结果表明，谎报年龄的比例高达80%。而在德国，难民年龄鉴定在玛丽亚事件之前是个禁忌话题，因为这无异于怀疑难民撒谎，而这些逃脱了枪林弹雨的可怜人怎么会隐瞒自己的年龄呢？也许德国人自己大多数诚实，因此也不把别人往坏处想。记得一位司法人员在侯赛因作案之后说："对无证件难民申报的个人情况，我们一般来说都相信。"我看到这段话心里很不服气。德国财政局把我们都看成是潜在的逃税者。每年报税是让大多数德国人最头大的事件之一——因为大家都知道，缺一张证明，财政局就跟你没完。对外来移民来说，另一个多少都会给你留下痛苦记忆的机构是外国人管理局。我曾经去那里给妈妈申请半年的居留，并为此接受长达一小时的"审问"。长谈的目的有三个：一是看我有没有负担妈妈半年生活的经济实力，二是担心她居留到期赖着不走，三是害怕她来了打黑工，抢夺德国人的工作岗位。那份把人看扁的心态让我愤愤不平。可现在从陌生文化和宗教地区涌来上百万人，非法入境，不能自食其力，有的还对当地人施暴，德国衙门却对他们的话"一般来说都相信"。真应了崔健的那句歌词："不是我不明白，这世界变化快！"

不过侯赛因三年长大一岁的现象即使在对难民极度友好的德国也说不过去，必须做进一步的调查。怎么调查？弗莱堡所在的巴符州拒绝对他的手骨拍X光，因为这据说有损人的尊严，而且X光整体来说有害健康，于是调查人员绞尽脑汁想别的办法。结果侯赛因聪明一世糊涂一时，把有效证件扔了，却把以前掉落的一颗牙保留了起来。医生根据牙的年轮,用一种极为复杂的方法测试侯赛因的真实年龄。费用：200万欧元！检测结果,侯赛因的年龄应当在22岁到26岁之间。为什么年龄这么重要？因为假如侯赛因真的未成年,那么负责受理此案的将是青年法庭,刑罚最高为10年。

侯赛因不光在年龄上虚晃一枪,国籍恐怕也有问题。我前面提到的那位巴基斯坦人自称是阿富汗人,因为阿富汗人庇护申请被批准的概率较高。在法庭上,法官怀疑侯赛因是伊朗人。至少他的父亲目前生活在伊朗,法官还与他通了电话。而据侯赛因的说法,他的父亲已惨遭塔利班的毒害。

侯赛因的案例还说明,欧洲层面的合作是多么欠缺。侯赛因在希腊抢劫伤人之后,竟可以大摇大摆进入德国,而德国对他的前科竟一无所知。不过,更加令人灰心的事情还在后头。

## 一个本不应该发生的惨案

2016年12月19日,24岁的突尼斯人阿尼斯·阿姆里驾驶一辆货车冲入柏林夏洛滕堡区布莱特晒德广场的圣诞市场,造成11人死亡[1],55人受伤。阿姆里从小就以触犯法律为乐趣,在突尼斯家乡偷盗、贩毒、伤人,无恶不作。2011年,为逃避刑事追究,他借助蛇头逃到意大利,并申请避难。在谎报年龄之后,他以未成年难民身份受到一家天主教基金会的关照,并被送到一所公立学校上学。同年,突尼斯一家法院缺席判处阿姆里5

[1] 加上此前被枪杀的波兰卡车司机,共有12人死亡。

年有期徒刑，罪名是抢劫。

其实，就像上面那位侯赛因一样，如果阿姆里从此改邪归正，完全可以在意大利获得新生。但他似乎天生有犯罪冲动，在意大利学校里欺负同学，抗议得到的零花钱太少，不够抽烟喝酒，于是一把火点燃了自己的宿舍。在监狱里，阿姆里殴打其他犯人，袭击狱警，破坏囚室，被转移到其他监狱。在狱中他已表现出极端伊斯兰主义的倾向，威胁一位基督教囚犯说："我砍了你的头。"令人不解的是，尽管阿姆里作恶多端，2015年6月竟被提前获释。尽管他的身份已经核实，完全可以被遣返，但是意大利当局没有这样做，只是限他在7天之内离境。这明明是把危险分子推给其他欧洲国家。意大利警方声称将阿姆里的犯罪历史输入了申根信息系统。阿姆里先在瑞士藏匿数日，与萨拉菲分子取得联系，从他们那里得到一把手枪，并在他们的帮助下与德国萨拉菲分子接头。2015年7月，阿姆里随难民大军非法进入德国，并在弗莱堡申请避难。由于他报的是假名，德国警方当然没有在申根信息系统的危险分子名单上找到他。其实，阿姆里随身带着护照，但他知道德国警察不搜身，因此谎称护照丢了。由此可见，在申根区内藏匿或欺骗警方是多么容易。

阿姆里被安置到北威州的一座难民营，与他同屋的是一名叙利亚人。他认为穆斯林兄弟值得信赖，于是把自己与极端伊斯兰组织的密切联系和盘托出。没想到这名叙利亚人是个对德国感恩的人，马上报告难民营的社会工作者，后者立即通知警察局。但德国警方对此警告置之不理，根本就没有盘问一下那名叙利亚人。

当然，阿姆里的危险性也很快被德国警方注意到。他贩毒、斗殴、行窃，并经常去受到警方监督的萨拉菲清真寺祈祷。北威州刑警局得知阿姆里策划恐怖袭击。此时，德国衙门终于发现了阿姆里的真名实姓，并与意大利警方取得联系。2016年2月，柏林反恐中心召开四次会议，得出结论：他还不够危险。尽管如此，当阿姆里到达柏林的时候，首都警察还是在火车站"迎候"他，没收了他的手机，并发现他与伊斯兰国有联络。令人难以置信的是，尽管有如此众多对他不利的证据，北威州却不再将阿姆里视为危险分子。还是首都警察警惕性高，继续监视他。检察院认为他正在策划行窃，以筹集资金购买武器，目的是为恐袭做准备。阿姆里在柏林和北威州之间穿梭。北威州发现他以双重身份骗取福利。刑警局对他立案调查，但是没下逮捕令。在此期间，阿姆里又在北威州的其他好几座城市同时申请庇护。这样，他通过如此简单的手段每月得到几千欧元的零花钱。同时，几座城市的移民局审核他的庇护申请。2016年6月，他的多重身份暴露，但他没有因此被逮捕。在柏林，他加入了格里茨公园的毒贩队伍。7月，阿姆里在从柏林前往苏黎世的大巴里受到联邦警察的检查，因携带毒品和伪造证件而受到遣返居留。这是阿姆里在德国一年来无数次触犯法律之后第一次被拘留。不过，几天之后他便获释，因为突尼斯方面以证件不足为由不许他入境。阿姆里在柏林大摇大摆地出入默阿比特区的一座萨拉菲分子聚集的清真寺。9月，柏林刑警局得出结论：阿姆里是个罪犯，但不是恐怖分子。不再对他进行监视。此时，摩洛哥和突尼斯情报机构就阿姆里的危险性向德国发出警告。北威州要求突尼斯为阿姆里办理护照，以便将他遣返。10月，柏林反恐中心最后一次为阿姆里召开会议，认为没有直接的恐袭危险。而在德国联邦一级的警察信息体系中，阿姆里被视为恐怖分子。这之后，阿姆里突然失踪，直到12月19日在柏林作案。4天之后，他在米兰附近被发现并被意大利警察击毙。具有讽刺意味的是：12月21日，也就是在恐袭发生两天后，阿姆里的突尼斯护照抵达德国[1]。

[1] https://www.tagesspiegel.de/politik/attentaeter-von-berlin-eine-chronologie-des-versagens-im-fall-amri/19266664.html.

与侯赛因一样，阿姆里的例子也说明很多问题：他在欧洲国家之间往来穿梭，畅行无阻，即使在制造恐袭之后也是如此，被意大利警察发现纯属偶然；德国各联邦州之间彼此不通气，对一个危险分子竟作出完全不同的判断；欺骗德国地方移民局是多么易如反掌；德国各地移民局每月给这个恐怖分子和骗子几千欧元零花钱不说，还同时启动审核庇护程序，这又带来多少费用；阿姆里伤人、欺骗、偷窃、贩毒，但这一切都够不上进监狱；他与伊斯兰国有直接联系、与萨拉菲分子过从甚密，甚至有在近期内策划恐袭的种种迹象，但这一切都不够将他视为危险分子、对他进行一天24小时监控。你们说德国能搞定吗？

也许有的读者会问：为什么难民可以有多重身份？德国这么发达的国家，衙门里没有指纹机吗？答案是：90%以上的衙门仍然没有指纹机器。阿尼斯·阿姆里总共有14个身份。一位来自格鲁吉亚的庇护申请者有43个身份，创单项纪录。我想，他必须用智能手机管理自己的这些身份，特别是记住哪个他登记注册的难民营在哪天发零花钱。

## 向一半德国人宣战

柏林恐袭之后，我一方面后怕，一方面庆幸，因为就在出事前的那个周末，我刚刚和大女儿去了柏林，逛了夏洛滕堡区布莱特晒德广场的圣诞市场，而且就在卡车横冲直撞的地方吃了咖喱香肠加炸薯条。为了表示不向恐怖分子屈服的决心，在柏林惨案发生两天之后，我们全家去逛科隆市中心的一座圣诞市场。我必须承认，在市场上徜徉的时候，我仍然下意识地踅摸着有没有阿拉伯人模样的男人。后来还真看到了，不过看他们吃炸鱼满嘴流油，我就放心了，因为如此享受生活的人不大会在几分钟之后充当人肉炸弹。从那以后，我去参加人多的活动，就总有一种视死如归的感觉。

就在柏林恐袭7天之后，坎德尔惨案在德国人仍在流血的心灵上又撒了一把盐——又是一名阿富汗无人陪伴未成年难民在莱法州小镇坎德尔的一家卫生用品商店门前乱刀砍死15岁的德国姑娘米娅。

阿卜杜尔是米娅的第一个男友。由于这名难民自称只有15岁，被分到了米娅的学校。米娅的父母显然是"德国好人"，张开怀抱欢迎这个在他们眼中可怜的"孩子"，带着他参加家庭聚会，出去郊游。阿卜杜尔成了米娅家的常客，只是还没有得到在米娅房间过夜的许可。

很快，阿卜杜尔就露出自己的真实面目：他对米娅的着装作出了详尽的规定，且不允许她拥抱男同学[1]。有一次出去游泳，阿卜杜尔暴怒，原因是米娅忘记着装规定，穿了比基尼。2016年9月，占有欲极强的阿卜杜尔检查米娅的手机。米娅反抗，他扼住少女的喉咙。之后，他几次毒打米娅。我猜想，要是德国男孩子，米娅可能早就和他一刀两断了。但是对可怜的难民，米娅不断生出恻隐之心，一次次给他改过的机会。

12月初，米娅终于和阿卜杜尔分手。也许那时候她已经看上另一个男孩子。反正分手四天之后，米娅就把新男友展示给同学。阿卜杜尔醋意大发，把米娅的裸体照发到网上，并对她发出威胁。米娅父母报案。警察把阿卜杜尔叫去一通警告。警察事后表示不解，因为口头警告对这种年龄的男孩子十分有效。也许他根本就不是孩子，也许他根本不把德国警察放在眼里，也许在他的文化圈里，女孩子就是男人的附属品。

德国记者Alexander Wendt发表题为"针对女性的战争"的评论："德国目前正在重演那场难民来源国自伊斯兰保守化之后爆发的针对女性的战争。这场战争的基础并非激进伊斯兰而是日常伊斯兰的信念：女性应当

[1] 德国中学生每天见面都像久别重逢，男女同学拥抱十分正常。

服从男性。"[1]在他看来，习惯了自由平等、对男性不会低眉顺眼的德国女性似乎更激发了那些年轻穆斯林的暴力潜能。这名记者对德国主流媒体不愿正视现实的做法发出激烈的批评。他总结了主流媒体的几个报道模式：年轻"难民"施暴是由于他们的受教育程度较低，与其宗教和文化无关；接收国对他们的关心不够；性犯罪事件在难民来德国之前就存在，现在突出难民犯案，是种族主义。这类事件发生之后，媒体或者像科隆大规模性侵之后噤声，噤声不行的时候做极为简要的报道，其风格像警察局的报告；或者给报道冠以旨在大事化小的标题，比如德国电视二台的网页报道坎德尔凶杀案的标题是："年轻人之间的争吵"[2]。Wendt的评论最后说："面对这一针对德国一半人口的暴力瘟疫，媒体大面积的沉默使人感到恐惧。只有凶犯的律师有时谈到犯罪的文化根源，目的是希望法院量刑时给予'文化打折'。"

## 德国想拯救全世界

古罗马人留下了不少睿言智语，其中有一句叫作："不管你做什么，要做得聪明，考虑到后果。"[3]用到政治决策者身上，就是德国著名社会学家马克斯·韦伯在20世纪初发明的那个概念"责任伦理"。责任伦理者认为要对自己的决定及行动产生的后果负全部责任，因此他会先考虑可能的后果，再做决断。韦伯认为，与责任伦理相反的是道德伦理。道德伦理者考虑的是大家认可的价值。既然他是按照价值标准行事，因此他不认为应

[1] http://www.achgut.com/artikel/krieg_gegen_frauen.
[2] https://www.zdf.de/nachrichten/heute/streit-unter-jugendlichen-15-jaehriger-ersticht-maedchen-100.html.
[3] 这句话的拉丁文原文是：Quidqzid agis, prudenter agas et respice finem.

当对自己行动的后果负责。用通俗的话说，推行责任伦理的政治需要勇气，要动脑子后权衡，有时候对规则的运用要有灵活性；而道德伦理只需要认死理儿就行，有人批评你就说他不道德，一般来说对方就会哑口无言。

我举一个责任伦理的例子：1962年汉堡发特大洪水。时任汉堡市长的施密特果断调动联邦国防军参加救灾，尽管联邦国防军当时不允许在国内执行任务（当然又是出于历史原因）。在野党指责施密特违宪。但由于市长敢于承担责任，迅速决断，至少挽救了1000人的生命。施密特因此名声大噪，为其日后担任社民党主席和总理奠定了基础。

默克尔的难民政策则是道德伦理发挥到极致的例子。由于她不愿承担闭关的责任，因此以人道主义解释自己的不作为。站在道德的制高点，默克尔一些匪夷所思的言论不仅不受到质疑，还赢得阵阵掌声。比如最让我想不通的一句话是：德国的边界是无法防守的，因为它加起来有3000多千米。照这个逻辑，中国两万多千米的边界线，就更得自暴自弃了。尽管全球经济一体化，我们仍然生活在主权国家的时代。没有边界，民主、法治和自由都无从谈起。宪法法院前法官迪-法比奥是默克尔难民政策最尖锐的批评者之一。他曾经撰文说："国家边界是支撑民主体制的墙壁。推翻这座墙的人应当知道他在做什么。有效、同时人道地防守边界不是容易的事情。但每个政府都不能逃避这个责任。"德国这些年的发展也已经证明，没有了边界，法治国家将受到冲击，最终占上风的将是丛林法则。

按照德国著名经济学家、慕尼黑经济研究所前所长辛恩教授的说法，"国家也是一个负责管理基础设施、公共机构这些公共财产的俱乐部。"在他看来，集体财产是不可以随便送给外人的，必须坚决捍卫。2016年，他在该经济研究所发表讲话说："只有边界在，一个和平、开放和自由的社会才能存在。"

欢迎文化拥护者的一句口头禅是："开放的社会需要开放的边界。"这话听起来很有道理，却经不住任何推敲。辛恩教授说："这句话从经济学角度没有一丝逻辑。"因为开放的边界和福利体制是互相排斥的。想想看，一个放弃边界的高福利社会自然会吸引大批缺乏上进心、只求不劳而获的移民，那么这个社会的福利体系能支撑多久呢？

"二战"结束70年后，德国政府、媒体以及那些"德国好人"都在"难民"身上发现了为前辈赎罪的千载良机。假如德国果真反省历史，那么它应当意识到对欧洲的特别责任，而不应图一时道德之快分裂欧洲和欧盟。连部分德国媒体都认为英国脱欧实际上就是德国难民政策带来的直接后果。如果德国不改弦更张，英国将不会是唯一一个退出欧盟的国家。

而德国难民政策的最大误区在于它旨在拯救全世界。考虑到德国的国土面积和人口密度，这样的设想是多么天真和狂妄！开始我以为"德国不能救全世界"应当是左中右阵营都能达成的共识。但我的德国朋友不止一次认真地问："为什么不能？"你说还有什么辩论的余地呢？

# 第六章 被老大讹诈——2016年的欧洲

> 是的，我们能搞定。但我没有说，我们自己能搞定。换句话说，我们自己不能完全搞定。
>
> ——安格拉·默克尔，德国总理，2015年10月

> 如果船长发现一座冰山，那么不改变航向是无所助益的。
>
> ——维尔纳·法伊曼，奥地利前总理，2015年年底

> 我不认为我应当做带领英国驶向下一个目标的船长。
>
> ——戴维·卡梅伦，英国前首相，2016年6月24日

我在前面已经提到"都柏林规定"的不公之处：把难民问题推给欧盟的几个前沿国家，地处欧洲中心的德国则在安全第三国的包围中，维护自己独一无二的庇护法。尽管"都柏林规定"从来也没有特别较真儿地执行过，在意大利登陆的难民多了，罗马政府就悄悄让他们北上；雅典政府更是给难民糟糕透顶的待遇，让欧洲人权法院判决不得将难民遣返回希腊。欧盟委员会早就有废除"都柏林规定"的意思，以一个欧盟成员国公平分摊难民的方案取而代之。但最大的阻力来自德国，因为柏林政府担心那样一来绝大部分难民将会来到德国。直到2015年夏天，德国渐渐感到力不从心的时候，才放弃了抵抗立场。由于当时匈牙利还是主要"受害国"之一，因此欧委会特别做了布达佩斯的工作，说按照欧盟计算出的公式分摊之后，匈牙利就可以把窝在手里的5万多难民中的大多数转给其他国家。总理欧尔班于是暗示可能在9月的欧盟峰会上对此投赞成票。但9月4日到5日的夜晚使欧盟和德国整个夏天的努力功亏一篑。

## 德国拿出"核选项"

为了维护内部团结，欧盟在重大问题上都采取一致通过的原则。少数服从多数的原则只用于一些细节问题。而难民问题在2015年成了欧盟的头等大事，为了消除几个不那么踊跃接收难民的国家的担忧，欧盟委员会在当年夏天还重申了在此问题上将采取一致通过原则的保障。时任欧委会主席的容克特别做了欧尔班的思想工作，并终于有了成功的希望。一旦欧尔班同意，其他持怀疑态度的东欧国家就可能转变立场。但德国国门大开之后，局势完全改变。匈牙利的5万多难民悉数到了德国，布达佩斯难民营空空如也。既然难民已经出手，欧尔班为什么还要同意欧委会分配难民的建议呢？

德国开闸放水之后，每天一万多难民涌入，默克尔面临特别是来自党内的空前压力。于是，"柏林坚持欧盟的配额方案，就像快溺水的人死抱着救生圈一样"[1]。默克尔让内政部长德梅奇埃强迫欧洲伙伴接受曾被德国自己阻挠多年的方案。倒霉的内政部长在9月14日，也就是他没有勇气下达闭关令的第二天，带着总理的嘱托参加布鲁塞尔的欧盟内政部长会议。德梅奇埃是个典型的一板一眼的德国人。对默克尔来说，他是少数几个"你办事我放心"的绝对信得过的党友之一。但他不够圆滑，缺乏谈判技巧。在发现布达佩斯变了主意之后，他拒不接受欧委会将"必须"改"自愿"的妥协建议，而是摆出欧盟老大的架势，逼迫匈牙利为首的少数派就范。当晚他在接受德国电视一台新闻联播主持人采访时说，距离达成欧洲方案只有一步之遥。想想看，你和一个商业伙伴正在谈判。谈判还没结束，对方就接受媒体采访，而且宣布马上就要达成他乐见的结果。那你还不急了吗？你还愿意和他继续谈吗？布鲁塞尔的内政部长会议也便在电视一台采访之后两小时无果而终。第二天早上，接受电视二台早间新闻采访的德梅奇埃继续像瓷器店里的大象一样，不计后果地横冲直撞。当被问及如何对待头天晚上拒绝欧洲方案的国家时，德梅奇埃把欧盟委员会主席搬了出来。他说容克建议削减欧洲体制基金给这些国家的补贴。体制基金是欧盟用于推动区域发

[1] Robin Alexander, Die Getriebenen（慕尼黑，Siedler出版社，2017），94页。

展、弥合成员国之间差距的基金。在难民问题上不合作的东欧国家从该基金中获益最大。德国和欧委会因此认为基金补贴是他们手中最硬的一张牌，不听话就不给钱。不过，这个柏林和布鲁塞尔私下达成的默契却让这位实诚的德国人不小心说漏了。欧委会马上表示容克从来没有这样说过。

"欧洲开始流行这样一种说法：德国人先强迫我们财政紧缩，现在又把难民强加给我们。"[1]而德国媒体则坚决支持政府的路线，批评东欧国家民族主义和沙文主义抬头。温和一些的评论要求把这一威胁兑现，不收难民就不给钱；激烈一点儿的评论干脆主张把那些只伸手要钱不尽人道义务的国家开除出欧盟。在媒体影响下，默克尔的粉丝们也是同仇敌忾。那段时间和德国朋友聚会，平素不谈政治的突然义愤填膺："为什么东欧人那么自私？"这种时候，我不自觉地成了东欧人的使节，试着举各种例子来阐释东欧人的立场。比如我曾经说："想想看，我们一起吃饭，突然外面来了一群陌生人，我招呼他们入座一起享用。饭后我请你和我共同支付巨额账单，你会乐意吗？"有时朋友还真陷入沉思。不过也有的完全情绪化，一位平常彬彬有礼的绅士型朋友竟破口大骂："不要难民的都该滚出欧盟！"抹去溅到我脸上的吐沫星子，我不敢吱声，只能在心里嘀咕：有这么胳膊肘往外拐的吗？

在揭示难民危机内幕的《世界报》记者Alexander看来，德国政府本应在此时承认此路已经行不通，并另想出路。但默克尔已经铁了心，打算不惜任何代价地强

---

[1]Robin Alexander, Die Getriebenen（慕尼黑，Siedler出版社，2017），96页。

制贯彻自己的配额方案。这可以说是铁娘子在难民危机中第一次拼了命来拯救自己的总理宝座。我们从后来的报道得知,尽管当时默克尔实际取消边界的做法得到左翼在野党和媒体的阵阵欢呼,但党内批评的声音异常激烈。假如默克尔成功得到欧洲层面的解决方案,那么她可以减轻来自自己阵营的压力,获取民意支持,从而堵住党内异见人士的嘴。默克尔的决心有多大,我们可以从Alexander的描述中看出来:

"联邦政府现在的计划是欧洲从未有人敢于尝试过的。欧盟大楼的走廊里,人们怯生生地谈论着所谓核选项。欧盟官僚称之为QMV,这是Qualified Majority Voting的缩写。意思是少数服从多数。在每个民主国家,这都是很正常的操作;但在布鲁塞尔,这被视为万不得已情况下的最后手段,因此还从未有人敢尝试过。"[1]

我上面提到,少数服从多数原则只用于细节问题,但难民移民是欧盟时下最重大的问题。而且欧盟在2015年6月刚刚作出书面承诺,在难民问题上采用全体通过原则。默克尔置欧盟常规和承诺于不顾,坚持在9月22日举行表决。

表决前,欧委会主席容克先请内政部长一个个面谈,目的是向打算投反对票的部长们施压。欧盟对此也有一个术语,叫"忏悔室程序"。就像天主教教堂里教徒和神父之间的一对一忏悔。容克扮演神父的角色。结果,波兰温和政府的女部长被容克说服,对难民配额方案投了赞成票。这成了波兰政府一个月后被选下台的最主要原因。换句话说,波兰政府成为默克尔难民政策

---

[1] Robin Alexander, Die Getriebenen(慕尼黑,Siedler出版社,2017),97页。

在欧洲层面的第一个牺牲品。后来上台的保守政府也成为德国最坚定的反对者。

默克尔的分摊难民方案最终得到了多数支持。据此，来欧洲的难民在希腊和意大利登记之后直接分给各欧盟成员国。具有讽刺意义的是，默克尔以牺牲欧盟团结为代价换来的这个方案根本没有兑现的可能。待分配的16万难民中，只有几千人勉强去了其他国家。不只东欧国家继续持拒绝态度（新上台的波兰政府不承认前政府作出的接收难民的承诺），难民自己也不愿去斯洛文尼亚这样他们从未听说过的国家，他们一心向往的只是德国。

后来拯救默克尔总理宝座的不是一纸空文，而是奥地利的年轻外长库尔茨。

## 维也纳"神奇小子"

2015年9月4日夜晚，德国总理默克尔和奥地利总理法伊曼共同作出了不关闭国门、接收所有难民的决定。这将德奥变成了一个命运共同体。两位政治家来自完全不同的政治阵营，法伊曼是奥地利社会民主党主席，属于左派阵营，接收难民可以说是出于政治信仰；而默克尔是保守的基督教民主联盟主席，按照左右区分应当是右翼政治家。默克尔的动机我在前面已经详细分析，她担心关闭边界会造成德国公众难以承受的丑陋画面。言外之意，假如当时德国媒体和民众反对接收难民，那么她肯定不会冒天下之大不韪，一意孤行地开放边界。因此，说默克尔的这一"人道"举动是政治投机，并不过分。尽管政治背景和出发点各不相同，但一言既出驷马难追，两位政治家的命运绑在了一起。可是由于他们低估了这一决定产生的旋涡效应，汹涌的难民浪潮使边界失控，因此两人心里都明白这样的状态不可能持续下去。于是双方都开始了一些小动作：维也纳方面默默地将人潮引向德国，把奥地利变成了一个中转站；默克尔的大管家、总理府部长阿尔特迈尔则在2015年10月决定，每天只在特定的德奥边界地点接收特定数量的难民。尽管德国政府口头上始终反对为难民数量设上限，但阿尔特迈尔的决定不就是一个上限吗？德国的这个小动作使在奥地利申请庇护的难民数量激增。2015年全年

▶奥匈边境：大量难民前往德国

2015年9月6日，在匈牙利海吉什豪洛姆，前往德国的难民在奥匈边境过境站排队等候出境。

匈牙利政府4日晚间开始派公共汽车将大批难民运至奥匈边境。德国总理默克尔和奥地利总理法伊曼协商决定临时允许这些难民入境。先前滞留匈牙利的数千名来自叙利亚等国的难民陆续经奥地利抵达德国，但德国官方强调此次放行只是临时救急。德国官方预计，今年涌入德国的难民总数可能会达80万。

新华社发 弗尔季·奥蒂洛 摄

达到9万，占奥地利人口总数的1%。

于是别看当时默克尔和法伊曼站在一起如同双胞胎，但他们彼此之间并不完全信任。法伊曼时刻担心德国关闭边界，让奥地利收拾残局；而德国则担心维也纳政府公开为难民人数设上限，让德国人认识到默克尔的政策并非"别无选择"[1]。不过德国政府在2015年那令人焦头烂额的几个月里忽视了奥地利的另一位政治家——年仅29岁的外长库尔茨（Sebastian Kurz）。库尔茨的政治故乡是奥地利人民党，与默克尔所在的基民盟同属欧洲保守党大家庭，但偏偏是这位没有被德国政治精英放在眼里的初生牛犊后来成为欧洲政坛默克尔反对派的领袖。

2015年8月24日，库尔茨前往马其顿访问。当时，德国不遣返叙利亚难民的消息已经在难民队伍中传开。理想国在召唤，这个千载难逢的机会怎么能错过？本来就已浩荡的难民大军瞬间形成洪水之势。第一个招架不住的是马其顿。马其顿不是欧盟成员国，没有登记难民的义务。尽管难民不打算留在那里，但是一个人口只有200万的小国经受不住几十万过路人的踩踏。马其顿于是成了巴尔干链

[1] "别无选择"是默克尔的口头禅。在她看来，她制定的政策都是别无选择。2010年救助希腊如此，2015年无上限接收难民也是如此。

条中第一个尝试闭关的国家。不过，一个匆忙之间修筑的铁丝网哪里拦得住众志成城的难民。在数千人的冲击下，铁丝网顷刻间变成一团乱铁丝，警察的催泪弹和棍棒也失去了震慑力。当库尔茨和马其顿外长波波斯基来到与希腊接壤的小镇盖夫格利亚时，被踩倒的铁丝网上仍然挂着衣服碎布和单只的鞋。库尔茨说："'都柏林规定'已经名存实亡。巴尔干国家承受不住压力。我们必须帮助这些国家，帮助它们实际上是帮助我们自己。"[1]半年之后，巴尔干线路的封闭就是从这里开始的。

2015年11月，库尔茨公开与默克尔唱对台戏，宣布奥地利将对难民人数设上限。"此时，他已没必要说服自己的总理，因为法伊曼早已与总理府顾问商定，如果默克尔的欧洲分摊难民计划在圣诞节前不能兑现，那么他将在新年之后修改政策。"[2]法伊曼当时说了这样一句话："如果船长发现一座冰山，那么不改变航向是无所助益的。"他的话听起来温和，实际上是警告默克尔不能一条路走到黑。从此之后，默克尔和法伊曼的角色翻了个个儿：此前法伊曼天天给德国总理打电话，生怕她关闭边界；现在默克尔致电维也纳，求法伊曼不要变卦，并保证年前拿出欧洲解决方案。

2016年1月19日，奥地利政府公布了当年接收难民人数的上限：37500。法伊曼之前与默克尔通电话，向她保证不提"上限"这个词。您可能会问，为什么德国总理这么忌讳"上限"这个概念呢？因为默克尔从一开始就把话说得太满："避难的基本权利没有上限。"她一再地重复，左翼政治家和媒体也欢欣鼓舞地重复，言外

[1]https://diepresse.com/home/politik/aussenpolitik/4805251/Kurz-bietet-Mazedonien-Hilfe-an.

[2]Robin Alexander, Die Getriebenen（慕尼黑，Siedler出版社，2017），236页。

▶奥地利与部分西巴尔干国家和地区同意加强边境检查

2016年2月24日,在奥地利首都维也纳,奥地利外长库尔茨在新闻发布会上发言。奥地利与部分西巴尔干国家和地区24日在维也纳举行的会议上同意进一步合作加强边境检查,以应对旷日持久的难民危机。希腊没有派代表参加此次会议。

新华社/美联

[1]2017年9月大选中,默克尔领导的基民盟损失9个百分点,于是迫于姊妹党基社盟的压力也设了每年20万的上限,但不说是上限,而是"基准"。后来在与社民党的组阁谈判中,这个"基准"又被抛弃了。执政纲领中有一个"每年18万到22万难民"的说法。社民党说这不是上限,而是以往难民来德国人数的上下浮动走廊。已辞职的社民党主席舒尔茨曾经说:"如果实际来德国的难民多于22万,那就多呗。"所以说,德国无上限接收的政策实际上没有变化。

之意,设上限是违法的。同时,默克尔从一开始就声称自己的政策是唯一正确的,是别无选择的,现在她昔日最坚定的盟友——奥地利总理法伊曼突然宣布将设上限,这说明"上限"也许并不违法,而且默克尔的政策也许并非别无选择。那为什么法伊曼这么低三下四,向德国总理作出"明明是上限,偏偏不挑明"的承诺呢?这是因为他自己也理亏,因为在过去的半年里,他紧跟默克尔,"默克尔妈妈"说上限违法,法伊曼也说上限违法,现在迫于执政伙伴人民党和国内民意的压力设上限,不等于自己打自己的嘴巴吗?于是他向默克尔保证:不说是上限,而说"基准"[1]。

不过此时,法伊曼大势已去,外长库尔茨走到前台。"这位年轻的保守派政治家现在开始担当默克尔反对派国际同盟的领袖。这个同盟日益壮大,匈牙利总理欧尔班当然是其中的一员,还有其他东欧国家、巴尔干国家、德国的基社盟以及一些西欧国家。"[1]

库尔茨此时认为，默克尔已经无力阻止巴尔干线路的关闭，于是公开了他三个月来的秘密外交活动：自2015年11月起，他每周秘访巴尔干国家，会晤这些国家的领导人，商议如何关闭边界。库尔茨的计划是引发多米诺骨牌效应。匈牙利已经关紧了大门，接下来斯洛文尼亚、克罗地亚和塞尔维亚一个个跟上，难民逐渐回流，最后关门的是马其顿。

德国铁娘子不甘心输在一个毛头小伙子的手上。她也开始在巴尔干活动，发出各种耸人听闻的警告。后来搬出美国老大哥向巴尔干国家施压。奥巴马担心巴尔干线路关闭将导致希腊大乱。已经深受欧元危机之苦的希腊如果因难民危机而崩溃，那么这将正中俄罗斯的下怀，毕竟希腊是北约的前沿国家。

不过德国的软硬兼施没有动摇维也纳"神奇小子"[2]的决心，库尔茨于2016年2月24日主持召开西巴尔干会议。与会者包括巴尔干难民线路国家的外长和内政部长，但不包括线路的起点站希腊和终点站德国。这使两国总理恼羞成怒。库尔茨敢于向欧洲头号领导人叫板的同时，没忘记暗中联络德国保守阵营中对默克尔难民政策不满的政治家，赢得他们的支持。

2016年3月9日，这位重振奥匈帝国时代外交雄风的年轻人终于大功告成。不无讽刺意义的是：库尔茨的果断行动使难民浪潮戛然而止，抵达德国的难民数量骤然下降，在政治上救了默克尔一命。

[1] Robin Alexander, Die Getriebenen（慕尼黑，Siedler出版社，2017），238页。
[2] 奥地利人送给库尔茨的绰号。

## "埃苏丹"把大门

库尔茨关闭巴尔干线路的壮举使默克尔一度岌岌可危的政治生涯重新稳定下来,德国总理理应向这位邻国的年轻政治家致谢。铁娘子不但没有半个谢字,相反,她始终对库尔茨的行动持公开批评的态度,说一国关闭边界等于把问题推给了其他国家,但她警告的混乱甚至战争并没有出现,尽管我们后来知道巴尔干线路仍然有漏洞,而且蛇头早已开辟了新的线路,但毕竟巴尔干地区被踏平的危险不复存在,而且这些国家重新掌握了边界的自主权。默克尔的批评还有一个原因,我前面已经提到过,那就是库尔茨让这位欧洲女王丢了面子,让她的"别无选择"的说法站不住脚。其实,默克尔最迟在边界开放一周后就知道她犯了一个天大的错误,但承认错误不是默克尔擅长的,而且当时她在党内的阻力很大,一旦认错,马上会有人要求她下台。因此,她一方面在媒体的帮助下控制话语权,鼓吹"别无选择";另一方面,她早在2015年9月就开始寻求其他选择。那么默克尔的锦囊妙计是什么呢?很简单:首先让整个欧盟为自己的政策埋单,之后把看守欧洲大门的差事交给土耳其总统埃尔多安。

为什么默克尔看上了"埃苏丹"呢?因为土耳其的地理位置至关重要。它处于亚欧大陆的交界处,是亚洲难民到达欧洲的必经之地。如果土耳其严守自己的地中海海岸,不允许蛇头组织难民偷渡欧洲,那欧洲不就可以继续做幸福的孤岛吗?问题只在于安卡拉凭什么替欧洲排忧解难?实际上,土耳其不仅没有理由替欧洲把守大门,相反,大批难民从土耳其出征欧洲是完全符合安卡拉的利益的。

首先,土耳其是难民浪潮的第一个"受害者"。它与叙利亚毗邻。战争爆发以来,已有300万难民逃到那里。这其实是很正常的事情———一国燃起战火,老百姓或逃到国内的安全地带,或暂时到邻国求生。一般来说,邻国在语言、宗教和文化各方面与自己比较接近,容易适应;而且由于距离家乡并不遥远,战争一过,可以马上重返家园,参与祖国的重建。如果邻国国土面积较大,经济实力雄厚，那就更会成为难民的首选。可以说，土耳其这些条件都满足，邻居有难，伸出援手是应当的，更何况安卡拉参与了叙利亚战争，是难民浪潮的制造者之一，就更有义务帮助安置难民。土耳其也确实既出钱又出力。不过，安排难民吃住是一回事，让难民儿童上学、给难民就业机会是另外一回事，需要更多的投入和付出。随着难民人数的激增以及战争结束的无望，土耳其渐渐感到力不从心，难民就学和就业都成了问题。再加上2015年上半年联合国难民署将难民的口粮减半，促使越来越多的叙利亚人打算去欧洲碰运气。这实际上为土耳其减轻了负担，安卡拉为什么要拦着他们呢？

埃尔多安乐见难民前往欧洲还有一个原因：他们将推进欧洲的伊斯兰化。2011年他在柏林对土裔德国人和土耳其人发表讲话时一不小心说了真话："民主只不过是将我们送往目的地的一列火车。清真寺是我们的兵营，尖塔是我们的刺刀，拱顶是我们的头盔，信众是我们的士兵。"尽管他当时的讲话对象是生活在德国的土耳其同胞，但从土耳其难民营前往欧洲的基本都是穆斯林，同样可以帮助埃尔多安实现欧洲伊斯兰化的理想。

眼看着欧洲大厦在难民浪潮冲击下裂痕累累，埃尔多安心里一定有种说不出的快感。因为他和欧盟特别是德国还有一笔旧账要算。21世纪初，刚刚就任土耳其总理的埃尔多安新官上任三把火，大力推行经济和政治改革，把土耳其引向市场经济和民主体制，并积极向欧盟靠拢。当时对埃尔多安最绝情的正是今天的德国总理默克尔。为使德国红绿（社民党和绿党）政府开启土耳其入盟谈判的计划流产，时任德国最大在野党主席的默克尔在欧洲层面组织了反土入盟的统一阵线，并建议给予安卡拉"优惠伙伴"地位的远景，实际上是个安慰奖。埃尔多安对此耿耿于怀。默克尔2005年担任总理之后，两位政治家始终未能建立信任关系。后来欧盟虽然开启了与土耳其的入盟谈判，但默克尔特意强调谈判结果是不确定的。这口气埃尔多安如何咽得下去。

俗话说大丈夫报仇十年不晚。2015年秋天已成为"埃苏丹"的土耳其总统报复默克尔的机会终于来了。难民成了他敲诈德国和欧盟的筹码。您也许会问：德国为什么不自己守卫自己的边界，欧盟为什么不防守自己的外部边界呢？我在前面已经提到，默克尔担心闭关或施行严格的边检会在德国边界引发德国公众难以承受的丑陋画面。她于是不遗余力地强调，边界是不能防守的。世界上边界线长于德国的国家不少，为什么只有德国不能防守呢？欧盟地中海外部边界防守起来难度大一些，但世界上也不乏漫长海岸线的国家，为什么这些国家没有叫苦连天呢？某种程度上，欧盟成了自己鼓吹的价值观的奴隶。如果欧盟下决心把偷渡地中海抵达希腊和意大利的难民原路送回，那么肯出"巨资"、冒生命危险偷渡的难民人数将会骤减。德国前社民党籍的内政部部长席利十几年前就提出过这一建议，但马上遭到人权组织的炮轰。德国自民党主席林德纳尔和法国总统马克龙也斗胆说出类似的设想，但也马上被淹没在人权组织和媒体的批评声浪中。自己不肯干这份脏活，那就只能求别人了。过去有卡扎菲代劳，现在只剩下埃尔多安了。这使这位践踏所有欧盟价值的"专制君主"一夜之间成了欧盟的座上宾。布鲁塞尔为他召开欧盟—土耳其峰会，让他风头出尽。默克尔一趟趟亲往安卡拉，对土耳其侵犯人权的状况视而不见，倒是对德国讽刺埃尔多安的艺术家指手画脚。清楚自己市价的"埃苏丹"甚至提出无理要求，让默克尔在大选前两周对土耳其进行正式访问。这样有助选嫌疑的访问是违背国际惯例的。但是当时为解决难民危机而与维也纳"神奇小子"展开竞赛的德国总理顾不得这些考虑，在安卡拉听任埃尔多安的摆布。"埃苏丹"的那份儿得意就别提了。有人甚至取笑说默克尔成了土耳其总统的"新宠"。

2016年3月18日，欧盟和土耳其终于达成难民交易[1]：

---

[1] 说交易是因为双方没有任何书面的协定。

土耳其加强边界防守，阻止蛇头组织难民偷渡；在希腊申请庇护遭拒的难民遣返土耳其，欧盟同时从土耳其接收同等数量的难民；欧盟分三年给予安卡拉60亿欧元的资助，改善土耳其难民营的条件；欧盟加速与土耳其的入盟谈判，并答应近期内取消对土耳其公民的签证要求。埃尔多安本来要价更高，但偏偏是巴尔干线路的关闭在即使安卡拉回心转意，迅速与欧盟达成一致，因为埃尔多安深知，一旦巴尔干线路堵死，他手中的筹码就不值几个钱了。

欧盟—土耳其交易的达成比巴尔干线路关闭晚了九天。可以说，在与库尔茨的竞赛中，默克尔败下阵来。一般认为，来德难民人数下降的主要原因是巴尔干线路的不畅，但默克尔在接受采访时从来不承认这一点，而是突出欧盟—土耳其交易产生的效果。应当说这一交易起到了一定作用，但作用有限，欧盟为此付出的代价则不可估量。

由于德国总理担心德国人承受不住丑陋画面而实际放弃了边界，于是丑陋画面由家门口转移至欧盟前沿国家，比如希腊的莱斯博斯岛[1]。由于欧盟也不喜欢在自己的疆域内出现丑陋的画面，于是与安卡拉达成交易，将丑陋画面转移到了土耳其。据报道，土耳其将入境的叙利亚难民直接遣返。不过，眼不见心不烦，默克尔的总理位置重新坐稳，在野党的强烈抗议和人权组织的零星批评她可以一笑置之。

## 英国人对铁娘子说"不"

英国人并非一向对欧洲持怀疑态度。1975年英国

---

[1]2016年年初，三万多难民滞留莱斯博斯岛，相当于那里承受能力的十倍。大多数人希望前往德国。但由于德国的欢迎文化已经降温，政府和媒体都对那一场真正的人道灾难保持缄默。

就加入欧共体举行全民公投的时候，67%的选民投了赞成票。与其他国家相比，这一支持率不算低。20世纪90年代，英国疑欧势力抬头。这与1993年成立的英国独立党（UKIP）有关，也与媒体的报道有关。比如后来担任外相和首相的鲍里斯·约翰逊当时任《每日电讯报》驻布鲁塞尔记者，经常给英国读者讲一些欧盟如何铺张浪费的故事，而且不总是以事实为依据。

  为了与独立党争夺选民，保守党内部怀疑欧洲的声音也越来越响。该党在欧洲问题的分裂使工党领袖布莱尔在1997年选举中渔翁得利。不仅如此，保守党的得票率创150年来的新低。党内两个阵营互相推卸责任。因此，当保守党政治家卡梅伦在2010年重新夺回政权的时候，他下决心消除党内在欧洲问题上的分歧。卡梅伦本人属于温和的亲欧派，据说与德国总理默克尔私交不错。两对夫妇有时共度周末。为了安抚党内的疑欧派，他在2013年年初作出承诺，一旦在2015年5月的大选中连任成功，他将在2017年之前就英国是否留在欧盟举行公投。在公投之前他将力促欧盟改革。

  2015年英国下院选举中，独立党获得12.6%的选票，成为第三大政治力量。保守党内的疑欧派也没有改变立场的意思，不过卡梅伦对公投仍然胸有成竹。民调为卡梅伦的自信提供佐证：留欧支持者稳稳领先离欧派几个百分点。卡梅伦打算与欧盟谈出好结果，说服还在犹豫不定的同胞。

  这位春风得意的政治家对公投信心十足还有一个原因：欧盟老大德国最舍不得英国"脱欧"，因此卡梅伦认为在关键时刻默克尔大姐会助他一臂之力。为什么德国舍不得英国退出呢？因为在欧盟内部，德国和英国是经济及财政理念上的志同道合者，高举自由贸易大旗，主张减少农业补贴，因此常与法国针锋相对。而欧洲融合本来是德法和解的项目，德国不愿与法国正面交锋，乐得躲在英国后面。英国退出，德国将失去一个强大的盟友，并将不得不直接面对法国，或伤和气，或向巴黎让步，两者都不是令德国满意的选项。从经济实力来说，德国、英国和法国是欧盟的"三巨头"。德国更愿意维持欧盟的三足鼎立局面，而不希望出现英国退出后的一山二虎之势。法国对英国则没有那么留恋：

缺了老二，老三的地位会自然上升；而且没有了老大和老二的统一阵线，法国联手南欧将更可能实现自己的主张。虽然德法各打自己的小算盘，但两国政治精英都不认为英国公投会有什么悬念。

可偏偏是知心姐姐默克尔使卡梅伦成为公投的悲剧人物。2015年9月之后德国边界的失控状态好像是上天给离欧派的一份厚礼。其实，在难民危机爆发之前，外来移民就是英国"脱欧"和留欧派辩论中压倒一切的话题。英国虽然不是欧盟福利最高的国家，但英语是国际通用语言，移民没有语言障碍。大量东欧人在欧盟东扩之后涌入英国，单从波兰就过去了100万。这些人中很多是手工业者，也算是为英国填补了空缺。真正让英国人头痛的是另外一部分移民——来自南亚的穆斯林。印度、巴基斯坦及孟加拉国移民聚焦英国当然与英国的殖民历史有关。他们当中很多成功融入当地社会，伦敦市长就是巴基斯坦裔的。但也有相当一部分几十年来生活在平行社会里，不接受主流社会的价值观，与德国的土耳其人有可比性。媒体也和德国情况差不多，对特别是穆斯林移民的融入问题遮掩，生怕被扣上宗教歧视和种族歧视的帽子。2017年我去英国南部住在英国人家里。他们说那一条街，穆斯林占比已达50%。过去没有"势均力敌"的时候，外来移民比较收敛。随着外来族群队伍的不断壮大，他们感到底气越来越足，与本土人冲突的事件时有发生。迄今以口水战为主。但那户英国人家的男主人打算未雨绸缪，想网购一把大刀。结果竟然脱销。他对我说："都是什么人买了刀啊？！我想都不敢想。"那对英国夫妇说，2015年秋天来自德国边界的画面让他们目瞪口呆。令他们百思不得其解的是，德国本来很幸运，没有英国和法国那样严重的穆斯林融入问题，现在却非要急起直追。"看来默克尔想让你们怎么也要补上这一课"，女主人笑着说。不用说，他俩都投了"脱欧"票。

我想2015年秋天持他们这样想法的英国人不少。"脱欧"派抓住这种心态，大肆宣传后门移民的危险。也就是说今天来德国的难民可能明天就投奔英国，毕竟那里的语言门槛要低得多。不管这种担心是否有道理，反正自从德国边界失控之后，英国民意发生了有利于"脱欧"派的逆转。2016年年初，尽管卡梅伦倾全力与欧盟谈判,尽管他谈出了有利于英国的结果,比如英国可以永远不参加欧罗巴合众国,可以永远不加入欧元区,可以在四年时间里不把其他欧盟国家的移民纳入自己的福利体系;但另一方面,英国人眼看着欧盟为难民问题争吵不休,内部边界大开,外部边界不守,害怕自己受到牵连,于是因难民浪潮而转向脱欧派的英国人怎么可能因卡梅伦的这点儿谈判成果而回心转意呢?

2016年6月23日,不可能发生的事情发生了。51.9%的英国人投了脱欧的赞成票。尽管之前几个月的民调已经预示了"脱欧"派的胜利,但欧盟高层对此没有丝毫的心理准备。这说明他们自满到无视现实的地步,认为英国人最迟会在投票的那一刻发现欧盟的可贵。

公投第二天,卡梅伦在伦敦唐宁街10号首相官邸门前宣布将于10月辞职。他说:"我不认为我应当做带领英国驶向下一个目标的船长。"

## 欧洲不埋单

2015年8月底,默克尔讲出了那一句必将载入史册的话:"我们能搞定!"几天后,她敞开国门迎接难民,实际取消边界。边防警察形同虚设,地方官员叫苦连天。德国虽然获得了"人道世界冠军"的称号,但总理很快明白了为什么这顶桂冠从来就没人稀罕。一个月之后,默克尔就感到德国支撑不住了。于是她修正了自己的豪言:"是的,我们能搞定。但我没有说,我们自己能搞定。换句话说,我们自己不能完全搞定。"言外之意:欧洲兄弟们,帮帮忙吧!奥地利和瑞典响应了她的号召。瑞典2015年接收了16万难民,奥地利将近9万,按照人口比例都不亚于德国。

不过,奥地利和瑞典很快发现这种来者不拒的做法难以为继。奥地利人口只有800多万,比青岛、杭州或温州都要少。我们设想一下,青岛突然之间要接纳9万难民,而且不是临时安置,而是来了就不走的客人。这些不请自来的客人还带来了与本土格格不入的文化和宗教。青岛人会答应吗?奥地利人越是不满,右翼民粹的奥地利自由党所获支持率就越高。丧失权力的危险往往是让政治家转向的最有效外力。2016年新年伊始，社民党籍的总理法伊曼在难民问题上背叛了默克尔，为2016年奥地利全年接收难民人数设了37500人的上限。且规定每天只接受80份避难申请。不过，即使来了个180度大转弯，法伊曼的总理职位也保不住了。他不得不在2016年5月辞职。

瑞典政府在2015年年底就宣布将大幅度限制难民入境。具体措施包括三个方面。第一，提高入境难度。为此，斯德哥尔摩政府下令在连接丹麦首都哥本哈根和瑞典第三大城市马尔默的厄勒海峡大桥上（长16公里）施行边检，特别检查大巴和火车上的乘客，没有有效证件者不得入境。想想看，来德难民70%都没有证件，如果德国能学瑞典的榜样，难民数量将直线下降。第二，瑞典对难民极为有利的法律停止使用三年，这三年期间只遵循国际法和欧盟的法律。已被承认难民地位的马上得到永久居留，新来难民的居留期只有三年。受辅助保护难民的居留时间为13个月，且不得接家属。第三，庇护申请遭拒的成年人如果不在规定时间内自愿离开瑞典，将得不到政府的任何帮助。这三方面的措施实施之后，2016年来瑞典的难民人数降至三万以下。当然这也和巴尔干线路封闭及欧盟—土耳其交易有关[1]。

2015年奥地利和瑞典对难民敞开怀抱的原因之一是这两个国家的政府首脑都来自左派阵营。奥地利当时与德国一样是大联合政府，不同之处在于：维也纳政府中较大的伙伴是左翼的社民党，而德国的最大执政党——联盟党属于保守阵营。瑞典则是社民党和绿党联合组阁，可以说是这三国中最左的政府。如果站队的话，瑞

[1] https://fluechtlingsforschung.net/asylpolitische-restriktionen-und-ihre-folgen-am-beispiel-schweden/.

典最左，奥地利偏左，德国则偏右。这正是令人不可思议之处：瑞典的红绿政府都能够逾越意识形态的障碍，为什么偏右的德国做不到呢？这个问题我将在下一章探讨。

其他欧洲国家的态度如何呢？我在前面讲过默克尔为了强迫大家共同埋单，不惜动用了"核选项"，结果加深了欧盟此前就已经存在的裂痕。尽管在德国的高压之下，欧盟就分摊难民问题达成协议，但东欧国家拒绝合作。这有几个原因：第一，这些国家人口比较单一，没有多元文化的传统和经验，对穆斯林移民本来就更持抵触态度；第二，这些国家坚信难民是被德国开放边界的政策和对外人的超级待遇吸引过去的，是德国的问题，与他们无关；第三，他们看到难民给德国社会带来的冲击，不愿重蹈德国的覆辙；第四，默克尔在2015年对欧盟伙伴的高压政策使他们即使想做出姿态也不可能，因为谁松口答应接收难民，谁就是屈服于默克尔，本国老百姓绝不会答应。

法国在2015年之前已经被本国的穆斯林移民问题搞得焦头烂额，不敢再引火烧身。同时欧洲邻居的经验证明：哪个国家政府大规模接收难民，那么这个政府就等于给国内的右翼民粹势力做免费宣传。奥地利和德国都是如此。2016年，法国国民阵线女党魁勒庞大有问鼎总统宝座的气势，巴黎政府哪儿还敢拥抱难民呢？德国对巴黎的尴尬处境十分理解，因此从政府到媒体都极少评论法国在这场难民危机中表现出来的"冷酷无情"。英国的做法比较智慧——只接收黎巴嫩和约旦难民营中的叙利亚人，因为在英国人眼里只有他们是真正的难民。

那么世界上其他与欧盟属于同一价值体系的国家在难民问题上表现如何呢？2014年，日本满打满算收了11名难民。99.8%的申请者被拒绝。遭拒者必须离境。2015年，日本在其他西方国家的压力之下，勉强答应接纳100名叙利亚难民，但有一个前提：只收大学生。韩国的情况和日本差不多。2015年，韩国接收的难民人数为24人。德国任何一个小村子接纳的难民都比这个数字要高。

加拿大帅哥总理特鲁多乐于把自己包装为人道政治家。但地广人稀的加拿大2016年全年只接收了三万难民。德国在经历了史无前例的2015年之后，2016年的难民人数虽明显低于头一年的100万，但仍然远远高于往年，总数约为32万，比欧盟其他所有成员国、澳大利亚、新西兰、美国和加拿大的总和还要多。

# 第七章
## 面目全非
### ——2017年的德国

> 记者一般不会特意说谎，但他们简化、回避、歪曲或篡改部分事实。
>
> ——Ulrich Tilgner，德国电视二台驻中东前通讯员，2017年夏天

> 我看不出来有什么做错的地方。
>
> ——安格拉·默克尔，2017年9月大选第二天

> 不执政比错误执政要好。
>
> ——克里斯蒂安·林德纳尔，德国自民党主席，2017年11月19日

记得2015年秋天难民浪潮高峰的时候,我的一位同事(社民党的忠实粉丝)总爱做一个比喻:"酒馆里有82名顾客,这时候又进来一位。原来的82人根本觉不出酒馆里又多了一个。"他的意思是说,原来德国有8200万人口,现在来了100万难民。德国不仅能搞定,而且德国人过不了多久就感觉不出多了100万。我当时多么希望他的预言能够成真。

2016年12月柏林圣诞市场恐袭案发生之后,我又想起了他的话。可以说他预言的反面成真了:一年多以后,这100万新来的客人好像无处不在,而德国变得面目全非了。

一年前跨年夜科隆大规模性侵事件、2016年的一系列恐袭以及不断报道的强奸和性侵案使不少德国人(尤其是女性)在2016年年底考虑如何过新年时,突然想起自己还有一个温馨的家。我这人喜欢逆潮流而动,特别有点儿"越是艰险越向前"的勇猛,于是和一对德国夫妇商定去市中心一家中餐馆吃烤鸭,午夜时分在城里看烟花。不过由于我们两个妈妈都不愿拿自己的女儿做实验,所以选择了一家虽在市中心、但相对远离火车站前广场的餐厅。

虽然比不上北京全聚德的实惠和大董烤鸭的诗情画意,在德国能享受五道烤鸭套餐已经很知足了。午夜赏烟花时也只有一位醉鬼(德国人)嬉皮笑脸了一阵,没有其他异常。将近1点我们两家六口人打算乘有轨电车回家。走在路上,感觉黑人占比很高,应当和巴黎不相上下。有轨电车里就更是如此。有个明显醉醺醺的黑人小伙子朝我们跟跄跄跄地走来,嘴里叽叽咕咕的,我什么都没听懂。我在上衣兜儿里的手攥成了拳头,把女儿推到身后。也许他本来就没什么恶意,也许他发现了我们后面的两个男人,反正在距离我和另一位妈妈大约20

厘米的地方，他掉转头走了。我攥成拳头的手松开了。我的德国女友充满慈爱地望着小伙子的背影，小声说："真可怜！"可怜？我咬紧嘴唇什么都没说，因为尽管我很喜欢她，但自从难民危机以来，我发现和这位绿党的忠实选民在难民问题上无法沟通。可以说，从那时起，我们完全生活在两个世界里。她的世界里是高尚的德国人和被拯救的难民，我的世界里则是对德国未来的担忧。就在黑人小伙子向我们走来的那一刻，我们俩完全不同的境界和觉悟暴露无遗。有时候我很羡慕她。因为假如几年后德国好好的，那我杞人忧天了几年；如果我的担忧成为现实，那么女友至少还过了把瘾，满足了好一阵。

## 科隆警察捅了马蜂窝

2017年元旦，我早上起来第一件事是拿起手机读新闻，看科隆这一个跨年夜是否平安无事。大规模性侵倒是没有发生，不过媒体报道和网上的讨论仍然十分热烈。头天晚上9点到10点之间，大约是我们的烤鸭套餐进行到第三道的时候，突然有几百名阿拉伯人模样的年轻男人抵达科隆总火车站。警察立即采取措施，在火车站出口处将乘客分成两队：老人和女人一队，可以不经检查离站；与头年作案者长相差不多的一队，警察仔细检查他们的证件。无证件者不得进城。大概是头年因失职和隐瞒实情而广遭批评的科隆警察今年要给全国人民做出个样子，于是一边执行任务，一边发推特汇报。其中一个推特说："我们刚刚检查了600名Nafri的证件，详情待续。"

报道读至此我就知道科隆警察捅娄子了。原来Nafri是检察官和警察的一个内部用语，意思是北非歹徒。我在新年前夕头一次听说这个暗号式的缩写，是一位检察官朋友透露给我的。她说其实性侵的事儿过去每年也发生，一般是午夜时分大家站在莱茵河大桥上赏烟花的时候。每年都有四五十起，性侵者大多是北非人，有的是无恶不作的惯犯，因此被称为歹徒。检察官和警察只要说起Nafri，大家就都心照不宣。可是这回发推特的警察也许是着急，也许是为了节省字母，竟用Nafri来描述接受证件检查的人，好像已经给他们定了罪。这明显是个失误，警察局长也道了歉。但部分左翼媒体人和绿党政治家怒火中烧。他们不仅批评警察的用词不当，还认为警察"以貌取人"的做法是种族主义。绿党的女党魁皮特尔元旦那天在脸书上对科隆警察检查行人的合理性和合法性提出质疑。我则对警察充满同情：头一年申请增援没批，结果未能保障妇女的安全，成为媒体的众矢之的；今年上千警察跨年夜加班，并及时检查嫌疑群体的证件，保障新年和平开始，结果又做错了。试想，假如警察为了政治正确，对北非人和金发女郎一视同仁，那么可能上千警察检查证件都忙不过来，结果可能使真正的Nafri浑水摸鱼，再度滋事。那时候警察又该挨骂了。

  我有感而发，写了一篇题为"从一臂之遥到Nafri"的文章，发表在德国之声的网页上。我写道："由Nafri这个缩写而引发的有关德国警察和德国社会普遍存在种族歧视的辩论仍在激烈地进行。明镜在线专栏作家Jakob Augstein甚至认为德国已经快变成一个无视基本法的恐怖国家。在他看来，科隆警察在跨年夜只检查北非模样的人，而对金发女郎和老年人放行的做法违背了基本法第3条：法律面前人人平等。我也认为在德国并不是人人平等，在这一点上我同意Augstein的说法。不过，在我眼里受到不公正对待的是另一个人群：我的同性。我还清楚记得上一个跨年夜科隆发生大规模性侵之后，政治家和媒体人扭扭捏捏，怎么都不愿说出凶手是谁（正是北非歹徒）。他们或者担心被指责为种族主义者，或者不愿为欢迎文化煞风景。而那样的经历对受害人来说意味着什么，却几乎没有人提及。科隆市长雷克尔女士'一臂之遥'的建议更是对受害者的当头一棒。至今她也没有作出道歉。最令我不解的是女权主义者。她们很快将北非歹徒的群体性侵与莱茵地区狂欢节和巴伐利亚10月啤酒节上的个别性骚扰事件放在同一等级，并由此得出结论：天下乌鸦一般黑。那一场将矛头转向全体男人的讨论却让大家忽视了最实质的问题：我们该如何应对那些滥用庇护法、将科隆这类大都市视为犯罪天堂的移民？"

  还让我感到费解的是：为什么这些难民明知道科隆警察基本全部出动以防

2015/2016年跨年夜的事件重演，还要聚众过来呢？据说当晚高峰期时，大约2500名北非和阿拉伯人聚集在科隆火车站，很多人被警察拦截，只好原路返回了。可惜我没能结识一位Nafri，问问究竟。我想象着，是不是有些人已经形成条件反射，一把科隆和跨年夜联系起来，脑子里就闪现出花姑娘的影子？接下来的念头就是：去。后来看报道，有记者替我问了一名摩洛哥人。这名北非人说科隆是交通枢纽，从很多北威州城市乘火车过来都不用转车；在科隆一出火车站就是大教堂，火车站前和教堂前都有广场，是联欢的好地方。当然并不是所有人都带着调戏妇女的目的而来，有的只是凑热闹。

2017年1月中旬《世界报》的一篇报道引起我的关注。当时距离跨年夜已经有十几天，警察公布了那个夜晚查出的难民身份。据此，真正来自北非的并不多，最多的是叙利亚人和伊拉克人。是警察看走眼还是想当然了？实际情况要复杂得多。据警方估计，很多人出示的证件显示的应当不是他们的真实身份。要说警察训练有素，特别是对自己的老主顾不大会看走眼。即使是我这样的小老百姓也能区分出北非人和阿拉伯人。这事儿细想就很恐怖了：2015年来德国的叙利亚人当中有多少实际上来自北非呢？我在前面说过，2015年有那么几个星期，只要填表时在国籍一栏填"叙利亚"，就能留下来了。连目测一下都没有。那么这些自称来自叙利亚的难民当中，有多少是北非人？而自报是阿富汗人的难民中又有多少是巴基斯坦人、伊朗人或斯里兰卡人？德国的庇护法引诱造假，但是2015年默克尔开放边界的政策使移民难民署或司法机关永远失去了发现造假的机会。

## 法律面前人人平等吗？

2017年2月，科布伦茨高级州法院就一名来自冈比亚的无人陪伴未成年难民是否必须得到青年局监护的问题做出判决。法官大概也看出他自报的年龄不一定属实，因此做出判决：此人不需要青年局监护。这类案子很多，并没有什么特别。但判决书结尾的一句话却包含极大的爆炸性。在法官看来,这位冈比亚人非法入境,但是,"一年半以来,法治国家的秩序在德国边界被实际取消,对非法进入德国的不再进行刑法追究"[1]。

好好咀嚼一下这句话:自2015年以来,德国边界处于无法无天的状态。依据基本法第16条,经过安全第三国进入德国的不得申请庇护。从理论上说,只有通过海空两条线路进入德国的才有权利提出庇护申请。虽然过去德国也没有百分之百地照章办事,但是一来没有那么多人经陆路入境,二来也依照法律遣返了不少非法入境者。而在2015年秋天,默克尔拒绝关闭边界之后,和内政部长德梅奇埃口头约定,在边界地区暂不实施庇护法有关安全第三国的规定。没有议会讨论,没有内阁决定,只是总理和内政部长的口头约定。而从那之后非法入境的上百万人不仅不受追究,还可以在德国申请庇护。这实际上也违背了欧盟法律。因为根据"都柏林规定",负责审理庇护申请的是难民进入欧盟的第一个国家。

德国人一向以严谨著称,而这一严谨特别体现在司法体系,"法治国家"这个词就是从德国传播到全世界的。德国人曾经为自己的法治国家而自豪,德国也因此受到世界上很多国家人民的尊敬和羡慕。可是今天的德国还是一个法治国家吗?很多德国人已经对此提出质疑。今天,我们根本不知道哪条法律还有效,哪一条已经被政府悄悄地放弃。

日常生活里,我同样不知道哪条法律对谁还有效。我感觉目前德国是两个等级的司法制度。一位78岁的

[1] https://www.stuttgarter-zeitung.de/inhalt.rechtsstaat-laut-urteil-ausser-kraft-gesetzt-das-geheimnis-der-grenzoeffnung.239229aa-c042-468b-8979-e2910e9fea49.html.

老人在有轨电车上被查票时，因为掏出车票花了60秒而被罚款60欧元（后来因为网上的抗议而被赦免）[1]，而我在车上亲眼看到一位黑人难民妇女（她自己说出了身份）不但没有买票，还辱骂查票员，却没有受到任何处罚。我前面提到的在难民营工作过的小语对我说，曾有"难民"将铁路局的罚单给她，让她电话疏通一下，因为难民乘火车为什么要买票？是可忍孰不可忍！小语说："国家给你们零花钱，你们出门当然要买票。"于是难民去求其他工作人员。没过多久，他得意地举着罚单说："你看，铁路局看我是难民，取消了罚款。"难民伪造证件被视为必要的自我保护手段，偷窃、贩毒、性侵、伤人、以多重身份骗取救济金，似乎都构不成受到法律追究的理由。原因是司法机构负担过重。2017年9月，柏林州法院副院长致信司法机关，说21个大刑事法庭当中的17个已经无法接收新的案子，还有3个表示马上就撑不住了。大刑事法庭受理的案子一般是可能判刑四年以上的大案。如果法庭拒绝受理，这意味着嫌犯将离开拘留所，继续逍遥法外。

　　行政法院也已经不堪重负，原因是越来越多庇护申请遭拒的难民上诉法院。2017年这类的诉讼达20万起，与2016年相比翻了一番。由于德国的相关规定十分烦琐，各州规则不一，二级、三级法院重复取证，造成审理程序冗长。给人的总体印象是，涉及遣返难民时，法治国家束手无策，几十万庇护申请遭拒的仍然在德国逗留（拒绝离开德国的理由五花八门，有一位甚至自称晕机）；反过来，当涉及把已经遣返的难民接回德国，那

[1] https://www.focus.de/regional/muenchen/aufruhr-in-muenchen-78-jaehrige-braucht-zu-lange-um-ticket-zu-finden-und-bekommt-60-euro-strafe-aufgebrummt_id_7885289.html.

么法治国家就突然像瑞士钟表一样，准确无误。比如一位名叫哈什马图拉的阿富汗人于2017年6月3日非法入境，6月8日申请庇护，但遭到拒绝，理由是他途经保加利亚来到德国，而保加利亚是欧盟成员国，理应对他的庇护申请负责（当我读到这则消息时感到难以置信，看来"都柏林规定"偶尔也还得到使用）。不过，哈什马图拉显然对德国的法律了如指掌，请律师于8月2日提出异议。法院还在审理之中，该难民便于9月14日被遣返回保加利亚。保加利亚做事麻利，于10月3日将他遣返回阿富汗。而在此期间，德国一家地方法院责令移民局将哈什马图拉接回来，等待裁决。移民局通过律师找到他，德国驻喀布尔大使馆给他发了签证。于是，2017年12月15日，哈什马图拉凯旋，并在图宾根举行记者招待会[1]。这不是作家的虚构，而是德国的现实。

## 只有政治正确的言论是自由的？

所谓政治正确，原意是在语言和行动上不伤害少数群体。这场运动在西方已有40多年的历史，发源地自然是美国。不允许多数欺负少数，出发点是好的。但凡事矫枉过正，就会变得荒唐，且会招致大众的抵抗。以美国为例：那里的政治正确运动最为波澜壮阔。比如剧场在上演莎士比亚戏剧之前，一些剧院院长先向观众发出警告，让大家知道他们即将看到的戏剧有仇视女性、崇尚暴力和引发抑郁的内容。谢幕后的掌声美国人也在热议。认真想一想，我们健全的人鼓掌，这不是让独臂

[1] https://www.focus.de/politik/deutschland/aufforderung-an-fluechtlingsamt-gericht-abgeschobener-afghane-muss-unverzueglich-zurueckgeholt-werden_id_7765501.html.

或无臂的人心里很不是滋味吗？美国人习惯在别人打喷嚏之后说一句"上帝保佑"。在政治正确捍卫者看来，这个祝福不妥，因为万一打喷嚏的是个对上帝嗤之以鼻的无神论者呢？物极必反。政治正确运动在美国已经引起强烈反弹。反政治正确的英雄特朗普当选总统就是最好的证明。

德国的发展总是比美国滞后几年，政治正确的急先锋正处于不破不立的认知阶段。谁在他们眼里是最值得保护的少数群体呢？自然是难民。首先，与德国的8200万人口相比，难民仍然是绝对的少数派；其次，难民是外国人，又是少数群体，因此批评难民就是排外。难民本身不仅是双重意义上的少数派，而且是很值得同情的少数派。"难民"听起来就给人可怜巴巴的感觉，背井离乡，不远万里来到德国，是少数群体中的弱势群体。批评他们不仅排外，而且是冷血动物。

以2015/2016年科隆跨年夜发生的大规模性侵为例。这样的事件在互联网时代遮掩不住，主流媒体扭扭捏捏几天之后不得不报道，但是措辞慎之又慎，比如"凶手是谁，我们还要等待警察的证实"，大胆一点儿地说"看样子不像德国人"。政治家的表态也如出一辙，科隆市长竟告诫女孩子与陌生人保持一臂的距离。为什么这样遮遮掩掩？因为凶手绝大多数是外国人，且很多是难民。捅破这层窗纸是大逆不道的。妇女如此受到侵害，女权主义者应当有所表态吧？我前面已经提到，她们或者噤声，或者顾左右而言他，将针对女性的暴力泛泛化，一种常见的说法是莱茵地区狂欢节和慕尼黑啤酒节上也发生性侵事件。

我个人认为将科隆跨年夜的性侵事件与狂欢节相提并论完全风马牛不相及，可是德国的女权和左派对此是不容讨论的。记得2016年年初参加一位女友的生日派对，那时科隆跨年夜的丑闻刚刚曝光，自然成了聚会的话题。我旁边刚巧坐着一位女权分子。她先为叙利亚人开脱："在火车站广场上的主要是北非人，叙利亚人是真正的难民。难民不干这种事。再说这样的事情狂欢节期间也时有发生。"我喜欢和德国人讨论，特别是左派。我说："我不认为跨年夜的事件与狂欢节有可比性。""为什么？"邻座紧盯着我。我说："狂欢节是集体调情的日子。如果穿着超短裙的女孩子在狂欢节上没人和她调情，她会感到受了侮辱。一个是调情，一个是调戏，甚至性侵，这当然有本质的区别。"我自己感觉说得有理有力有节，可是邻座看我的眼光冷酷而犀利，好半天之后咬着牙对我说："你要不是女的，我早就……"因为是好朋友的派对，我没有再深究她早就想干什么。

我们的对话很有代表性。由于主流媒体中左派和绿党拥护者占绝对优势，因此跨年夜之后本该展开的讨论"难民把什么样的女性观进口到德国"还没有真正开始就被扼杀了。讨论马上上升到泛泛的、针对女性暴力的高度。司法部部长强化了强奸法，德国人称之为"不就是不"法律。直到后来的"我也是"（MeToo）运动实际上都起到了转移视线的效果。

大学按理说应当是思想自由和活跃的地方。但是难民危机以来，很多大学成了"白左"[1]的堡垒。白左的特点是：无理所以声高。他们自以为占据了道德的制高点，所以不需要讲道理，只要声嘶力竭地喊口号，让对方不敢来，或者来了发不出声音，只好无可奈何地退场。一般来说，只要公开反对默克尔难民政策的公众人物去大学作报告，就得做好面对"白左"学生的准备。选择党政治家自不必说，连政治立场相当温和的自民党主席林德纳尔也没有逃脱这一命运。有时候发出的邀请又被收回。德国警察工会主席温特就有过这样的遭遇。他是个不美化现实的公务员，只讲事实，不考虑政治正确，因此深受左派痛恨。2017年10月，法兰克福大学邀请温特谈难民危机中警察面临的挑战，但是由于左派

[1] 在使用这个词之前，我特意查了一下，指"极端左派"。在难民危机中，德国温和左派与"白左"之间的界限越来越模糊。我本来不太喜欢这个词，因为它提到肤色，有种族主义嫌疑。但是这两个字涵盖很多内容，在中国读者中引发的联想也与我想表达的意思十分接近。

学生组织的抗议，活动不得不取消。

不过有时候，残酷的现实也会战胜政治正确。就在对温特的邀请被撤回前后，偏偏在法兰克福大学发生多起针对女大学生的性骚扰事件。这时候警方顾不得政治正确了，贴出告示请大家协助捉拿凶手，并大胆讲出"凶手是西亚模样的年轻男人"。很快那位暴露狂就被逮捕。不知道那些歇斯底里阻止温特来访的女大学生们有何感想。

德国人把反思历史变成了自我认同的一部分，时刻警惕防止新纳粹卷土重来。不过在2015年之前，我一个新纳粹都不认识。难民危机爆发之后，新纳粹和极右分子遍地开花。因为对"白左"来说，反对默克尔难民政策的就是纳粹，没有任何讨论和商量的余地。谁偏离政治正确的轨道，谁就冒着被扣上纳粹帽子的风险。这是针对德国人的撒手锏。这也是尽管难民政策的后果已经随处可见，但批评这一政策仍然需要勇气的原因。

## 空缺媒体还是谎言媒体？

我前面一再提到德国媒体在报道难民问题上的失职，激起部分民众的愤怒。"谎言媒体"又成了一个热门词汇。其实媒体报道的倾向性问题由来已久，而"谎言媒体"也不是一个新概念。它第一次出现在德语地区是19世纪中叶。保守的天主教徒对新兴市民阶层的媒体不屑一顾，称之为"谎言媒体"。"一战"期间，在德国和奥匈帝国眼里，敌对的协约国媒体自然是"谎言媒体"。纳粹统治时期，"谎言媒体"无处不在，犹太人控制的媒体、同盟国的媒体，还有后来德国国内反战力量的媒体统统被纳粹视为"谎言媒体"。由于它是纳粹语言，因此战后成为联邦德国的禁忌，只是原东德时不常抨击西方媒体为"谎言媒体"。21世纪初以来，"谎言媒体"又经常出现了，开始限于反伊斯兰的右翼民粹组织，比如PEGIDA（反对欧洲伊斯兰化的爱国人士）。不过，近年来，越来越多的普通老百姓也称主流媒体为"谎言媒体"。

2017年9月，一部媒体批评的专著问世。书名是《媒体在说谎吗？》[1]。作者Jens Wernicke向24位记者和媒体专家提出了这个问题。因此，这部书实际上是个采访专辑。Wernicke是地地道道的左派，没想到他也对德国主流媒体一肚子不满。当我在采访时问他媒体是否在说谎时，他说："总体来说是这样的，当然要做一些区分。"

大约30年前，主流媒体积极参与了"保育箱谣言"的传播。据此，伊拉克士兵在1990年8月攻打科威特时残杀科威特早产儿。当时，一个叫Nayirah as-Sabah的女孩子在美国国会一把鼻涕一把眼泪地讲述了这个恐怖故事。后来证实，这完全是一家公关公司的杜撰，目的是让美国公众相信对伊拉克开战的正确性。

Wernicke对我说："特别在战争期间，媒体往往忽视自己认真调查的责任。"可惜的是，媒体并没有由此吸取教训，对这类单个的、无法证实的言论谨慎对待，类似的错误一犯再犯。

我前面提道：在战争中，第一个牺牲的往往是事实真相。这条规律也与我们人类的一个需求有关：我们需要一个敌人。德国著名政治讽刺大师Volker Pispers曾经说："知道谁是敌人，这一天就有条理了。"对大众媒体来说，叙利亚战争中的敌人是阿萨德，而乌克兰危机中的敌方则是普京。所有不符合这个模子的新闻只会使读者或观众产生迷惑，因此往往被媒体忽略不计。"敖德萨大屠杀的素材足够德国电视一台和二台搞几次特别节目。但因为该事件不符合普京是坏人的故事主题，因此被媒体多多少少压下了。"[2] 2014年5月初，至少42名

---

[1] Jens Wernicke, Lügen die Medien?（法兰克福，Westend出版社，2017）。
[2] 同上，50页。

亲俄罗斯的示威者在敖德萨被杀害。乌克兰民族主义者一把火烧了示威者逃难的一座工会大楼。

德国作家Ulrich Teusch称回避部分事实的媒体是"空缺媒体"。他引用英语地区的一句俏皮话："新闻是某些人不愿让大家知道的东西。剩下的都是广告。为什么媒体对联邦政府增建幼儿园广而告之，对一些维基泄密的细节却避而不谈？"[1]

另外一个"空缺运作"的典型例子是德国媒体对难民危机的报道。2017年6月，德国奥托-布雷纳基金会[2]发表了一份有关德国难民危机报道的调查报告[3]。作者是媒体专家Michael Haller，协助他调查的是汉堡媒体学院和莱比锡大学。Haller团队对四家全国性报纸《法兰克福汇报》《南德意志报》《世界报》和《图片报》及85家区域报纸自2015年2月至2016年3月发表的三万多篇报道进行了分析。结论是毁灭性的：媒体完全聚焦政治精英，把难民危机变成了一场为执政党政治家举办的研讨会。而实地调查后写出的真实报道只占6%。媒体成了政治精英的传声筒，记者自觉自愿地充当政府发言人。他们为欢迎文化摇旗呐喊，宣传大批难民的涌入如何有利于德国经济和社会的发展。调查报告说："直到2015年深秋，几乎没有一篇评论反映老百姓日益增加的忧虑、恐惧和反抗。如果涉及不同意见，也是以一种说教和鄙视的口吻。"[4]

不只是对老百姓的忧虑和反抗视而不见，难民队伍中可能的恐怖分子以及部分难民的暴力倾向也是禁忌话题。在这种一边倒的高压下，电视台采访的恐怖主义专

---

[1] Jens Wernicke, Lügen die Medien?（法兰克福，Westend出版社，2017），52页。
[2] Otto-Brenner-Stifung.
[3] Michael Haller, Die "Flüchtlingskrise" in den Medien.（法兰克福，Otto Brenner基金会，2017）
[4] 同上。

家都排除了恐怖分子混迹难民队伍的可能，说恐怖分子有其他的途径来德国，不必承受巴尔干线路的艰辛。直到2015年11月巴黎恐袭凶手以及德国逮捕的好几名恐怖分子都被证实是趁乱来德国的"难民"时，这一禁忌才被打破。

我前面提到很多媒体人在难民危机中成了积极分子。有的亲往火车站欢迎难民，有的成为救助难民组织的成员，投身难民事业。要求这些同行客观报道难民危机似乎有些不大现实。当时看电视一台、二台的难民报道，主要是抱着水汪汪大眼睛儿童的妇女，提到男性难民，总不忘说叙利亚人的受教育程度很高，难民当中有很多医生和工程师。我还曾在《时代周报》上读到一篇文章，说叙利亚人是个很恋家乡的民族，战乱一过，肯定大多数人就会重返故乡。好像把读者当成小孩子一样地哄：别怕，别怕，他们不会长久待下去的。后来我们渐渐得知：单身青壮年占难民总数的70%到80%。受教育程度一般来说很低，很多是文盲。而且叙利亚这些年人口爆炸，再加上战争的破坏，年轻人前景渺茫，很多人是铁了心来德国定居的。

我上面提到，德国主流媒体的失职在2015年到2016年的跨年夜表现得最为明显。因为"难民闹事甚至性侵"太不符合那之前几个月的宣传了。2016年的最初几天，媒体有些不知所措，报不报？怎么报？提不提嫌犯的身份？这里我要提一下德国的媒体理事会[1]。该理事会于1956年由德国报纸发行人联合会、杂志发行人联合会、记者协会和公营工会记者联盟共同成立。当

[1] Presserat.

时德国政府正打算颁布媒体法，目的是对媒体进行监督和操控。上述媒体机构成立理事会，是为了使新闻法成为多余，等于通过自我审查防止国家干预。当时英国也有类似的机构。理事会包括28名成员，四个创建组织各出7人。由于理事会某种程度上替国家施行媒体监督，因此国家给予经费补贴（大约相当于理事会支出的四分之一）。理事会制定新闻工作准则。在举报的前提下进行审查，如果审查结果证实确有违背准则的行为，那么理事会可采取惩罚措施。2016年之前理事会的一项重要准则是：报道时免提凶犯或嫌犯的国籍或信仰，以避免歧视少数群体。

　　2016年元旦过后媒体对科隆跨年夜大规模性侵事件迟迟不报，一来是担心影响欢迎难民的大气氛，另外一个原因就是理事会的这项准则。因为凶手不是难民就是北非移民，录像上可以清清楚楚地看到，如果报道不提这一点似乎说不过去，如果挑明的话又担心被指责歧视难民或移民。于是就采取观望的态度，看其他媒体怎么报。而最初开始报道的时候，记者措辞之谨慎现在想起来都感到好笑。性侵事件不仅使媒体的威信大打折扣，也使理事会的这一准则难以为继。现在媒体报道至少不回避凶手的身份了，不过对难民犯罪的措辞仍然谨慎，报道的标题或导语中尽可能不提国籍。比如如果看到这样一个新闻标题"男人持刀伤人"，那么读者一般来说就心知肚明了。

　　德国作家布莱希特有一句关于德国记者的名言：首要的是道德，其次还是道德。因为德国媒体的道德化倾向很严重，这使报道的片面性比其他西方国家更为明显。比如没有哪个国家对特朗普的报道比德国媒体更为消极，因此也更为片面。德国主流媒体对中国和俄罗斯的报道也带有明显的意识形态色彩。不过我在德国媒体工作20多年，从未经历过主流媒体在难民问题上如此地高度一致和歇斯底里。这两个现象是彼此相关的，因为高度一致，所以一有不同声音就会激发同行的义愤填膺，歇斯底里也就在所难免。这是为什么呢？

　　"每个记者都向其他同事看齐，谁也不愿当另类"，我上面提到的那位批评媒体专著的作者Wernicke向我解释："记者一般不是英雄，而是挣钱养家的父亲或母亲。他们不愿为自己惹麻烦。"结果是与政府保持高度的一致、自我审查和对偏离主流者的排挤。

其实不只是偏离主流者，就是对政府路线表示轻微怀疑的同事也可能遇到麻烦。2017年我在《时代周报》杂志上读到我最喜爱的专栏作者Harald Martenstein的一篇文章。他郑重宣布将不再在这块专栏园地上讨论政治，因为每次他的专栏涉及德国欢迎文化的副作用时，编辑部都会发来一个长长的修改建议清单。对此他感到疲倦了。我则很伤心：又少了一个不空谈人道主义，而是只用正常人理性说话的声音。Martenstein是位名气很大的专栏作家。连他都受到如此待遇，就可以理解其他无名记者的沉默或是随大溜了。

德国电视二台前驻中东通讯员Ulrich Tilgner在Wernicke书中毫不留情地说：记者不说谎，但他们"简化、回避、歪曲或篡改部分事实"。如果他的判断属实，那么在"谎言"和"空缺"之间做区分就没有什么必要了，因为两者的效果是一样的——一个扭曲了的画面。

## 选择党异军突起

默克尔的无边界政策将德国推入"二战"后最大的体制危机。我在第四章里已经描述了2015年9月之后德国议会的状况。一夜之间议员都变成了难民的朋友，议会成为拥护默克尔难民政策的统一阵线，在野党没有质疑，没有要求议会辩论，更没有提议表决。假如议会表决的话，那些拥有直接议席的议员[1]将不得不考虑自己

[1] 德国分成299个选区。议会选举时在选区得票最多的得到议会直接议席。直接议席占议会全部议席的一半。另外一半是配额议席，进入议会的政党按照选举中的得票率比例分配议席。因此通常情况下，德国议会有598个议席。不过由于复杂的额外议席制，德国本届议会的议席大约700个。

选区民众的声音，很可能对开放边界的政策投反对票。因为没有议会辩论和表决，有异议的或者不说心里话，或者干脆不发声。这样在德国老百姓最关心的问题上，议会不仅没有了在野党，也基本听不到反对的声音。这使反对默克尔难民政策的公民感到绝望，他们只能等待总理公开露面时表示抗议。在政治精英和媒体的眼里，这些民众成了极右分子和纳粹。这便是选择党异军突起的背景。

选择党（AfD）2013年由几位经济学教授创建，开始时是一个反对欧元的党。由于当时欧元危机甚嚣尘上，该党刚刚成立就差一点儿在当年的议会选举中获得5%的选票。5%是议会的门槛，在此之下的进不了议会，目的是防止议会由无数小党组成，互相掣肘，使国家瘫痪。与联邦议院失之交臂之后，2014年，选择党在欧洲议会选举中达到7%的得票率，令人瞩目。2015年随着难民人数的急剧上升，本来以欧元为单一主题的选择党掉转矛头，把默克尔的难民政策和德国伊斯兰化作为主要话题，并因此被媒体和其他政党定义为民粹甚至极右政党。几位建党教授不同意选择党向右转，先后退党，其中包括党主席Bernd Lucke。

和每个新的政党一样，选择党是一个大熔炉。其中仍然有一些比较温和的自由派，但也有个别极端分子。这其实很正常。想当初绿党创建的头几年，党代会曾经就与儿童发生性关系的年龄界限进行表决，是12岁还是14岁。这在今天看来是难以想象的。因此我不认为选择党是极右政党，可以说是保守阵营中带有民族主义倾向的政党。不过，政治精英一般不喜欢新的竞争对手，选择党于是成为传统政党和主流媒体的仇恨对象。还记得我引用的德国讽刺大师的那句话吗？"知道谁是敌人，这一天就有条理了。"

在2017年的选战中，德国各主要政党犯了一个致命错误：对难民问题避而不谈。他们以为几个月没有恐袭，选民就把这事儿忘了，觉得难民危机已经过去，一切恢复正常。主流媒体也十分配合，能遮着捂着的绝不曝光。可是两年的边界失控状态已经使德国面目全非。如果你在2015年之前去过慕尼黑、法兰克福、波恩或者科隆的火车总站，现在故地重游，你就会感到这两年的巨变。2016年12月柏林圣诞市场发生恐袭、12人丧生之后，2017年各城市的圣诞市场都用水泥墩子保护起来。谁看着都会感觉怪怪的。在其他政党缄口不言的情况下，只有选择党不停地揭伤疤。如果不是该党内斗不断，如果不是媒体将其妖魔化，我估计在2017年秋天的大选中，它怎么也会获得20%的选票。不过，12.6%已经是个奇迹——一个成立只有四年的政党一下成为议会中的第三大党。此时的选择党已经不再是单一话题党，而是制定了70页的竞选纲领。为了写一篇评论，我把这70页通读了，没有发现什么极端的地方，很多内容其实是10年前基民盟的诉求。

和每个新生政党一样，选择党是对默克尔、对传统政治精英不满的三教九流的结合体，其中有真正的民主斗士，为了理想放弃原来安逸的平民生活；也有种族主义者和极右分子，最终哪种力量占上风还很难说。

## 令人费解的德国人

还记得我在第四章里提到的那位"巴伐利亚雄狮"吗？那个像训斥小学生一样批评默克尔的泽霍费尔。他在2015年11月的基社盟党代会上寒碜总理不够，还威胁将以州政府名义状告联邦政府，并请前宪法法院法官迪-法比奥做个鉴定，看是否有胜诉的希望。迪-法比奥是一位很有影响力的司法专家，目前在波恩大学法学系任教。他在2016年1月得出结论："假如欧洲的边界防守暂时或持久失灵，那么联邦有义务在德国边界恢复检查。"他还说，尽管德国的基本法要求给予每个德国境内的人以符合人的尊严的待遇，但是基本法不保障全世界人民都拥有进入德国的权利。他写道："欧洲法律或国际法也没规定单个国家有这样的义务。"其实没有读过法律的人也能得出这样的结论，哪个国家的法律规定必须接收全世界人民呢？哪个国家敢夸这样的海口？看来只有德国。

有这个鉴定做后盾，泽霍费尔向默克尔发出最后通牒，要求她立即修正难民政策，否则他就将走法律途径。结果呢？默克尔终于有机会报了慕尼黑基社盟党代会上的一箭之仇——对其最后通牒置之不理。她大概比较熟悉泽霍费尔的性格——以怒吼的雄狮开始，以地毯上的狮子图案收尾。也许因为这位基社盟主席和巴伐利亚州州长仔细琢磨了一下诉诸法庭意味着什么：基社盟是执政联盟的一部分，告政府实际上等于告自己。也就是说，要和铁娘子开撕，必须先退出政府，退出与基民盟的议会党团，之后在巴伐利亚之外的15个联邦州建立基社盟分部，并以独立政党的身份参加2017年的大选。虽说人生能有几回搏，可是这样的一搏对基社盟来说是个很大的风险，因为基社盟独立也意味着基民盟将在巴伐利亚设点，与基社盟竞争，削弱基社盟在巴伐利亚的地位。基社盟本来是个地域性很强的政党，在巴伐利亚保住绝对多数、维护单独执政的地位是基社盟的最高目标。不管泽霍费尔是否经历了激烈的思想斗争，反正最终他没有与基民盟决裂，也没有上告法院。

为了大选，2017年他又开始与默克尔亲密无间地并肩作战，"上限"的事儿暂时搁置起来。但选战刚刚偃旗息鼓，两个姊妹党又内讧起来。原来，泽霍费尔认为联盟党损失近9个百分点的原因是默克尔的难民政策，认为要是执拗的总理当初依了他的上限主意，就不会遭此滑铁卢。于是雄狮再吼，要求先协调两党在难民问题上的立场，再与其他政党谈组阁。默克尔虽然在大选第二天对媒体说"我看不出来有什么做错的地方"，但她心里很清楚她对这一选举结果应当承担的责任。为了继续当总理，她必须向泽霍费尔妥协。当然，为了不有损难民总理的形象，也避免给外界造成她抵制了两年之后突然接受"上限"的印象，两位党主席确定了每年接收18万到22万难民的"目标"。不过目标听起来好像不能少于这个数字，后来部分媒体也确实是这样解读的。

我当时听"上限"这个词耳朵都磨出茧子了，因此对这场辩论终于有了结果而谢天谢地。感叹之余，我在德国之声的网页上发表了一篇评论：

"上限"这个词在过去两年里快成了骂人话。它是仁慈和巴伐利亚民粹的分水岭。几乎每位脱口秀的客人都被问及："您同意设上限吗？"客人一般会条件反射地回答："当然不！"谁愿意和泽霍费尔为伍呢？

把每个问题都上升到信念问题——这是典型的德国式思维。谁不愿意被视为自私、落后甚至种族主义，就必须对这个问题做出否定的回答。况且这样的回答也不花钱，既不必捐款，也无须带两个难民回家。

上限反对者讲的是原则，更确切地说是基本法第16条a。据此，所有受政治迫害的人都可以在德国得到庇护。不过，没有人质疑这一基本权利，选择党也没有。只不过受政治迫害的人在大批涌入德国的难民中所占比例不到1%。2016年，在德国得到政治庇护的只有2120人。他们的权利并不会因上限而被剥夺。

下一个反对上限的理由是日内瓦难民公约。不过在该公约上签字的不只是德国，世界上有194个国家签了字，基本上是所有国家。日内瓦公约对签字国没有任何要求。每个国家可以根据自己的能力做很多，也可以做很少。而且该公约绝没有要求哪个签字国为了接收战争难民而完全自我牺牲。很多德国人认为，德国的承受能力已经到了极限，另外一部分德国人还想欢迎更多的难民。解决的办法应当是两部分人各退一步，设定上限。不过妥协并不是德国人的美德。德国人喜欢走极端。很多德国政治家似乎没有意识到在"所有人都收"和"高筑围墙"这两个极端之间还有一片广阔的地带。

我在文章里说德国人的另一个特点是较真儿。谈到上限，脱口秀主持人不知疲倦地重复一个问题："假如我们以20万为上限，那么对第二十万零一个难民怎么处理呢？让他原路返回吗？"不管怎么说，主持人不再问是否应当把枪口对准难民儿童了，这是一个进步。我接着写道："德国人这种钻牛角尖的劲头令人绝望。批评上限的人们难道不明白这上限首先是对外发出的一个信号吗？非洲最偏僻的村庄都知道只要踏上德国的土地，就基本能留在这里。而从非洲来的大部分人既没有受到迫害，也不受战争威胁。尽管他们前来欧洲的愿望完全可以理解，但是作为政治家必须明确告诉他们，贫困不是申请庇护的理由，德国的接收能力也是有限度的。

况且德国的国土面积与世界上的大国相比小得可怜。加拿大的面积是德的28倍。受到媒体宠爱的加拿大总理特鲁多每年都为该国接收的难民设上限，而且一般都达不到这个上限。2017年他的目标是接收7500名难民。

也许有人说，加拿大的地理位置得天独厚。那我们以法国为例。总统马克龙刚刚公布了法国的上限：今后两年将总共接收一万名难民。而且法国打算前往中东和非洲的难民营去自己挑选，目的是限制非法移民。只要德国不下决心控制非法移民，欧洲的解决方案就是天方夜谭。

## 牙买加美梦破灭

随着选择党进入议会，默克尔难民政策的反对派在议会中有了代表，按理说应当一切恢复正常了。结果正相反——大选之后，德国政治体制的危机加剧。几个月产生不出政府，这在联邦德国历史上还是头一遭。到底发生了什么呢？

在2017年9月的议会选举中，默克尔领导的基民盟与巴伐利亚姊妹党基社盟加起来获得32.9%的选票，这是联盟党战后最差的成绩，与2013年相比减少了8.6%。战后历史上，还没有一位现任总理受到选民如此严酷的惩罚。可以说德国人通过选票表示了对默克尔难民政策的抗议。被选下台的是默克尔。但在任已经12年的总理似乎没有读懂这一选举结果。她在选举当晚说，没有觉得有什么可以改进的地方。倒是联盟党的执政伙伴社民党颇有自我批评精神，时任党主席的舒尔茨马上宣布将不再与联盟党合作，自愿坐在野党的冷板凳。

失去了社民党这个多年的伙伴，联盟党对异军突起的选择党和前东德统一社会党的后继党左翼党又根本不予考虑，从数学的角度看，只剩下自民党和绿党，于是开始了组阁意向性谈判。由于自民党的传统颜色是黄色，联盟党是黑色，因此谈判成了黑、黄、绿组阁的意向性谈判。又由于这三色是牙买加国旗的颜色，于是德国媒体称之为牙买加谈判。德国人民很快爱上了这个听起来颇具浪漫色彩的颜色组合。主流媒体更是欢欣鼓舞，因为德国记者多数为红绿倾向，他们希望与权力绝缘12年之后的绿党重新参政。

但是数学是一回事，政治理念是另一回事。绿党和自民党可以说是最难搭配的一对。绿党主张社会主义计划经济，自民党是自由市场经济的捍卫者。具体来说，绿党在竞选纲领中要求德国在2030年之前退出煤电，禁止柴油车；而自民党最痛恨国家干预经济，制定硬性指标。自民党要求降低税收，认为政府应当信守承诺，在2019年取消用于帮助德国东部建设的团结税；绿党则认为这样一来国家财政损失太大，主张先免除低收入者的团结税。两党分歧最大的是移民政策：绿党认为外来移民越多越好，多元文化是现代德国的体现，言外之意，合法、非法移民都欢迎；自民党主席林德纳尔从一开始就是默克尔难民政策的最激烈批评者之一，要求制定移民法，欢迎技术移民，限制非法移民。

而最后谈崩的主要原因正是在移民政策上的分歧。表面看是个细节问题：目前居留德国的20万受辅助保护难民的家庭团聚。这些人虽然不符合受庇护的条件（受政治迫害者及战争难民），但是假如把他们遣返回国，那么他们可能面临死刑、刑罚或不人道待遇，他们的生命和安全可能因一场国际或国内武装冲突而受到威胁。他们在德国的居留期为一年，每年审核是否延长。一旦审核表明危险信号解除，他们理应马上返乡，在故乡与家庭团聚。这是一般人的思维。这也是自民党的要求。该党认为，日内瓦公约都没有说让受辅助保护的难民也实现家庭团聚，如果敞开这个口子，闹不好又来几十万，因此坚决反对。默克尔所在的联盟党也赞同自民党的观点。只有绿党坚持认为应当把他们的妻儿都接到德国，这是最基本的人道。在黑、黄、绿这三个参与组阁意向性谈判的议会党团中，绿党的得票率最低，在此问题上又持孤立立场，因此做出妥协的应是绿党。但涉及绿党的原则，谈判代表打死也不退让。

默克尔在这个问题上始终不表态。对她来说，只要她能继续当总理，其他问题都好商量。由于自民党是联盟党的传统执政伙伴，因此默克尔在谈判期间格外照顾绿党，对自民党的诉求没怎么理会。也许她想，给林德纳尔这个毛头小伙子一个重要的部长职位，他就会知足了。结果她打错了算盘。

在谈判的组织上，默克尔也犯了错误。她先把有争议的问题搁置一边，优先讨论容易达成共识的领域。她的计划是把硬骨头集中到最后一天来啃，哪怕通宵达旦。别看总理那时已经63岁，却最擅长夜战。在欧盟层面的谈判就是如此：谁也没有默克尔能熬夜，一谈十几个小时，谁先打盹儿谁认输。于是她把总决战安排到了11月19日这个周日。不过这一回总理再次失算。

据林德纳尔后来说，他在周六和周日两次与默克尔谈话，认为与绿党无法达成共识，希望联盟党与自民党共同宣布谈判失败。林德纳尔不到40岁，他的政治生命还很长。他不能冒险抛弃本党的几乎所有主张，过了四年部长瘾之后在下次大选中受到选民惩罚。可是默克尔怎么肯同意，眼看到手的第四任期不能这样轻易放弃，她要求继续谈判。到19日午夜的时候，林德纳尔与自民党副主席库比基退席，宣布组阁意向性谈判失败。他的那一句"不执政比错误执政要好"想必会载入史册。

留在谈判房间的默克尔及其党友与绿党谈判代表一起收看了林德纳尔宣布组阁意向性谈判失败的电视实况转播。据说这位铁娘子差点儿哭了。因为如果说大选结果已经使她在党内的地位发生动摇，那么组阁失败就更使她蒙羞，毕竟德国战后历史上还没有哪个得票最多的政党组织不成政府。虽然之后在对媒体讲话时，党友给予总理热烈的鼓励性掌声，但是默克尔表现出前所未有的疲惫和惆怅。

## 你看见房间里的大象了吗？——哪个房间？

自从默克尔2015年9月对世界上所有寻求幸福生活的人们敞开大门之后，一个挥之不去的问题就是：这得花多少钱？而除了治安之外，这也是最敏感的一个问题，因为这都是纳税人的血汗钱。也正是出于这个原因，德国政府对难民的开支讳莫如深。记得2015年深秋的时候，默克尔所在政党的一位副主席曾发推特说："由于我们理顺了国家财政，难民不花纳税人一分钱。"不知道这位基民盟副主席的数学是在哪个星球上学的。对国家来说，纳税人是奶水最充足的奶牛。怎么能说某项国家开支不花纳税人一分钱呢？

德国有句俗语：友谊止于钱。2015年秋天的时候，人道归人道，各联邦州应付不了安置难民的开支，纷纷向联邦伸手要钱。于是联邦内政部长主持召开难民峰会，答应拨给各州的款项一再加码，直到后来增加到30亿欧元。再后来就只是一片欢迎的海洋了。很少再听到地方官煞风景哭穷的报道。我估计国家和地方渐渐都把难民问题当成了头等大事来抓，只要地方有需求，联邦就慷慨解囊。无论地方还是联邦，最终还是花纳税人的钱，最迟在筹划次年预算的时候必须打开天窗说亮话。不过德国政府很巧妙地把难民开支化整为零，不给公众一个数字——一个把所有为难民付出的开支汇总的数字。

如果一个英国人形容一个大家都心照不宣但又闭口不谈的问题时，他会说："There is a elephant in the room"，意思是房间里有一只大象。2017年大选前夕，难民问题就是那只大象，选民想知道政府还想接收多少难民，如何让他们融入德国社会，纳税人要为他们付出多高的代价。除了选择党之外，其他政党都对这只大象视而不见。

德国主流媒体由于也是欢迎文化的积极倡导者，因此也硬是做出看不见大象的样子。最后是瑞士记者扮演了这个在德国主流社会不受欢迎的角色。《新苏黎世报》询问德国政府，100多万难民给德国带来的总开支是多少，政府提供了一个数字，从2016年到2020年的开支为936亿欧元。不过，它没有说明这只是安置难民的费用，还是也包括18万幼儿园位置、2400所新小学以及15000名新增警察的费用。单为应对20万难民不服庇护申请遭拒的起诉，各地行政法院就急需2000名新法官，这笔费用又不知归入哪个部门的预算。罗伯特-科赫研究所警告特别是非洲难民带入的各种传染病和艾滋病，由此产生的医疗费用又有几何？德国发展援助部长穆勒坦诚地说出了一个数字："联邦和地方每年为100万难民的开销总计为300亿欧元，这笔钱花在难民的来源国身上会起更大的作用。"德国经济研究所统计的数字为500亿欧元；基尔的世界经济研究所认为，德国每年为难民支出550亿欧元。相当于德国全年预算的六分之一。即使对德国这样一个富裕的国家来说，这也算得上是巨额开支了。2017年，德国交通部、科研部和家庭部加在一起的预算为550亿欧元[1]。

由于部分东欧国家坚决拒收难民，欧盟正在考虑削减对这些国家的补贴，拒收一名难民，削减25万欧元。欧盟这是在为难民明码标价，我们也由此理解德国社民党前主席舒尔茨为什么说"难民比黄金还珍贵"。

回到德国。难民并非永远是难民。在德国逗留15个月之后，他们就和德国人一样待遇了，没有收入的可以领取社会救济（15个月之内找到工作的寥寥无几）。2011年，在领取社会救济的群体中，外国人占19%；2016年5月，150万外国人（包括过去的移民和难民）享受社会救济，占比25%；2017年6月，靠救济生活的外国人又增加了40万（这些人里以庇护申请得到批准的难民为主），比例上升到31%；2019年靠国家资助生活的外国人第一次超过了德国人。考虑到德国主要政党仍然没有收紧难民政策的意思，"德国福利体系还能支撑多久"就是一个很现实的问题了。

### 养老金就靠他们了？

2015年秋天，我的德国邻居和朋友见面只有一个话题：难民。他们那么兴奋，说孩子学校里怎么募捐，朋友里有谁做义工。我常常不无羡慕地想：他们服了什么？我也想来一剂。女儿的班主任也号召给附近一个安置无人陪伴未成年难民的设施捐赠衣服。前提是：必须是新衣服，因为旧衣服难民看不上。我想起了小语的报道。在我看来，喜新厌旧的不是真穷人。我于是对女儿

[1] https://www.nzz.ch/meinung/kommentare/die-fluechtlingskosten-sind-ein-deutsches-tabuthema-ld.1316333.

说，花钱去买新衣服不能说捐，他们可以用零花钱自己去买。女儿接受了我的意见。后来听说，班上抵制捐赠活动的不止我们一家。

2016年，随着一次次恐袭和一个个难民暴力事件的发生，德国上空弥漫着的那种陶醉和狂热渐渐地消失殆尽，取而代之的是一种大家心照不宣的担忧和凝重。"德国好人"的声音减弱，但他们当中的很多人仍然容不得别人说难民半句不好，谁说跟谁急。所以家庭或朋友聚会大家都不敢提难民的事儿，不然"德国好人"手里的帽子是现成的：排外、极右或是纳粹，谁没事儿惹不痛快？！

值得注意的是，默克尔难民政策的支持者也不怎么提叙利亚医生和工程师了。因为统计数字表明，难民大军里的医生和工程师实在是寥寥无几。那技术工人呢？我们不是已经把明天支撑养老体系的希望寄托在难民身上了吗？

2016年，真相渐渐大白。汉堡大学校长首先讲了真话。他说，叙利亚中学应届毕业生上大学的比例为15%，这比德国的19%差不了多少。问题在于剩下的那些人。据测试，叙利亚中学毕业生当中的65%基本相当于文盲。换句话说，来德叙利亚人当中的文盲比例相当高。来自其他国家的难民文盲就更多了。德国不惜血本地为所有有希望留下来的难民提供语言班，每年的开销达20亿欧元。不过，连移民局也承认，德国没有那么多有教授文盲经验的教师。以我个人的十分朴素的想法，一个二三十岁的母语文盲需要多么大的毅力才能学会德语啊！果然，据《法兰克福汇报》报道，只有五分之一的文盲在上了1000多小时的德语课之后达到接受职业培训的最低语言标准[1]。

[1] http://www.faz.net/aktuell/politik/inland/analphabeten-unter-fluechtlingen-haben-probleme-bestimmtes-sprachniveau-zu-erreichen-15378153.html.

那么非文盲呢？他们会不会成为德国经济界打着灯笼寻找的技术工人呢？2017年，德国近5万个职业培训位置空缺。同年，对职业培训表示兴趣的难民近25000人，比2016年翻了三番。这是个好消息。但25000人在上百万的难民大军中所占比例几乎不值一提。德国经济研究所的一份调查报告[1]显示，德国这些年接收的难民不符合德国劳动市场的条件。

调查报告的主笔Kristina Stoewe对六个主要难民来源国的教育体制做了一番研究。它们是叙利亚、伊拉克、阿富汗、厄立特里亚、伊朗和索马里。报告比较了这几个国家的职业培训体制、文盲占比、义务教育时间等等。结果显示，这六个国家之间的差别很大。伊拉克、伊朗、阿富汗和叙利亚的义务教育为9年，厄立特里亚和索马里为8年。不过义务教育与义务教育不同：伊朗和叙利亚（在2011年战争爆发之前）学龄儿童的入学率几乎达到100%，厄立特里亚只有40%，索马里则只有20%的儿童入学。这六个国家都没有类似德国的双轨制教育，职业教育的地位不高。在德国的职业学校可学习330种职业，叙利亚和伊拉克只有20种。在这些国家，很多职业是边干边学的。他们掌握的技能无法与德国四年理论加实践的职业学校相提并论。在这些国家，伊斯兰宗教课占据很多课时，职业学校也不例外。虽然报告作者没直接说这影响了教学质量，但我们都知道学时是有限的，上伊斯兰宗教课的时候就学不了其他知识，而如果伊斯兰宗教是一门主课，那么就不可能不影响到专业知识的学习。

[1] https://www.iwkoeln.de/fileadmin/user_upload/Studien/Report/PDF/2017/IW-Report_2017_37_Bildungssysteme_in_den_Herkunftslaendern_Gefluechteter.pdf.

出于上面这些原因，一些在本国已经工作过的（比如在汽车修理厂）难民根本不符合德国同行业企业的要求，需要重新学起。这使他们不服，并由不服而心生不满。想想看，很多人是肩负重任来德国的。他们有的只身一人来欧洲，听蛇头宣传德国遍地黄金，因此全家都翘首期待已经过上天堂生活的亲属月月寄来数目可观的欧元。现在他们发现上职业学校挣的钱只够维持生活，那份沮丧可想而知。于是很多人中断学业，去做些来钱快的事。不过，按照他们的自身条件，能找到的一般是技术含量不高、因而工资也有限的工作。真想来钱快可能就只得干一些与刑事犯罪沾边的事情了。

具备培训条件和有志学习一技之长的难民数量本来就很有限，而开始接受培训的难民当中，竟有70%辍学。这与德语难学有关。比如定冠词。英语的定冠词只有一个the，法语有两个le和la（阳性和阴性），德语则有三个der、die和das（阳性、阴性和中性），而且常常毫无道理，女孩儿（Mädchen）的定冠词是中性，汽车有两种说法Auto或Wagen，前者是中性，后者是阳性。只有死记硬背这一条路。名词有四个格。及物动词后面的名词多数情况下是第四格，但也有的要求第二格或第三格。最可气的是动词变位。弱动词的规则容易拿下，强动词变位又是一块难啃的硬骨头。语法规则数不胜数，规则的例外也多如牛毛。有时候你会觉得当初发明这些规则的人存心和学德语的人过不去。

除了急于打工还蛇头的欠款和令人头痛的德语，难民中断培训还有其他原因：早上起不来，八小时工作受不了，不能接受女性领导。这不是我的杜撰。前两条是难民在电视脱口秀中自己承认的。有一名叙利亚人说，八小时之后他累得要死，都没有精神踢足球了，因此而决定不再去接受培训。由于女性在伊斯兰世界的地位相对低下，很多男人在难民营食堂里拒不接受女性员工递过来的饭菜。整天听命于女上司，还不更是奇耻大辱吗？

在教育经济学家Ludger Wößmann看来，难民大军中只有10%受过高等教育的人在就业市场有比较现实的机会，其余90%只能依靠德国的福利体系。政府不惜财力和人力为其余90%提供语言班和培训班，希望七年之内将拿救济的难民比例降至50%。即使这一宏大的目标成为现实,那么这也意味着一半的难民将永久靠纳税人供养。这些永久吃救济的并非都是出于自愿。有的是因为德国官僚规定的限制,长时间内不得工作,错过了最佳时机;有的因为自身条件不足。不过可以说相当一部分是存心来吃德国福利的。不来梅大学著名社会学教授Gunnar Heinsohn发明了一个新的概念:寻求供养的人[1]。也就是说,他们根本不是真正意义上的难民。称他们为经济移民也不合适,因为经济移民的目的是改善自身的经济状况,往往有吃苦耐劳的精神和出人头地的决心。"寻求供养的人"则根本就没打算自食其力,而是铁了心坐吃欧洲富裕国家的福利体系。根据德国金融专家Bernd Raffelhüschen教授和前慕尼黑Ifo经济研究所辛恩教授的计算,一名中东和非洲难民从入境那一天起到寿终正寝给德国造成的费用平均为45万欧元。100万难民就是4500亿欧元。德国最近三年接收的200万难民意味着自找了9000亿欧元的负担。如果不紧急刹车,大幅降低难民数字,再富裕的国家也承受不了如此重负。

## 拥默派和反默派势不两立

在德国领取社会救济的一般是什么人呢?是工作多年、缴纳失业保险多年、之后失业、领取失业保险一年[2]并在一年之内没有找到工作的人。社会救济不是伸手就来的,需要你战胜自尊心,去工作中心办理手续,接受衙门的审核,主要是看你是否还有什么可以

---

[1] 德文原文是 Versorgungssuchende。

[2] 这是平均长度。按照年龄和工作时间,领取失业金的时间可能比12个月更短,也可能更长。失业金依据失业前的工资水平,可能明显高于社会救济。

调动的财产，在接受社会的救助之前，先想办法自助。这是很合情合理的，因为社会救济的资金不是天上掉下来的，而是纳税人辛辛苦苦挣出来的。现在来了上百万难民，没有给德国社会做任何贡献，在德国逗留十几个月就和德国人一样待遇。其实说一样待遇并不准确，因为领取社会救济的德国人对衣食住行要自己负责（尽管国家给予房租补贴和交通优惠），难民则是国家全包了。他们离开难民营之后分配到的住房有时是德国穷人做梦都不敢想的，有的居住条件不比中产阶层差。网上经常有德国人晒专为难民建造的公寓楼的照片。我前面提到的那位敢讲真话的图宾根市绿党籍市长在一次电视脱口秀上坦诚地说，他有义务为难民提供住房，对穷苦的德国人则没有这个义务。德国上层社会的人们可以对此无动于衷，但是普通老百姓就很难心理平衡了。而且当这些外来人在社会救济领取者中占比越来越高甚至危及整个福利体系时，这就会成为一个相当有爆炸性的问题。

德国是个富裕的国家，但这并不是说所有的德国人都过着富足的生活。相反，德国的贫富差距在西方国家算比较严重的。德国有着欧洲最大的低工资市场，很多人需要两份工作才能养家糊口。退休老人因养老金不足维生而继续工作的也大有人在。2016年，65到69岁年龄段的德国人当中，15%的人退休金不足维生，不得不打零工。10年前这一比例仅为7%。单亲家庭也很容易跌落到贫困线以下。据波鸿大学2018年2月发表的调查，68%的单亲家庭受到贫困威胁[1]。五分之一的儿童在贫

[1] 贫困是个相对的概念。在德国，收入低于全国平均收入的60%就算生活在贫困中。

困线上徘徊。德国有一个免费提供食品的慈善组织名为"餐桌"[1]，其主要帮助对象便是退休老人和单亲家庭。食品来源是超市、面包店以及其他食品店，都是淘汰物品，每天上午由"餐桌"义工去取，中午或下午分发。全国有900多个这样的"餐桌"。

我的一位退休同事在"餐桌"做义工。她说这两年来享受"免费午餐"的难民人数激增。那些年轻男人毫不客气，把德国老人挤到一边，大包小包地拿回家，德国人往往只能捡剩下的。于是工作人员决定把难民和德国人分开。鲁尔区城市埃森的"餐桌"，外来移民的比例超过75%。退休老人和单身母亲都不敢来了。该市"餐桌"负责人在2017年年底作出了一个大胆的决定：凭证件，只发给德国人。这一决定招来媒体和非政府组织的激烈批评。而很多网民则为埃森"餐桌"的负责人叫好。

说到网民，我前面提到，他们是默克尔难民政策最大的反对派。与默克尔的拥护者不同的是，怀疑者和反对者在议会和媒体中几乎找不到代表他们的声音。他们只能写读者来信，在社交媒体上发言，在默克尔讲话的公开场合表示抗议。德国社会分裂为势不两立的两大阵营，这两个世界是平行的，没有交叉点。

可以说每个家庭，每个人的朋友圈，都分成支持和反对默克尔的两大阵营。以我的德国朋友迈尔先生为例，他一辈子与中国做生意，从中国人那里学到了务实的思维方式。他认为默克尔的敞开国门之举最终将把德国和欧洲带入深渊。他和其他退休同事每月聚会一次。

---

[1] 德语是"Tafel"。

过去他们无话不谈，自从2015年秋天之后，一谈难民问题就争吵不休，因此君子协定不许提难民。他的两个儿子一个拥护默克尔，一个反对。所以在家里也不谈政治。而见到我的时候他便只有这一个话题。我在德国30年从没有经历过德国人在某个政治问题上如此情绪化地势不两立。

而那些反对默克尔的德国人很多成为选择党的拥护者。公开自己立场甚至加入选择党的一般在大家庭里受到孤立和排挤。我的一个女友有一次十分苦恼地对我说："我的表哥现在是选择党的党员。"两次朋友聚会的时候，女主人都首先声明："支持选择党的不受欢迎。"对这样的排斥异己，我很不以为然。选择党不是纳粹，为什么不能各抒己见，至于这样沉不住气吗？退一步说，难民是外来人，至于为了外人伤了家人或朋友之间的和气吗？不过，现在德国的时尚是爱你邻居的邻居，越是远道而来，德国人对你越亲。而且在很多德国人看来，是否欢迎难民是大是大非问题，是道德与非道德的分水岭，没有讨论的余地。

2017年9月的大选，选择党以近13%的得票率进入议会。这下，默克尔的反对派在议会中有了代言人，我本以为大家的激动会有所缓和。结果正相反，德国社会的撕裂随着开放边境政策的后果越来越凸显而不断加剧。难民政策的反对者在全国各地组织"默克尔下台"[1]的示威游行。由于游行队伍里不免混入个把极右或新纳粹分子，因此媒体一般把这类活动定义为极右示威。欢迎文化的支持者当然不能把阵地让给右派，于是组织反游

---

[1] 德语"Merkel muss weg"。反默克尔游行在部分德国东部城市已经是定期性的。

行。这就形成了一个固定的模式：一旦发生重大的难民犯罪事件，反默派和拥默派便同时举行示威和反示威游行。媒体一般聚焦这两派的不共戴天，而示威的起因就忽略不计了。如果我按照主流媒体的说法，把这两大阵营看成左右两派的对立，那么据我观察，左派的暴力倾向远远高于右派。暴力的来源是ANTIFA[1]这个无政府主义的极端左翼组织。由于该组织的前身是反纳粹的，后来反对资本主义，因此左翼政党对其暴力行为睁一只眼闭一只眼。媒体更是称他们为积极分子，使受众不将他们视为危险因素。有意思的是，ANTIFA本来仇恨国家，无视政府，而这些年来他们却成了默克尔的斗士（也有人称为打手）。正因为他们对反默派毫不留情，总理也从没有公开批评过这些不懂事的孩子们。

　　德国社会的撕裂还表现在政治精英与老百姓的对立。80%的德国人主张为接收难民的数量设上限，但是默克尔在很长时间里态度十分坚决：有我就没有上限。您可能会问：在民主国家，最高领导人不需要顾及民意吗？其实真不需要。十几个政治精英制定政策，让100来个主流媒体的代表叫好，就足以占据话语权。对此我将在第九章做进一步的分析。据说默克尔所在的基民盟基层党员很多已经绝望，不明白领导层葫芦里卖的什么药，为什么眼看着让一个健康富裕的国家陷入混乱。但是很少有人公开提意见。即使不怕牺牲仕途，但是遭到媒体炮轰的滋味也不好受，最可怕的是可能被扣上极右或是纳粹的帽子，还可能连累自己的家庭。从这个意义上说，不管你是否赞同选择党的

[1]德语反法西斯行动（Antifaschistische Aktion）的缩写。

主张，但公开表示支持该党的至少是有勇气的人。比如德国著名经济学家和理财专家奥特（Max Otte）在2017年9月大选前两周发推特说："我的良心促使我投选择党的票。"奥特仍然是基民盟党员，但他表示，默克尔领导下的基民盟已不再是他的政治故乡。他的宣布引发了一场小小的地震，一些朋友好言相劝，一家经常请教他的电视台马上取消了所有计划中的采访。最有意思的是，他的几位客户撤回资金，好像他投选择党的票会影响到他的理财能力。德国的政治正确也由此可见一斑。

德国社会的分裂甚至折射到了德国人最热衷的运动——足球。法兰克福足球俱乐部主席菲舍尔宣布：不只是选择党成员，连选择党选民都不得成为该俱乐部的成员。在2017年的选举中，选择党得到近13%的选票，绝对数字是600万。按照这个比例，法兰克福俱乐部的45000名成员中怎么也有5000到6000人投了选择党的票。难道这些人都要退出俱乐部吗？再说德国的选举是秘密选举，我曾经想带小女儿去投票箱都不允许，这是绝对隐私的事情。要求俱乐部成员公开选举秘密？这不是违法吗？不过，这样明显荒唐的决定仍然赢得左派的掌声。电视二台记者采访菲舍尔，给他几分钟的时间在全国电视观众面前对选择党发出十分泛泛的、情绪化的攻击。看这段采访的时候，我突然想，这位老兄是不是只为了上电视啊？

我感觉自己的猜测多少有些道理，因为在此时的德国，只要你想出一个挤对选择党的主意，成为全国名人的概率就很高。再以图林根州索纳贝格新教慈善组织负责人克劳斯为例。他因为拒绝一位选择党议员的捐款而出名。图林根州位于原东德地区。在社会主义体制几十年的影响下，无神论者占多数，新教教徒不多。索纳贝格是个只有两万人口的小城，那里的新教教徒就更是屈指可数。在这么一个东部小城做新教教会慈善机构的负责人，出名的希望可以说等于零。不过在这个奇特的时代，克劳斯用这么一个简单的办法就使自己一夜之间成了反法西斯英雄。当然，单是退回那100欧元不会引起轰动，他还附了一封义正词严的信："尊敬的弗里森先生，感谢您的访问和对我们机构表现出的兴趣。您友好地给我们寄来了一张100欧元的支票。这个捐款我们现在原数退回。我们机构及新教教会的道德观与选择党截然不同。我们因此要与选择党划清界限。祝您一切顺利！"按理说慈善机构应当对每一笔捐款都感到高兴，但在今天的德国，连捐款也分出了善恶。

# 第八章 贫困入侵——2017年的欧洲

> 除了德语之外，我们看不到什么有德国特色的文化。
> ——Aydan Özoguz，前德国政府移民事务专员，2017年5月

> 对难民的邀请政策是错误的。
> ——塞巴斯蒂安·库尔茨，奥地利总理，2017年1月讲此话时担任奥地利外长

> 难民不是移民。
> ——王毅，中国外交部部长，2017年6月

我在第三章谈到欧盟的庇护法规实际上给了欧洲之外的60亿人口通过庇护法移民欧洲的可能。欧洲人在制定相关法律的时候确实是过高估计了自己的接收和融合能力，过低估计了自己对全世界受苦受难人民的吸引力。而最先对欧洲之外族群敞开怀抱的并不是相对保守的德国，而是英国。

## 从自我怀疑到自我否定的欧洲

希特勒发动的战争在耗尽欧洲资源的同时，给欧洲的海外殖民地带来了获得自由和新生的千载良机。先是印度躁动，继而是非洲的反殖民运动。独立浪潮于1951年始于利比亚（原意大利殖民地），1976年终于原英属塞舌尔。欧洲在非洲殖民历史的终结也同时为全球殖民史画上了句号。受打击最大的自然是"日不落"的大英帝国。"二战"爆发前夕，英国本土加殖民地覆盖世界四分之一的土地；人口接近五亿，相当于全球人口的四分之一。不知是出于对昔日殖民地人民的歉疚，还是想刻意表现自己的淡定和大度，1948年，威斯敏斯特议会推出英国国籍法[1]，允许昔日大英帝国（今天英联邦）的臣民移民英国。"50年代初只有几千人抓住了这个机

[1]British Nationality Act.

会，到50年代末移民人数有几万，60年代达到几十万。他们当中的大多数来自印度、巴基斯坦和孟加拉国，一般在工厂做工。他们的家庭或家族成员学习他们的榜样也来到英国，并从事类似的工作。"[1]

英国的幸运在于当时还没有因特网，关于那里高收入、高福利的美好故事只在移民家族和朋友圈里流传，而不像2015年德国敞开国门的消息顷刻间传遍世界。与今天德国的难民政策一样，当时英国的国籍法也是在没有民意的基础上开始实施的。只是由于移民规模与今天德国的难民浪潮无法相提并论，因此给英国社会带来的影响也是潜移默化、细水长流的，英国民众的反弹也因此存在滞后性，且不那么剧烈，只是在接受民意调查的时候表达一下自己的真实意见。据美国民调研究所Gallup1968年的调查，"75%的英国人认为国家对外来移民的控制不够严格，这一比例不久便上升到83%"[2]。同年，英国保守党议员伊诺克·鲍威尔（Enoch Powell）在伯明翰发表了那个著名的"血流成河"的讲话，批评英国政府的移民政策。他引用希腊哲学家欧里庇得斯的话："上帝欲使人灭亡，必先使其疯狂。"这位在保守党领袖希斯影子内阁里担任大臣的政治家似乎铁了心要刺激一下国内的政治和媒体主流："我们每年允许五万移民家属来英国定居，从而为移民的人口增长奠定基础。我们难道发疯了吗？我们就好像辛勤地为执行自己的火刑累柴垛。"[3]

这位语不惊人死不休的保守派政治家马上遭到媒体抨击，并立即被希斯踢出影子内阁。鲍威尔的政治生命

[1] Douglas Murray, Der Selbstmord Europas（慕尼黑，Finanz Buch 出版社，2018），24页。
[2] 同上，25页。
[3] 同上，26页。

就此终结。但民调显示,四分之三的英国人赞同他对移民政策的质疑态度[1]。鲍威尔事件是灾难性的,因为它起了杀一儆百的作用,告诉其他珍惜自己仕途和名声的政治家:谁不支持移民政策,谁就是种族主义者,就没有好下场。这与今天的德国又是何其相似! 1971年,英国通过了新的旨在限制移民数量的法律,但收效甚微。到20世纪80年代末,以穆斯林为主的移民占人口比例稳步上升的趋势已经不可逆转。

如果说保守党至少还时不时做做样子推出个把严格移民政策的法规,那么工党在1997年上台之后就使英国朝全民大换血的方向全速前进了。布莱尔手下的难民和移民部长 Barbara Roche 干脆宣布来者不拒,非法的也不遣返,因为程序太复杂。这个部的名称本身就泄露天机:左派不再打算在难民和移民之间加以区分。这和今天德国的做法又是如出一辙。

我对英国的这些描述基本都适用于西欧的其他国家,只是程度轻重不同而已。欧洲人这种舍己为人的精神或许源于自我怀疑。两次世界大战在欧洲土地上爆发,动摇了欧洲人对威斯特伐利亚条约[2]确定的主权国家秩序的信任。其实威斯特伐利亚精神直到今天仍然得到特别是欧洲以外地区的认可。欧洲人在战争疲惫和缺乏自信的状态下创造了欧洲共同体(欧洲联盟的前身)这个既非联邦也非邦联的组织。成员国名义上是主权国家,又在很大程度上把主权上交给了布鲁塞尔。欧盟总部表面上大权独揽,实际上成员国在核心领域又不买它的账。这也是造成内部边界废

[1] Douglas Murray, Der Selbstmord Europas(慕尼黑, Finanz Buch 出版社, 2018), 26页。
[2] 1648年, 欧洲各国代表在今天德国的明斯特和奥斯纳布吕克签署了结束欧洲三十年战争的一系列条约, 第一次提出主权国家的概念, 是第一个协调主权国家关系的国际条约。

除、外部边界不守这个奇特现象的原因之一。习惯了自我批评和自我怀疑的部分政治精英于是视外来移民为欧洲的大救星，认为把欧洲变成多种族、多文化的大熔炉是这个疲乏而古老的大陆唯一光明的前景。"多元"本身成了一个价值，一个值得追求的目标。左派政党还认为新来的种族群体将成为自己明日的票仓。

我上面提到的英国的鲍威尔事件在其他国家都有翻版。认同难民移民多多益善的政策就是站在了人性的光明面，是正义、宽容和人道的化身；怀疑这一政策则是选择了人性的阴暗面，是甘愿落后和破罐子破摔的代名词，弄不好还被扣上民族主义和种族主义的帽子。于是在难民和移民问题上，政治精英与主流媒体结成了统一战线。外来种族的习俗、文化和宗教被奉若珍宝，即使与欧洲传统价值格格不入也睁一只眼闭一只眼。就在我写这段文字的时候，读到一则消息：瑞典一家法院正式承认一名14岁叙利亚少女与她45岁丈夫的婚姻。德国也有1000多例童婚，尽管这是法律不允许的。同样违法的是一夫多妻制，但部分穆斯林一夫四妻的生活多年来也得到实际认可。

欧洲人不仅接受越来越多有悖自身价值的东西，而且还心甘情愿地放弃外来人不喜欢的东西，比如一些学校和幼儿园把猪肉驱逐出食堂。更有甚者，他们有时候不等外人提意见，自己揣摩着本国的哪些习俗会使穆斯林移民感到不爽，主动退让，表现出令人不可思议的低三下四。自我怀疑一步步走向自我否定，对陌生人的大爱与自我仇恨呈现正比。在各个领域都居领先地位的北欧国家也在自我否定方面做出表率。瑞典一位部长在被问及该国是否有传统文化时竟毫不犹豫地回答"没有"。德国负责移民融入的前阁员、土耳其裔的Aydan Özoguz在2017年曾说："除了德语之外，我们看不到什么有德国特色的文化。"她的另一句名言是："共同生活的规则需要随时协商调整。"言外之意，不只是外来移民需要融入德国社会，德国人也应当改变自己的生活方式，以适应外来移民。

## 难民还是移民

按照日内瓦难民公约第一条的规定，凡是因种族、宗教、国籍、某个特定社会团体或政治信仰而受到迫害并因得不到本国保护而逃亡的人都是难民。也就是说，并非背井离乡的都是难民。国际法严格区分两种人：被迫离开和自愿离开家乡的人。区分的标准很简单：被迫的是难民，自愿的是移民。因此，"二战"后来到欧洲的大多是移民，只有极小的一部分是真正意义上的难民。不过过去的几十年里，较大的难民浪潮都是由内战或区域战争引起的，而日内瓦公约有关难民的定义没有明确包括这些战争难民。因此在联合国难民署看来，关键不是受迫害的根源，而是当一个国家不能或不愿为本国公民提供保护时，该国公民便有权得到国际保护。

按理说，这一国际保护应当由邻国提供。其好处是，难民与当地居民拥有近似的文化和宗教背景，不会给邻国带来文化冲击；理想情况下，难民与提供庇护国居民的语言相通，难民融入当地社会的门槛更低；而最重要的：当战争结束时，难民可以很快重返家园，为祖国的重建出一份力。联合国难民署、国际救助组织及富裕国家有义务为内战周边国家难民营提供财力和物力支持，保障难民过上有尊严的生活。一般来说，难民没有挑选避难地点的权利。

因此，那些寻求庇护的战争难民自踏上欧洲土地的一刻起便成了经济难民，因为他们来欧洲是为了寻求更好的物质生活。由于他们大多借助了蛇头的帮助，携带伪造证件或干脆没有证件，因此严格说来他们是非法移民。假如欧洲国家的媒体实事求是地报道"非法移民"，而不是"难民"，必定引起老百姓的反抗。那么德国肯定不会出现成千上万人去火车站夹道欢迎"非法移民"的盛况，欢迎文化无从谈起。可见政治家和媒体用词的重要，英语里有一个专门的词汇：wording。

叙利亚战争使2015年的难民浪潮复杂化，因为很多叙利亚人是明摆着的战争难民。只有铁石心肠的人才会把他们说成非法移民。而且很多人逃离土耳其、黎巴嫩或约旦的难民营也是出于无奈，因为那里的难民营已经人满为患，而且自私和短视的欧洲没有履行大幅提高救助金额的承诺。

不过我在前面也提到，虽然叙利亚人占了2015年难民大军的最大比例，但仍然只有三分之一，且他们当中可能还有不少冒牌的叙利亚人。从2016年起，难民中最大的群体是非洲人。他们当中的绝大多数既非传统意义上的受政治迫害者，又非战争难民。因此，二战以来规模最大的难民浪潮实际上是移民浪潮。而敢于指出"难民"与"移民"区别的是中国外长王毅。2017年6月，王毅外长与黎巴嫩外长巴西勒在贝鲁特共见记者时，就中东难民问题阐述了中方立场。王毅说，当前中东难民问题突出，包括黎巴嫩在内的中东国家为接收来自叙利亚等国的难民付出了巨大努力。难民不是移民。在世界各地流离失所的难民还是要回到自己的祖国，重建自己的家园。这既是每个难民内心的愿望，符合国际人道主义努力的方向，同时也是联合国安理会有关政治解决叙利亚问题决议的组成部分[1]。

我很感谢王毅外长这一段明确而中肯的话，并对欧洲政治家没有这样的勇气感到惋惜。感慨之余我写了一篇题为"难民不是移民"的专栏文章。我在文中写道："在难民问题上，中国政府和中国人民达成罕见的共识。民调显示，98%的中国人反对大规模接收难民。中国外长王毅在贝鲁特会晤黎巴嫩外长时说：难民不是移民。欧洲似乎抵挡不住新移民浪潮的压力。原因是，欧盟原

---

[1] http://news.sina.com.cn/c/nd/2017-06-25-doc-ifyhmtcf2856085.html.

则上给予生活在欧洲之外的60亿人民倚仗庇护法移民欧洲的权利。仁慈与不可思议的轻率结合到一起。"

写这篇专栏文章也是为了纪念刚刚去世的德国著名历史学家Hans-Peter Schwarz。他离世前三个月出版的《以欧洲为目标的民族大迁徙》可以说是他对欧洲发出的最后忠告。他将庇护分为两种：一种是提供庇护的国家掌握自主权，确定接收条件；另一种是提供庇护的国家以庇护申请者的愿望和需求为行动准则，保证审核每个个案，保护普天下所有受压迫和受迫害者。欧洲之外的所有国家都选择了第一种提供庇护的方式，只有欧盟选择了第二种。这样，每个人都得到了通过打官司移民欧洲的权利。不仅如此，2009年，欧盟在里斯本条约中将庇护法的适用范围扩大到战争难民。考虑到当时中东危机已经局部爆发，难民人数激增，欧盟的决定就更令人不解。

在难民问题上，欧洲本来就选择了一条特殊道路；2015年秋天，德国又在欧洲走特殊道路。德国开放的边界和欢迎文化的狂热引诱数十万人前来欧洲。Hans-Peter Schwarz写道："战争难民从一个不必为生命担忧的国家转移到另一个同样安全、只不过他认为处境会更好的国家，这是欧盟的难民考核准则没有预见到的情况。"在这位历史学家看来，德国的有关机构和大部分媒体将"这些可怜的人们一概视为战争难民甚至政治难民，这是对欧盟难民法的滥用"。

我在专栏文章中接着写道：

这之后，联邦政府试图将这些难民宣传为正在老化的德国社会亟须的劳动力。最迟到这时，寻求庇护者、难民和移民之间的界限完全被解除了。

历史学家对这一政策的后果做了一针见血的描述："将来自陌生文化的低技能阶层的多子女家庭纳入我们的福利体系，同时接收众多来自非洲或穆斯林危机带的绝大多数不适应欧洲劳动市场而且今后也不会适应欧洲劳动市场的年轻男子，已经使很多地区不堪重负。""一个以人道普世价值为准的道德"和"一个以首先保护本国国民及其权利为己任的民主宪法国家的原则"越来越难以结合到一起。

不知从2017年的什么时候起，德国和欧洲媒体中，"难民"这个字眼的出现频率降低，取而代之的是"移民"。达到这一认识欧洲人花了几十年的时间。而当他们终于对此达成共识的时候，移民浪潮早已形成民族大迁徙的规模。欧洲历史上曾经发生过一次民族大迁徙，而它最终导致了西罗马帝国的灭亡。

## 历史惊人相似

公元376年春天，居住在多瑙河三角洲附近西哥特人[1]的一个使团来到西罗马帝国皇帝的官邸。他们说，来自亚洲的一个骁勇而野蛮的马上民族[2]已经击败了东哥特人，正在向自己的村庄逼近。他们请求罗马皇帝提供庇护，一支难民大军已经到了多瑙河北岸。

帝国枢密院分成两派：一派认为帝国虽有能力暂时安置难民，但如果难民留下不走，他们是否接受罗马文化、融入当地社会则是个未知数；而且接收了这一波，明天还会来下一波，接纳下一波，不收第三波又说不过去。这样怎么收尾呢？于是主张狠狠心，将闸门关紧。另一派对皇帝说，基督仁慈无边，基督徒的义务是帮助天底下所有受苦受难的人。而且救难民等于自救，因为罗马人的生育率太低，帝国面临人口老化和劳动力匮乏的问题。

最终皇帝被"道德派"说服。他下令打开国门，把

[1] 哥特人是日耳曼人的分支。
[2] 史学家对这一来自亚洲的民族是否为匈奴人存有争议，也有人称之为匈人。

云集帝国边境的哥特人悉数放进来。负责边境秩序的官员想统计一下难民人数。但是乌泱泱的人群，从哪儿开始呢？帝国边境失控。与一筹莫展的边境官员形成鲜明对比的是笑逐颜开的渡轮工。渡轮工加班加点在多瑙河两岸奔波，乘客却像魔术师帽子里的兔子越来越多。

发难民财的远不止渡轮工，帝国境内的小商小贩都趁火打劫，提高物价。食不果腹的难民开始打砸抢，并与当地居民之间发生零星的暴力冲突。要知道在难民危机爆发之前，罗马帝国境内已经生活着大批日耳曼人。他们被罗马人视为四肢发达、头脑简单的蛮族，做罗马贵族的保镖，在矿山当苦力，在帝国军队里也占了相当的比例。当日耳曼难民与当地人发生冲突之时，这些移民第二代、第三代自然站到了自己同胞的一边。

养尊处优的罗马人哪里是他们的对手。公元378年8月9日，罗马军队在今天土耳其境内的亚德里亚被日耳曼人打得落花流水，皇帝阵亡。继任者不得不做出让步，答应为外来人开设自治区，允许他们依照自己的法律和习俗生活。边界开放由例外变成了常态，民族大迁徙如火如荼。200年后，移民浪潮才渐渐平息下来。而此时的西罗马帝国早已成为尘埃。

今天的难民浪潮和1000多年前的民族大迁徙真有可比性吗？德国对那段历史最权威的专家Alexander Demandt认为不仅有，而且两段历史惊人地相似。首先从人数和规模上，今天的移民运动绝不亚于4世纪；迁徙的方式1000多年也没太大变化——以徒步为主；迁徙动机大同小异——寻求更美好的物质生活。当时西欧的日耳曼各支是欧洲高产的贫困户，与今天非洲、中东高生育率的穆斯林很相像；1000多年前的罗马贵族和百姓纸醉金迷，对繁殖后代失去了兴趣，这又与今天欧洲发达国家不足以维持本民族长久生存的低生育率相近似。区别是：当初欧洲的民族迁徙从北向南，今天则正相反；当年日耳曼人全副武装，今天的"难民"手无寸铁。不过正因为手无寸铁，才使在和平繁荣环境下出生、在"普世价值"影响下长大的欧洲人不知所措。

1000多年前,最终导致罗马帝国灭亡的是日耳曼人的里应外合。因为在民族大迁徙开始之前,已经有很多日耳曼人在罗马帝国的地盘上定居。他们有的做雇佣兵,有的正式移民。由于罗马人对当兵打仗的事情往往不屑一顾,因此日耳曼人在罗马部队中的比例越来越高,直到占了大多数。前不久我读到一则消息说,德国联邦国防军兵源不足,打算对外国人开放。我马上有了一种不祥的预感。不过这也许是历史爱好者的神经过敏。

当初日耳曼人的武力进攻是入侵,那么今天呢?德国曼海姆大学政治学教授Peter Graf Kielmanseff认为:"数十万人通过失控的边界涌入欧洲国家,这完全可以被称为入侵,尽管是非暴力的贫困入侵,但仍然是入侵"。如何人性化地对待这一"入侵",成了今天欧洲政治家最大的挑战。而不同国家、不同阵营的政治家对此有着截然不同的答案。

## 法国让欧洲松了一口气

我在前面提到德国的难民政策不仅分裂了欧洲,而且使欧洲极右翼势力气焰大涨。因此2017年四个国家的选举都让人捏了一把汗。首先面临考验的是荷兰。该国自由党党主席格尔特·维尔德斯因其奔放的发型和反伊斯兰的激进立场而得到"荷兰版特朗普"的绰号。他的政治生涯开始于保守的自民党,于20世纪末开始针对伊斯兰的斗争。2004年荷兰导演范高被伊斯兰极端分子杀害,维尔德斯也因受到死亡威胁而被警方保护起来。这样的经历使他的立场越来越极端。2004年维尔德斯退出自民党,两年后成立自由党。党员只有他一个人。在他看来,几年前他对荷兰伊斯兰化的种种预见都已成为现实。据说他每天换一个睡觉的地方,妻子每周或每两周见他一次。在欧洲各国的极右或民粹政党当中,他的主张最激进,声称一旦当选首相将禁止《古兰经》,关闭清真寺。难民危机竟使这样一个纯粹的抗议党在民调中领先长达数月。在大选前几天,天助首相吕特,给了他一个在土耳其面前显示强硬立场的机会[1]。吕特抓住机会，给选民留下处理危机得力的印象。在3月选举中，吕特以明显优势当选连任。这也是民调与选举的区别。真站到了选举箱前，很多此前同情维尔德斯的荷兰人最终还是不相信他能够担当领导国家的重任。不过维尔德斯本来也不是以执政为目的，而是为了主导舆论，以在野身份对政府施加影响。

荷兰的选举结果让欧洲人松了口气。紧接着，全欧洲的目光投向法国。那里的两大传统政党共和党和社会党都因丑闻缠身而受到选民的质疑。民粹党国民阵线的女领袖玛丽娜·勒庞大有问鼎总统宝座的势头。在欧洲各右翼民粹政党中，国民阵线的历史较为悠久，于1972年成立。当时它是个成分很杂的党，有昔日法西斯、阿尔及利亚战争中的士兵，还有一些零散的右翼组织。2011年，创立者勒庞的小女儿玛丽娜·勒庞担任主席，并致力于国民阵线的去妖魔化。为此，她不惜与老爸决裂。在2014年的欧洲议会选举中，国民阵线成为法国得票最多的政党。在2017年的选战中，为了博取失望的左派选民的好感，勒庞在竞选纲领中加入了维持一周35小时工作制、把退休年龄降至60岁的内容。老勒庞曾经自诩是法国的里根，小勒庞则抨击欧盟把自由经济强加给法国，主张贸易保护主义。可以说，为了攫取政权，玛丽娜·勒庞在几年时间里把国民阵线由极端变温和。

在这一政治格局中，埃马纽埃尔·马克龙挺身而出。这位精明强干的年轻政治家于2016年4月成立名

---

[1]2017年年初，吕特禁止土耳其政治家在荷兰搞竞选活动。3月11日，土耳其家庭部长从德国驱车前往荷兰。经过几个小时的谈判，荷兰警察将这位女政治家原路送回德荷边境。德国土耳其裔发起抗议荷兰的示威游行。

为"共和前进！"的政党，并于同年8月辞去经济部长的职务，全身心投入选战。马克龙先在2017年4月赢得最多选票，紧接着在5月的第二轮选举中以明显优势战胜勒庞，以39岁的年龄成为法国有史以来最年轻的总统，也是继拿破仑以来最年轻的法国国家元首。

马克龙虽然在整个选战过程中高举欧洲的旗帜，但在难民问题上，他明显比默克尔和德国的大多数政治家务实。当选总统不久，他便提出把难民热点转移到非洲的建议，在非洲本土决定哪些人可以来欧洲，哪些人就地遣返。这样"大逆不道"的设想马上受到德国和法国主流媒体的批判。我感觉这是马克龙放出的试探气球，看看舆论的反应。反弹激烈的话就不再吱声，权当没说。

9月德国的选举，我在上一章已经详细描述。选民发出了看似自相矛盾的信号：他们既因难民政策惩罚了执政党，又给了默克尔第四个任期。

## "神奇小子"再创奇迹

10月奥地利的选举同样扣人心弦。德国南部这个小邻居的政局与德国有可比性——那里的选民同样厌倦了人民党和社民党组成的大联合政府。奥地利人民党相当于德国的基民盟，难民危机爆发时是大联合政府中的小伙伴。它虽然同样不受选民待见，但与法伊曼下台后一蹶不振的社民党不同的是，人民党拥有一个秘密武器——政坛"神童"库尔茨。塞巴斯蒂安·库尔茨1986年出生，在维也纳法学院读书期间便投身政治，后来为政治仕途而辍学。2009年当选人民党青年部主席。2011年，库尔茨出任移民融合事务部部长，对穆斯林移民融入的难度开始有切身体会。2013年，库尔茨成为欧盟最年轻的外长。开始把他看成外交部实习生的欧洲同僚很快便不敢再对他轻视。难民危机爆发之初，奥地利既是德国难民政策最坚定的支持者，同时也随时可能成为这一政策的最大受害者，因为奥地利是难民抵达德国之前的最后一站，维也纳始终担心一旦德国关门，难民将窝在自己手里。奥地利是个人口只有德国十分之一的小国，安置和接收能力远比不上德国。因此，外长库尔茨决心变被动为主动，为此敢于与自己的顶头上司—总理法伊曼和德国铁娘子叫板，先是逼法伊曼为2016年难民总数设上限，后于2016年2月主持召开巴尔干会议，大有当年奥地利帝国外交大臣梅特涅的雄风。3月，库尔茨赢得与默克尔的"竞赛"，在欧盟—土耳其交易达成之前几天关闭了巴尔干线路，为缓解难民浪潮起了决定性作用。虽然库尔茨实际上帮了德国的大忙，但从2016年开始，他成为德国政治和媒体批评最剧烈的欧洲政治家之一，几乎与匈牙利总理欧尔班不相上下。不过这位外交官不温不火，总能用平和语调以理服人，曾经在德国电视台脱口秀上一人舌战三名德国朝野的左派政治家，使很多德国人对奥地利邻居羡慕不已。

　　库尔茨不仅是出色的外交官，还是老谋深算的权术家。他利用关闭巴尔干线路之后的旺盛人气，先在2017年5月把人民党党魁的职务搞到手，继而结束与社民党的婚姻，迫使奥地利提前大选。与马克龙相似的是，库尔茨的右边也有一个强劲的对手——奥地利自由党。这个右翼民粹党于1956年成立，比法国的国民阵线还早了十几年。该党的立场较国民阵线温和，并曾与人民党联合执政。可以说，奥地利自由党不被欧洲人视为洪水猛兽，但假如该党成为奥地利最大党，也将给欧洲带来政治地震。该党确实曾在民调中一路领先。不过库尔茨自有应对的办法。他对自己的感召力充满自信，决定在选战中放弃人民党这个选民厌倦的名字，干脆把自己的选战变成了一场运动，称之为"塞巴斯蒂安·库尔茨名单"。在这一点上，他也许悄悄借鉴了马克龙的经验。特别是很多年轻人成为他的志愿者。在10月大选中，库尔茨领导下的新人民党以31.5%的得票率成为奥地利第一大党，与2013年选举相比增加近8个百分点。一个执政党取得这样的成绩实属罕见，可以说这完全归功于库尔茨个人。2017年12月，31岁的库尔茨宣誓就职，成为欧洲最年轻的政府首脑。他不顾欧洲伙伴警告，与自由党结盟，因为在难民移民问题上，两党的主张接近，而且这也是选民的意愿。

　　对难民浪潮冲击下的欧洲来说，库尔茨当选奥地利总理是这个古老大陆的福音。为什么这样说？因为别看奥地利是欧盟中相对较小的国家，但它与德国一样是难民最为神往的国家之一。因此，奥地利采取务实政策，无疑将给德国造成压力，并可能起带动作用。与德国大多数政治家不同的是，库尔茨讲话不喊口号，句句实在，用国内的流行语：句句接地气。比如他在2017年年初接受德国《明镜》新闻周刊采访时实话连篇。这话听起来怪怪的。因为在今天的德国，实话往往会引发众怒。不过奥地利外长可以畅所欲言，他不是德国政治家，不怕德国媒体的批评，同时人家的外长身份摆在那儿，批评也不能过分。那么他都说了些什么呢？我举几个例子："只谈恐怖主义是错误的。它的基础是政治伊斯兰"；"把难民等同于恐怖主义是错误的。但假如我们认为，以难民身份来的就不可能成为犯罪或恐怖分子，那也是错误的"；"我们的问题是，我们对外面的人太具吸引力。我们不仅忽视边界保护，而且也不更正吸引外人来欧洲的因素"；"我们欧洲需要全新的庇护法。我们不能再像过去两年那样接收那么多的人。一方面我们要直接在战争周边地区直接挑选难民，让他们有合法来欧洲的途径，另一方面要拦截并遣返那些试图非法进入欧洲的人"。我上面说，如何人性化地面对这一场贫困入侵，是欧洲政治家面临的最大挑战。在我眼里，如果有人能够带领欧洲人应对挑战，既守卫欧洲，又不对"难民"施暴，那么库尔茨应当是最理想的人选。

## 欧盟想独揽庇护大权

1999年，欧盟成员国决定制定共同的欧洲庇护体系。2006年，成员国就"都柏林规定"和一系列准则达成一致。规定和准则的区别是：规定有约束性，不容商量；准则顾名思义是一根准绳，成员国尽可能以此为标准，但允许有偏差。"都柏林规定"我在前面已多次提及，内容是难民必须在踏上欧盟土地的第一个国家提交庇护申请；庇护准则则涉及难民营设施、对庇护申请的审核，等等，特别强调不仅给庇护申请得到批准的难民提供保护，也要照顾好那些只得到辅助性保护的难民的生活。2006年之后，欧盟层面关于建立共同庇护体系的努力进入第二阶段：保障难民的庇护申请在每个欧盟国都能得到公正的处理；尽可能在成员国之间做到公平分摊。

2014年1月1日，"都柏林规定"第三版生效。欧盟官僚们本以为庇护法的改革大功告成。不过第三版只是对细节做了一些补充，并没有改变难民负担分配不均的弊端。因为照此规定，负责登记、安置难民以及审核他们庇护申请的仍然是他们进入欧盟的第一个国家，也就是说承受主要负担的仍然是希腊、意大利和匈牙利。而像德国这样地处欧洲心脏的国家基本上可以袖手旁观。虽然非前沿国家可以主动要求接收难民，但后来的实践证明这是欧盟官僚在象牙塔里设想出的理想状况，与欧盟现实不搭界。2012年欧洲议会提出硬性分配难民的方案，但最大的阻力偏偏来自德国——日后的人道主义世界冠军。当时执政的默克尔一世与世界上其他的政府首脑一样，将本国利益放在首位。2015年，德国一不小心成了难民的头号接收国并渐渐感到力不从心的时候，突然想起了那个自己长期抵制的主意——强制欧盟成员分摊难民，并不惜为此动用"核选项"——少数服从多数的原则。德国以欧盟团结为代价换来的解决方案是：在希腊和意大利设难民热点（Hotspots），负责登记身份、取指纹等，之后分配到其他国家。不过我们知道，这个方案既没有可行性，后来也根本没有得到实施。它不过在2015年秋天德国难民危机高潮的时候安抚了一下德国老百姓，让他们知道目前的难民不会悉数留在德国。

欧盟和德国策划的配额制不仅受到部分成员国的坚决抵制，阻力也来自所谓的难民。试想：你把全家的积蓄交付蛇头，为的是移民德国，之后再把全家接来；结果你转道利比亚，横渡地中海，历尽艰辛，抵达意大利，你以为天堂近在咫尺，结果按照欧盟配额被分配到了斯洛伐克——一个你闻所未闻的国家。你能咽下这口气吗？

换句话说，2015年9月欧盟的新一轮庇护法改革刚刚出炉就又过时了。于是，布鲁塞尔的公务员们着手下一轮改革。一年之后，他们拿出新的方案。值得一提的内容有两项：一个是坚持难民配额制，另一个是将所有准则都改成规定。

主席容克最拿手的是软硬兼施：对不听话的成员国时而威胁一下，时而在其他领域给一些好处。开峰会的时候搞"忏悔室"策略，找成员国政府首脑一个个四眼面谈，就好像是接受他们忏悔的神父。这种单独施压的做法经常会奏效。实在不行就等这个国家政府换届，反正欧盟的大趋势是成员国将越来越多的主权上交布鲁塞尔，欧罗巴合众国在地平线上招手。欧盟峰会每季度一次。2017年，改革方案每次都拿到峰会的桌面上，每次都被否决。

欧盟似乎到现在不能或不愿认清的一点是：用庇护法来应对民族大迁徙，就好像用康泰克治癌症，药不对症不说，拖延治疗会使症状越来越严重，直到有一天任何治疗都为时已晚。而有朝一日欧委会愿望成真，在难民移民这个事关欧盟未来的问题上，单个国家将没有任何决策权，因为准则都变成了规定，这个设想令人不寒而栗。

## 难民总理的条件反射

2017年11月底，德国黑、黄、绿的组阁谈判刚刚失败，默克尔以德国代理总理的身份参加欧非峰会。峰会本来的主要议题是讨论如何改善非洲人民的处境，让他们看到家乡的发展前景，不再视欧洲为救命稻草。结果，CNN播放的一段手机录像打乱了峰会的议事日程。录像上，利比亚难民营中的非洲人被明码标价地出售，售价在400到600美元之间。利比亚在卡扎菲被推翻之后军阀割据，政府名存实亡，成了蛇头组织难民偷渡的理想起点站。谁也不知道到底有多少非洲和西亚难民云集利比亚海岸，估测的数字从几万到几十万不等。自2015年的难民危机以来，欧盟采取了一系列遏制难民浪潮的措施，其中的一项就是为利比亚海岸巡逻队提供资金和装备，让他们阻止满载难民的橡皮艇下海。虽然仍有漏网之鱼，但2015年地中海繁忙运输的"盛况"没有重现。这也造成利比亚难民的拥堵，几座营地人满为患。拖欠蛇头路费的难民被像牲口一样出售的报道不时见诸报端。但我们生活在一个图片决定思维的时代。就像2015年国际社会早就知道地中海已成为最大海上墓地，却非要等到三岁叙利亚小难民伏尸土耳其海滩的照片出现才一片哗然一样，对利比亚的"集中营"大家早有耳闻，直到这一段录像曝光之后，非洲国家领导人才意识到必须采取行动了。不仅非洲政治家，刚刚走马上任的法国总统马克龙信誓旦旦地宣布一定要结束利比亚的奴隶交易，必要时将诉诸武力。

非洲本来就是法国的后院，难道志得意满的马克龙要趁德国的无政府状态充当欧洲的领袖不成？难民总理默克尔坐不住了。她调动高参在峰会之外临时召集了自己的峰会，在几个小时的时间里与非洲领导人制订了一项难民计划。据此，利比亚政府让国际组织进入难民营地，由联合国难民署的工作人员甄别谁是受迫害者，谁是所谓的经济难民。据估计，这两类人的比例大致为 1∶4。二类难民将被送回自己的家乡。为避免他们因两手空空而无颜见江东父老，欧盟将给他们提供经济补偿。一类难民先被安置到邻国乍得或尼日尔，之后把他们接到欧洲或欧洲之外的国家。欧盟还答应为非洲开辟合法的入欧途径，但不是持久性移民，而是来欧洲读书或接受职业培训，日后返回自己的家乡[1]。

至此我发现了难民总理达成的所有难民协议的规律：从长期来看，有可能降低难民人数，但不确定；短期内，欧盟及德国将出巨资并自愿接收难民。就像默克尔 2017 年 8 月在柏林会晤联合国难民署和国际移民组织代表之后做出的承诺：欧盟可以将安置叙利亚难民的数

[1] https://www.welt.de/politik/ausland/article171107465/Merkels-spontaner-Fluechtlings-Deal-fuer-Libyen.html.

量从两万提高到四万。前提是：非法移民得到有效控制。两万变四万很快可以兑现，可是什么叫作有效控制呢？这类协议的另一个特点是一厢情愿：欧盟尤其是德国连犯罪分子都遣返不了，怎么能保障合法入欧的不做永久性移民？

2017年全年，Frontex（欧盟外部边界合作机构）在欧盟外部边界统计的非法入境者为204000。而德国这一年接收的难民人数为19万。这或者说明来欧盟的难民基本上都到了德国，或者说明仍然有一些已在欧洲生活多时的移民伪造身份前来德国。不管是哪一种情况，都是德国在欧盟层面还没有搞定的信号。

### 原来是中国的错

难民、移民、民族迁徙、贫困入侵，这是个事关欧洲未来的严肃话题，但有时候读到一些相关的报道又实在忍不住笑。2017年夏天我在北京休假期间，在明镜在线上偶然发现的一篇报道就让我捧腹不止。

"欧盟内部委员Dimitris Avramopoulos要求中国在打击地中海人口贩运领域作出更多的贡献。比如中国企业生产的橡皮艇被蛇头用来偷渡难民。欧盟决定对利比亚限制橡皮艇出口。"[1]

[1] http://www.spiegel.de/politik/ausland/fluechtlinge-eu-innenkommissar-fordert-von-china-mehr-einsatz-gegen-schleuser-a-1164289.html.

明白了，原来2017年头半年9万多难民从利比亚出发成功偷渡地中海，责任完全在中国。不是吗——要是中国不出口橡皮艇给利比亚，蛇头就得投地中海自尽了。在德国媒体眼里，欧洲或德国的问题一般情况下都要由中国负责。比如欧盟分裂是谁造成的？那还用说，当然是中国。因为中国政府组织"16＋1"峰会，生生把中东欧拉到自己一边，而且事先没有征得布鲁塞尔的同意。有一年德国圣诞树紧缺也是中国人造成的，因为越来越多的中国人过圣诞节（后来有一篇报道纠正说，中国主要从美国进口圣诞树）。

## 第九章 我们搞不定！——2018年的德国

> 伊斯兰不属于德国。
> ——泽霍费尔，德国内政部长，2018年3月

> 伊斯兰属于德国。
> ——安格拉·默克尔，德国总理，2018年3月

> 我曾经说过，不执政比错误执政要好，但我不知道原来不执政和错误执政可以同时发生。
> ——林德纳尔，德国自民党主席，2018年7月

说起我居住的城市科隆，人们现在不仅联想起那座双塔耸立的哥特式大教堂，还有2015年到2016年跨年夜的大规模性侵。那之后，科隆女市长建议女孩子在外面最好和陌生人保持一臂的距离；一年之后的跨年夜和新年，科隆又成了德国人关注的焦点，先是科隆警察有关"北非歹徒"（Nafri）的推特引发热议，之后绿党女主席在脸书上指责科隆警察种族主义。2017年到2018年的跨年夜和新年又会发生什么奇特的事情呢？

这回科隆市出动更多警力，单在火车站附近执勤的就有1400人。火车站正门前的广场上设了路障，为的是增加聚众闹事的难度。市政府还想出一个颇有魔幻现实主义味道的措施——五彩手链。手链上写着"尊重"（Respect）。这个主意太妙了！科隆的少女们终于又可以放心大胆地在跨年夜进城了。当北非或阿拉伯模样的男人不怀好意地走近时，姑娘们只需抬起手臂，"尊重"这个字眼将光芒四射，晃得陌生男人睁不开眼，并在这一瞬间想起人与人之间原来是应当彼此尊重的，特别要尊重女性，于是羞愧地低下头、掉转身，悻悻而去。

五彩手链显示出科隆市政府的无助，而这种无助大概也只能用黑色幽默来承受了。2018年的新年，德国不仅无边界，而且无政府，不过前者给人的不安全感远远大于后者。

牙买加谈判流产之后，只剩下大联合政府一个选项。说大联合已经名不副实，因为联盟党和社民党的选票加在一起还不到60%。

我新年的第一篇专栏文章便是在一种无奈和沮丧的心情下写成的，题目是——

## "一个惨淡的年初"

"我想不起来德国哪一个年初像今年一样令人沮丧。跨年夜发生零星的性侵事件，我们已经习以为常，媒体也认为不值得报道。没有发生类似科隆的大规模性侵事件，一是因为警察无处不在，二是因为很多女性干脆不出门了。以我自己为例，看到跨年夜庆祝活动专门为女性设安全区的消息，我的第一个念头是：安全区周围并不安全；第二个想法，如何走到安全区。于是我决定，跨年夜何苦自找不痛快，还是待在家里最安全。"

不管我们愿不愿意承认，圣诞市场和火车站前广场变成安全重地，这是开放边界政策的结果。一个正常运转的国家理应采取对策，至少恢复真正的边界检查。但据《星期日世界报》报道，2017年，有2000多"难民"从斯堪的纳维亚非法进入德国。实际数字可能更高。因为这些只是联邦警察发现的。"漏网之鱼"可能在各联邦州登记（如果真想申请庇护或打算融入德国的福利体制就会去衙门登记），也可能没登记（这部分人或者担心庇护申请遭拒，宁可选择地下身份，或者根本就没安好心），德国衙门无从知晓。换句话说，难民危机已进入第四年，德国仍然处于任何人都几乎可以长驱直入的状态。我问读者："您能够敞开大门睡安稳觉吗？"我不能。不过也许我属于特别谨小慎微的那一类。

至少我们知道，这些从瑞典或丹麦"逃往"德国的难民当中，很多人的庇护申请已经遭到拒绝。如果德国重新审核，那么这将是对"都柏林规定"的双重践踏。不过，这又有什么呢？道德可以置于法律之上，德国在2015年就证实了这一点，那我们也可以坚持到底。

2017年年底残杀少女米娅的阿富汗人明显比他自称的15岁老成，于是检测未成年难民年龄再度被热议。假如德国有一个自动检测年龄的机制，那么纳税人可以节省大笔开支（每年安置无人陪伴未成年难民的费用高达数十亿欧元），也可以将一些犯罪分子遣返或绳之以法。而这部分"少年"难民的名声也不会那么坏。

**▲柏林圣诞市场加强警戒**

2017年11月27日，在德国柏林，工人在夏洛滕堡宫圣诞市场放置路障。
位于威廉皇帝纪念教堂前的圣诞市场2016年12月19日晚发生货车冲撞人群事件，造成重大伤亡。2017年圣诞季来临，德国警方对柏林多处圣诞市场加强警戒。

新华社/路透

不过我对这场讨论的结果并不乐观。我在专栏中写道：

这是典型的德国式讨论，目的不是讨论之后采取对策。而是为了讨论而讨论，最后不了了之。这一次也不会例外。每次相关讨论的反方意见总不外乎两个：医生不能确切测出准确年龄，X光拍手骨不人道。谁也没有要求医生准确计算他们的出生时辰，去年一年我在医生建议下被拍两次X光，看不出哪里不人道。我不明白的是，一方面财政局把我们都看成潜在的骗子，另一方面德国衙门却完全相信来自陌生文化圈的陌生人的自我表述。

上面提到的那个阿富汗杀人犯是庇护申请遭拒的难民。这部分人的犯罪潜能很高，这已经是不争的事实。目前德国大约有30万必须遣返的难民。而如何遣返根本就不是正在组建政府的联盟党和社民党谈判的内容。其实，组阁谈判根本也不是为了德国的未来，而是为了保障三位败选的党主席的政治前途。这个年初真是再令人沮丧不过了。

## 自我阉割的社民党

牙买加组阁意向性谈判失败之后，社民党主席舒尔茨犯了一个致命错误——他再一次信誓旦旦地表示坚决不再与默克尔联合执政。其实他当时已经明明知道总统施泰因迈尔会找他个别谈话，而且党内有不少人的看法与自民党主席林德纳尔正相反——在他们看来，宁可跪着继续执政，也不抬头挺胸地下台。舒尔茨也不是对权力和官职完全不动心的政治家。他坚决做在野党的姿态是为了保住自己党主席的位置，因为在大选中惨败的不只是联盟党，社民党的得票率甚至是有史以来最低的。按理说舒尔茨应当和默克尔一起引咎辞职，但承担责任似乎不是德国这一代政治家所擅长的。舒尔茨走在野路线的果断决定使很多党友原谅了他，愿意给他更新社民党的机会。但总统谈话之后，舒尔茨就变卦了，表示愿意与联盟党谈判组阁，社民党主席团立即响应。

组阁谈判中，这个德国历史最悠久的政党再次表现出其世界观与现实的纠结。其主要世界观之一是马克思在《共产党宣言》中所说的"工人无祖国"的国际主义。但这条"真理"是经不起实践检验的。因为工人一般是脚踏实地地过日子。有稳定的工作，有自己的足球俱乐部，有铁哥们儿下班一起喝啤酒，他们就很充实和自足。他们并不关心埃塞俄比亚的人权是否遭践踏，对叙利亚的交战各方也不那么感兴趣。因此，如果从传统选民的利益出发，社民党本应与选择党一样要求限制非法移民入境。不过过去几十年里，德国社民党的选民成分渐渐发生了变化。大部分仍然是中下层，但也有相当一部分属于城市精英，有教师、公务员，我的朋友圈里也有企业高管衷心拥护社民党的，这大概有家庭的传统。社民党的悲剧在于：这两部分选民的生活现实相距甚远，因此其理念也基本是背道而驰的。城市精英的意识形态接近绿党，具有拯救世界的远大理想，认为德国变得越多元化越好。社民党的领导层基本由城市精英组成，有的从大学时代就开始投身政治，走政党路线，没从事过其他职业，对老百姓冷暖一无所知。我在前面说过，尽管2015年时任社民党主席的加布里尔曾经灵魂深处一闪念，意识到敞开国门不是个办法，但是马上考虑到不能站在保守总理默克尔的右边，于是很快就与默克尔一起举起了欢迎文化的大旗。领导层的这一决定使社民党在大选中失去几十万传统选民。特别让该党痛心的是：在鲁尔区的几个社民党重镇，选择党的得票率超过了社民党。

现在社民党骑虎难下了：比较务实的希望在难民政策上改弦更张，但他们的声音很微弱，既担心遭媒体炮轰，又面对党内左派压力。于是给外人的感觉是：社民党代表在组阁谈判中一咬牙一跺脚，准备一条路走到黑了。你如果不是生活在德国，你很难相信这是真的：社民党因为将难民冷暖置于自己选民的利益之上而丧失了大批选票，现在组阁谈判把什么话题放在首位呢？难民的冷暖。社民党坚决反对为每年接收的难民人数设上限。组阁纲领中虽然有18万到22万的走廊，但舒尔茨说了，这不过是因为往年来德国的难民人数在这个走廊里移动，如果哪年来得多了，那就多呗。在受辅助保护者家庭团聚问题上，社民党也迫使联盟党放弃其强硬立场：每个月可以成全1000人的家庭，对个别情况还可以做例外处理。什么是个别情况并没有明说。这一妥协也显示出道德政治的弱点。因为既然你想显示人道，让那些本来没有资格接家属的难民也皆大欢喜，那你就该对全部20万受辅助保护者一视同仁。你现在怎么每月从他们当中挑选出1000人呢？依据什么标准？

不过，无视现实并非社民党的唯一特点，在自戕这一点上，谁也比不过社民党。本来组阁谈判结果对社民党相当有利，因为默克尔只想继续当总理，除了总理位置不放，其他都好商量。社民党因此得到六个部长位置，其中包括三个核心部：外交部、财政部和劳动部。舒尔茨很不客气地选中了外交部部长的职位。这是个可以周游世界而且很容易获得选民热爱的美差。加布里尔就是最好的例子。他把社民党主席职位让给舒尔茨、自己接手外交部之后，很快就成了老百姓最爱戴的政治家。不过，舒尔茨的这一决定使他违背了大选后的第二个承诺：不加入默克尔领导的内阁。他曾在一次记者会上完全排除了这个可能性。因此，他现在的出尔反尔引起基层抗议，一天之内，主席团就收到6000多个抗议邮件。为平众怒，舒尔茨提出辞去党主席职位，让大选后新上任的议会党团主席纳勒斯身兼二职。他以为通过这个高姿态能保住外长的位置。不料社民党基层更急了，怎么能把党主席的职务像一件脏衬衫一样脱下来了事？社民党一位前党主席曾经说："社民党主席的职位是世界上除了教皇之外最美的差事。"于是一天之后，舒尔茨还没有走马上任就宣布不再担任外交部部长的职位。短短一年的时间，舒尔茨从耶稣一般的社民党救世主[1]变成社民党最大的负担，可以说是近年来德国政坛上最大的悲剧人物。他放着欧洲议会议长的美差不干，一定要来柏林一试身手。看来他严重低估了德国内政和社民党内部环境的险恶。

## 10名政治家+100名记者＝民主的黄昏

为什么在德国这样一个四年一次大选的国家，政党可以无视民意呢？德国著名记者Fritz Goergen给了我们一个比较有说服力的答案。由于他的观点无视政治正确的规则，因此文章只能在另类媒体发表。在他看来，西方的民主可以被称为大众媒体的民主。像默克尔这样的政治家在做政治表态时不必考虑选民，甚至都不把本党的党员放在眼里，唯一的考虑是是否符合主流媒体的意

---

[1] 他在2017年初春的党代会上以100%的得票率当选社民党主席，这在该党历史上是空前也将是绝后的。

见。"西方民主的政治决策层眼睛只盯着数量有限的主流媒体记者及其出版社的所有人。在德国，这个圈子的人不超过100。"[1]这位记者由此得出结论：10位职业政治家和100名记者就可以决定执政者的合法性。民主萎缩成一件明眼人一下就能看透的很简单的事情。

由于德国主流媒体中左翼倾向的记者占绝对多数，在难民问题上大多主张难民利益高于一切，因此他们从一开始就为默克尔敞开国门的政策拍手叫好，对批评的声音或充耳不闻，或将批评者推入排外或极右的角落。在报道这个德国人最关心的问题时，媒体给受众群传达的信息是：不接收难民的东欧国家是只占便宜、不尽义务的小人，而唯有默克尔是高大上的政治家，以解救全人类为己任，还要与特朗普、普京、埃尔多安这样的无赖对抗。媒体对民意有着潜移默化的影响。我发现一些平时看问题很敏锐的德国朋友在难民问题上完全与主流媒体的宣传合拍，对匈牙利、波兰等国义愤填膺，有的干脆把收不收难民作为是否能继续留在欧盟的唯一标准。这是真正的胳膊肘往外拐了，宁可让欧盟崩溃，也要让非法移民留下来。

Fritz Goergen称这种政治与媒体精英联手左右民意的状态为民主的黄昏。而延缓这一体制垮台的是德国上千万老老实实工作缴税的公民。我再补充一句，这些整天忙于生计的公民没有时间去消费另类媒体，晚上看看电视一台、二台的新闻，知道形势一片大好也就心满意足了。

[1] https://www.tichyseinblick.de/daili-es-sentials/demokratie-daemmerung/.

## 在德国要为你的观点承担后果

2018年1月1日,网络执行法生效。它是前司法部部长、现任外长马斯(Heiko Maas)的"杰作"。这部法律的德语名称是Netzwerkdurchsetzungsgesetz,冗长而拗口,听起来技术性很强,估计是想让普通百姓一听就觉得与自己无关,因而不感兴趣。其实这个新法事关所有公民,因为它实际上是一项公开为言论自由设限的法律。据此,脸书、推特等私人企业必须同时扮演言论审查员的角色。该法主要针对所谓极右和仇恨言论。如不及时删除,企业将面临巨额罚款。如此压力下,脸书、推特当然尽可能多删,而被删除的很多是反政府言论。政府实际上把新闻审查的任务下放给私企,既省钱,还不用自己担新闻审查的罪名。该法律也大大助长了打小报告的风气。

2018年3月,一场题为"民主体制中的言论自由"的研讨会在德国东部城市德累斯顿举行,参与辩论的是一位左派诗人和德国东部著名作家Uwe Tellkamp。Tellkamp说95%来德国的难民不是为了逃避战争,而是奔着德国的福利体制而来。这话没有错。如果说有值得商榷的地方,那只是"95%"这个数字。2016年,只有0.2%的庇护申请符合德国庇护法的定义。如果按照往常年份的平均值,大约2%的庇护申请者是真正意义上的难民。也就是说,98%是经济难民,是为了改善物质生活来德国的,说他们奔着德国的福利体系而来,是一种比较尖锐的说法,但符合事实。不过这样的大实话在2018年仍然是只能想不能说的。在左翼媒体的众怒之下,作家的合同出版社Suhrkamp在研讨会第二天发推特说,作者的意见不代表出版社的意见。什么时候出版社也要做政治表态,也要站队了?出版社的表态也是中断与Tellkamp合作的第一步。好在作家名气大,不愁没人出他的书。但假如讲这话的是一位无名之辈呢?难道一句真话会让人丢饭碗吗?

我和我那些政治倾向偏左的朋友讨论这一事件时,他们几乎都在重复一句话:"德国有言论自由,但你必须为自己的观点承担后果。"这是真正的言论自由吗?正因为后果可能很严重,所以很多人干脆就不说了。

7月的一则报道更为出奇。这回不是出版社做政治表态,而是干脆毁约。曾在2010年因出版《德国自暴自弃》一书而受到默克尔点名批评的萨拉岑完成了一部新的书稿,题为"敌意收购——伊斯兰是如何阻碍进步和威胁社会的",计划于8月底上市。2月他将书稿交给出版社。5月初,出版社通知他将拒绝印刷。《图片报》对此做了报道,并请出版社表态,遭到拒绝。该报猜测,大概是出版社领导层担心新书将加剧德国社会对伊斯兰的批评态度[1]。换句话说,新书将不利于德国社会的安定团结,尽管目前的德国社会既不安定,也不团结。该书已于2018年8月由另一家出版社出版。

## 德国还安全吗?

每年4月,德国内政部长都会公布警方有关前一年犯罪状况的统计数字。2018年4月召开记者会的是刚刚走马上任的内政部长泽霍费尔。因为是新官,再丑陋的数字也不是他的责任,又由于泽霍费尔是对默克尔难民政策最为不满的阁员,因此我想他会对2017年犯罪率飙升的状况进行实事求是的分析。我坚信,犯罪率升高是板上钉钉的事,问题是与2016年相比提高了多少。结果我错了:泽霍费尔带给大家的不是坏消息,而是这样的喜讯:"去年德国犯罪率同比下降10%,是25年来

[1] http://www.heute.at/szene/kultur/story/Verlag-stoppt-Sarrazins-neue-Islam-Attacke-53228671.

下降幅度最大的。"当然，数字不是泽霍费尔编出来的，他也不过是照本宣科。

但德国的安全形势真的是一片大好吗？如果德国比过去更安全了，为什么圣诞市场或其他大型民间庆祝活动都需要金属或水泥桩子保护呢？这在三年前是不可想象的。过去的德国可以夜不闭户，如果现在更安全了，为什么各种防盗设施的销量成倍增长呢？过去女性深更半夜走在街上没有不安全感，如果治安状况比过去更佳，为什么警察提醒女性最好不要独自去森林跑步，天黑最好有异性陪伴呢？2016年连续发生几起女大学生被奸杀的事件后，我严令在其他城市读书的大女儿，不得半夜自己回家，有一个女伴也不行，必须至少三人同行，其中至少一名男性。否则她必须叫出租车，我给她报销。如果德国犯罪率逐年下降，难道我神经出了问题吗？

近年来，德国老百姓感觉治安状况急剧恶化，并认为这与难民浪潮有直接关系。是他们排外，还是听信了右翼政党的宣传？为什么统计数字与老百姓的直觉相距如此遥远？我想问题不是出在老百姓身上，而是统计数字有问题。即使左翼媒体《明镜周刊》也对警察的数字提出质疑。据《明镜》报道，警察的统计是警察负责和警察看到的。也就是说，不归警察管的犯罪事件就没有体现在统计数字里。比如出于政治动机的犯罪由联邦检察院负责，而恐怖主义也被归入此类犯罪。据联邦检察院公布的数字，2013年，因恐怖嫌疑或恐怖犯罪而展开的调查有68起；2017年，这一数字激增到1200起。北威州检察院因伊斯兰恐怖嫌疑而立案调查的数字自2014年以来翻了一番。这些数字基本上都没有出现在警察的统计数字中，但能由此得出德国更安全的结论吗？

我们在读这类形势一片大好的报道时，要善于从字里行间发现问题。比如警察的报告没有说真正发生的犯罪事件减少，而是记录在案的。那么什么情况下记录在案呢？一种情况是受害者报警。但是另外的统计数字表明，商店发生的盗窃事件只有七十分之一被记录在案。因为很多惯偷不被绳之以法，店主认为报警也没用，干脆自认倒霉。某种程度上我们可以说，老百姓对国家失去信任反倒使犯罪率的统计数字更好看了。

警察的统计除了包括受害者报案的数字，还有警察巡逻时自己发现的。因为近年来恐怖主义犯罪嫌疑人激增，需要大批警察对他们进行监视，巡逻警察的数量大幅下降。这又催生了另一个荒诞的现象：恐怖嫌疑分子越多，警察巡逻时亲见的犯罪事件就越少，统计数字就越喜人。

由于统计数字存在上述严重缺陷，因此用这些数字来阐释德国的安全状况是不负责任的。说到统计数字，我还是相信丘吉尔的那句名言："不要相信不是你亲自伪造过的数字。"

## 令人后怕的发现

2018年6月，一名生活在科隆的29岁突尼斯人被逮捕。此人的网购引起安全部门的警觉。他在网上买了1000粒蓖麻籽和一台咖啡豆电磨机。联邦总检察院说，该突尼斯人以此制造了剧毒蓖麻素。他因此涉嫌制造生物武器。看来恐怖分子玩得越来越高级了。这要不是及时发现，可能导致的死亡人数将使迄今所有恐袭带来的伤害黯然失色。

另外一颗定时炸弹迄今被德国忽视。荷兰的一项调查显示，近一半的叙利亚难民有心理疾病。他们来到欧洲之前一般在路上奔波了一年，四分之三的人在途中遭受暴力和虐待，甚至有沉船的经历。这使他们患有不同程度的神经紧张和抑郁。而这些难民极少得到心理医生的帮助。语言障碍是一个原因；另外在叙利亚，心理疾病被视为难以启齿的疾患。而精神疾患的一个发泄渠道是暴力。德国这些年累计的叙利亚难民少说也有50万。假如其中的20万有心理问题，并得不到及时治疗，这将是德国社会一个多么可怕的隐患。

## 一个个少女生命的消亡

弗伦斯堡是德国最北部的城市，人口不到9万。这座小城有一个令驾车人敬畏的机构——机动车驾驶联邦局。每个驾车者在那里有一个档案,记录你的不良表现。酒后开车被捉获的记过三分,严重超速驾驶记一分。累计18分的时候吊销驾照。脸皮厚一些的拿自己在弗伦斯堡的分数作为炫耀的资本。2018年3月,弗伦斯堡则因一起凶杀案而全国闻名。

死者是17岁的德国少女米蕾依,凶手是她的前男友——18岁的阿富汗难民阿赫马德。米蕾依是个身世不幸的姑娘。一岁时父母离异,她被依托给祖父母。11岁时祖父病逝。短短三年的时间里,祖母和父亲也相继离世。米蕾依搬到一个少年之家,抚养权移交青年局。2015年,阿赫马德随难民大军来到德国,自称15岁,属于无人陪伴未成年难民。少年之家经常邀请这些"少年"难民参加活动,比如游泳、踢足球等等。阿赫马德就这样认识了米蕾依。两人坠入爱河。这应当是2016年年初的事情。后来,阿赫马德分到了一个一居室公寓,开始接受职业培训的米蕾依也住进了自己的一居室公寓。性格开朗的米蕾依渐渐发生了变化,出门开始戴穆斯林的包头巾。女友问起原因的时候,米蕾依说这是她自觉自愿的决定,但女友感到她已经不再幸福。邻居经常听到两人吵架,有时还大打出手。后来,米蕾依结识了另一位年轻人,决定和阿赫马德分手。她对女友说,她喜欢新男友的平和,因为他吵架时不动手。可怜的姑娘已经把择友的标准降至此。在阿富汗,恋人分手大概只是男性的特权。连吃醋带愤怒的阿赫马德终于对米蕾依下了毒手。这与2017年年底坎德尔的凶杀案如出一辙。

同年5月22日,威斯巴登14岁的犹太少女苏珊娜和朋友一起进城,再也没有回家。凶手是20岁的伊拉克难民阿里-巴沙尔。据媒体报道,阿里-巴沙尔要求与苏珊娜发生性关系,遭到拒绝。于是他用树枝勒伤苏珊娜。为了活命,苏珊娜答应了他的要求。巴沙尔对少女蹂躏几个小时之后,因担心告发,将苏珊娜勒死。回到难民营之后,他害怕尸体被发现,又返回作案现场,用树枝遮盖了尸体。由于他在难民营吹嘘自己的"壮举",被一名13岁的难民报警。这回死者是犹太人,德国的犹太人中央委员会也出面表态,要求尽快捉拿凶手。凶手身份倒是很快确定了,但当警察赶到他的住处时,他早已逃之夭夭[1]。

  我迄今提到的几位成为难民犯罪牺牲品的孩子都是心地善良、对难民抱有天真的幻想，并且以身作则为欢迎文化做贡献的少女。弗莱堡的玛丽亚经常利用业余时间去难民营做义工。她的父亲是欧盟高官，坚决主张欧盟大批接收难民，对女儿的善举一定大加鼓励。虽然并不认识侯赛因，被他杀害纯属偶然，但由于玛丽亚坚信难民都是必须得到帮助的可怜人，因此她不可能对难民怀有戒心，并可能对德国早已改变的安全状况视而不见；坎德尔小镇的米娅的父母应当也是欢迎文化的支持者。女儿与阿卜杜尔交朋友之后多次把他带进家门。父母在失去女儿之后说，对凶手的真实年龄早有怀疑。从照片上看，他怎么也不可能是米娅的同龄人。而父母不把自己的疑虑告诉女儿，也不提醒米娅，在阿卜杜尔长大的文化圈里，妇女的地位是多么卑微，反倒"像儿子一样待他"（米娅父亲在女儿遇害几天后接受媒体采访时这样说），"因为他没有别的亲人"。米蕾依孤苦伶仃，青年局承担起监护责任。青年局是国家机构，是欢迎文化的一部分，因此不能指望它会对自己监护下的少女们发出警告。米蕾依所在的少年之家也没有尽责，相反，那里的负责人还经常组织与未成年难民的共同活动。而苏珊娜据说也是个热心肠的姑娘，课余时间去难民营帮过忙，认识了后来将她奸杀的巴沙尔。

  当然并非所有这两年遭强奸和杀害的少女都是帮助难民的志愿者，有的不幸遭遇是百分之百的偶然，也不是说德国人就不会犯下这种罪行，更不是说所有的

---

[1] 巴沙尔犯案之后，全家携假证件、用现金买了机票从杜塞尔多夫机场起飞回国。后来他被伊拉克警方捉获。联邦警察局长亲自把他接回德国。后来据说他的家人也回来了，继续由纳税人供养。

难民都是潜在的强奸犯。但是如果学校和父母多提醒一下天真的少女们，对陌生男人，尤其是来自完全不同于西欧文化圈的陌生男人加一份小心，可能就会降低受害者的数量。但在欢迎文化的氛围下，家庭部长呼吁德国家庭收养无人陪伴未成年难民；绿党前主席罗特女士在脱口秀上鼓励大家主动接触难民，"你会发现他们是和你我一样的人"；媒体对默克尔的难民政策欢呼雀跃，而敢于提醒女学生注意安全的老师反而受到同事和媒体的批评。在这一背景下，说这些夭折的少女某种程度上是欢迎文化的牺牲品并不为过。而假如政府维护边界秩序，假如将庇护申请遭拒的尽快遣返（凶手中不少是庇护申请早就遭到拒绝的），假如对自报未成年的难民进行年龄检测，那么也许这些姑娘还在享受着美好的生活，而米娅和米蕾依可能就根本无缘结识日后的杀人凶手。

## "我们接收了一百万年轻男人，却没有同等数量的年轻女人"

每一次这样的悲剧发生，左派政治家和媒体总会有几种说辞："这是个案"；"难民没来的时候，这种事也发生过"；"德国人也会干这种事"；"不是所有难民都是罪犯"；"我们不能让右派把这样的悲剧工具化"。这几句话听起来都很有道理，但实际上什么都没说；由于什么都没说，所以有息事宁人甚至转移视线的嫌疑。

"这是个案"，没错，每个案子都是个案；"难民没来的时候，这种事也发生过"，这也是实情，哪个国家没发生过奸杀案；"德国人也会干这种事"，不错，德国人不全是天使；"不是所有难民都是罪犯"，这也是事实，谁也没有得出这样的结论；"我们不能让右派把这样的悲剧工具化"，言外之意，我们不要小题大做，否则是帮右派的忙。这最后一句话威力最大，意思是说，最好就别说这事儿了，等待警察和检察院的调查结果，我们则坚持既定路线，为所有想来德国的人敞开大门。可是明明以前德国没有这么多的奸杀案，怎么能说这样的状况与这几年的难民浪潮无关呢？！

苏珊娜事件之后，总算有一位专家讲了真话。她碰巧也叫苏珊娜，姓施罗特尔（Susanne Schröter），是一位人种学家，法兰克福歌德大学伊斯兰研究中心的主任。在她看来，杀害苏珊娜的伊拉克青年谁都不放在眼里，他对德国社会、对女性、对警察都没有丝毫的尊敬。对他来说，苏珊娜不过是性对象。这位专家强调，"这不是对难民、对阿拉伯男人或穆斯林的集体谴责"，事实上，在德国生活的很多男性穆斯林尊重女性，并与父权体制做斗争。但不可否认的是，"我们目前确实经历着一场文化冲突"。难民浪潮将一大批对女性的认识完全不符合德国价值观的男人带进了德国。这些人把女性分为两种，一种是早早结婚、老老实实待在家里的"有尊严"的女性；另一种是行使自己的权利和自由的女性。施罗特尔说："照这个区分，我们德国女人都一钱不值，因为我们不把自己遮盖起来，因为我们夏天穿着裸露，因为我们的服装凸显身材，因为我们喝酒、抽烟，等等。"

除了文化冲突，还有一个令人担忧的现实：目前德国的年轻男性多于年轻女性。她说："我们至少接收了一百万年轻男人，却没有同等数量的年轻女人。"当这些男人找不到女朋友的时候，他们就会变得暴躁，而暴躁与暴力之间的距离往往很短。专家呼吁政治决策人在难民之间做出甄别，给那些愿意融入德国社会的难民创造更好的条件，同时将那些拒绝德国价值观的难民尽快遣返[1]。

[1] https://www.welt.de/newsticker/dpa_nt/afxline/topthemen/hintergruende/article177256966/Forscherin-zu-Susanna-Das-ist-jetzt-kein-Einzelfall-mehr.html.

## 奇葩的庇护体系

如果需要专家呼吁，那么说明这还不是现实。德国的现实是什么呢？概括起来说：越是罪大恶极的越不会被遣返。因为日内瓦人权公约和德国的庇护法都规定，假如某人被遣返之后在家乡可能面临酷刑甚至死刑，那么他就不得被遣返，而应得到被容忍的身份，或得到所谓的辅助性保护。这意味着，你越是在家乡有犯罪记录，德国法官就越可能认为你在遣返之后会面临酷刑甚至死刑，判你留在德国的可能性就越大。于是就出现难民"夸耀"自己犯罪记录的怪象。比如一名土耳其难民说，老家有85起诉讼案等着他，而且警方下达了逮捕令。据波鸿市移民难民署工作人员的记录，"一名孟加拉人令人信服地证明自己在家乡杀了人，并被判处85年徒刑。他在听证时出示了判决书的复印件"。一位加纳难民在法庭上说自己曾在家乡杀死了40人，其中很多是妇女和儿童——如此罪恶滔天，被遣返之后必死无疑，这是法官无论如何也要避免的。法治诚可贵，生命价更高。杀人犯再令人发指，也是一条人命，要不惜一切代价地维护。

照我的朴素理解，日内瓦公约和德国庇护法有关容忍和辅助保护的规定适用于在某些国家受排挤或遭歧视的族群和宗教信徒，不适用于在逃犯。不过每条法律都有一定的阐释空间，这就是为什么有时候上级法院否决下级法院的判决。法律固然有阐释空间，那为什么德国人感觉法官总是做出偏向难民的判决呢？我认为：从远了说是20世纪"68学运"对德国社会的长远影响，激进左派决定通过从内部改革德国来实现其政治理想，这就是有名的"机构进军"[1]，占据国家

[1] 德语是 Marsch durch die Institutionen。

机构的核心位置。在"68学运"基础上产生的绿党，从街头与警察巷战到进入议会和后来参与执政，正是"机构进军"大功告成的最好证明。而法官中的精英不少是当年学运积极分子或是在学运影响下长大的。虽然法官判决依据的是法律条文，而不是个人的意识形态，但法官也是人，是人就可能受自身意识形态的影响。媒体也是红绿为主色调，对难民有一种条件反射般的同情。我观察到，每当法官作出拒绝难民庇护申请或将某人遣返的判决时，媒体报道总会带着质疑和批评的口气。当然，我不能由此推测法官在做判决时会考虑舆论影响。但假如法官有这样的考虑，那么这也是人之常情。此外，德国法官把德国人的较真儿精神发扬光大，而较真儿到一定程度就变成轴了。最后，德国的司法独立虽然很值得称道，但也造成法官在判决时只盯住法律条文，并自我设定相当狭窄的阐释空间，完全不考虑自己的判决将给社会造成什么后果，带来多么难以承受的负担。我前面提到宪法法院将难民与本国领取社会救济者同等对待的判决就是最好的例子。

那些拍着胸脯自诩杀人如麻的"难民"一般来说并非完全空穴来风，而是确实有犯罪历史。他们到了德国之后会立地成佛吗？一般不会。比如我前面提到的柏林圣诞市场恐袭案的元凶阿姆里就是混迹难民队伍的在逃犯。还有2017年春天在波恩附近莱茵河畔强奸并伤害一名年轻女性的加纳难民在家乡时就是杀人凶手。那天夜里，一对来自斯图加特的情侣在莱茵河边体验帐篷浪漫，加纳人划破帐篷，把女青年拽出来，当着男友的面强奸她。

并非所有法官都以博爱为准绳。一名曾经杀害德国警察的黎巴嫩人竟被判了无期徒刑。由于在狱中表现良好，15年后被提前释放。一家德国法院于2018年年初决定将他遣返回黎巴嫩。而一般在接收本国公民时采取消极抵抗态度的黎巴嫩这一回竟然愿意与德国衙门配合。于是似乎万事俱备，只欠东风了。无奈该黎巴嫩人对法治国家的所有途径吃了个通透，上诉行政法院。该法院在2018年3月做出判决：遣返令无效。理由：提前释放的前提是当事人接受听证。假如当事人在获释之后立即被遣返，那么未经听证的释放无效，遣返也就无效。

幸好他还没有走人，否则又得派专机接回。不过即使他有朝一日真被送回黎巴嫩了，最迟六年之后就可以打道回府。原因是他的家人已在德国。德国衙门甚至大度地建议，假如他不再对遣返令提出法律质疑，一年以后就可以重返德国[1]。换句话说，遣返不过是走个形式，提高一下遣返率，让老百姓知道，德国仍然是有法必依，特别是对违法者毫不留情的国家。

## 真正被遣返的很多是良民

2016年年初，当德国人民意识到他们大义凛然收留下来的并非都是天使并开始对政府的难民政策提出质疑时，总理默克尔曾斩钉截铁地说：下一步是全国齐心协力致力于遣返。左派从那时便开始抱怨德国的欢迎文化已经变成了遣返文化。不过实践证明，他们的抱怨是毫无道理的，因为真正被遣返的只不过是接收难民人数的零头。总理信誓旦旦加大遣返力度的2016年，总共遣返25375人，而应当离境的有几十万。2018年，遣返数字降至23617人。遣返不力是因为逃避遣返的办法太多：当事人可以打官司、开病假条、去教会申请庇护、在飞机上行凶迫使飞行员罢工、自称晕机等等。而遣返不成功的最常见原因是：人间蒸发。警察执行遣返一般情况下是在清晨时分突然袭击。此时当事人不知去向，原因一般是难民救助组织事先通风报信。这种行为严格说来是违法的，但为帮助难民而违法的在媒体眼里是英雄，是正面典型，司法机关也不追究。

[1] https://www.focus.de/politik/deutschland/mord-an-sek-beamten-abschiebung-eines-polizistenmoerders-scheiterte-wegen-behoerdenfehler_id_8645239.html.

这让我想起加拿大的做法：申请庇护一旦遭拒，当事人马上被拘押起来，直到被遣返。在德国也有遣返拘押的可能，但这只是理论上的，极少实施。而且拘押并不意味着遣返一定成功。一次一名受到遣返关押的"难民"在走到飞机舷梯的那一刻撒腿就跑，周围的安全人员袖手旁观。后来才知道这些安全人员是私人保安公司的雇员，不是警察，因此没有追捕的权利。

这样看来，那些"坐以待毙"、在家静候遣返的不是傻瓜吗？德国曾经有一本畅销书题目叫作《诚实者是傻瓜》，讲德国税收制度的不公。埋头苦干、老实缴税的结果是一年中的大半年是给国家干的，而那些找窍门避税的则有可能积累财富。遣返的情况果真有可比性。遣返成功的案例背后经常是努力融入德国社会、自食其力的难民。为什么？原因很简单：因为这样的人有工作，有证件，不和警察捉迷藏；而且他们没有律师，因为他们从来没有和法律发生过冲突。

不过，被遣返的也不用着急。"二进宫"虽然原则上不允许——德国庇护法明文规定，凡是庇护申请遭拒绝或已被遣返的不得再踏上联邦德国的土地，但实际上，2016年和2017年遭拒绝和被遣返的"难民"中，已有数千人重新沐浴在德国福利体制的阳光下。

## 要是本·拉登地下有知……

该撵走的撵不走，而遵纪守法并已融入德国社会的却不得不挥泪告别这个第二故乡。这是个多么病态的庇护体系！这个话题已经说了不少，本想就此打住。可是2018年6月在德国引起热议的一个案例在我看来是德国庇护体制已到荒诞程度的最佳写照，不忍心不让您知道。7月，我曾经发了这样一条推特：

"Sami A．1997年来德国留学，后去阿富汗接受塔利班训练，荣升拉登保镖。后来他顺顺当当回德国，领取10多年社会救济。曝光后引起民愤。在内政部长督促下昨天他被遣返回突尼斯。几个小时之后，一家法院判决遣返违法，必须把他接回来。"

这事儿值得多写几句。接下来我称这位突尼斯人为萨米。萨米1976年生人，1997年不远千里来德国读书。那时候正是塔利班在阿富汗风生水起的时候，萨米在死水一潭的德国坐不住了，急火火地前往阿富汗投入伊斯兰革命。在塔利班的训练营地，萨米成了一名神枪手，后来竟让本·拉登看中，成了元首的贴身保镖。萨米命大，本·拉登被击毙那天，他正好休假。主子没了，萨米灰溜溜返回德国。他能够重新入境就很令人纳闷儿，情报部门或边防警察当中至少有一方严重失职。从回德国的一刻起，他又开始领社会救济，每月1200欧元。加上其他补贴，一年大约两万欧元。他拿着德国纳税人的钱，从事伊斯兰地下活动，并终于被宪法保护局发现。萨米被列入特别危险分子名单。要说上这个名单可不那么容易，榜上有名的只有800人。2005年，他延长居留的申请被拒绝。后来的13年里，萨米牵着德国衙门的鼻子走，每次遣返令一下，他就打官司，每次都胜诉。理由只有一个：他在突尼斯可能遭受酷刑。德国律师和各级法院的法官都站在一名仇视德国及其价值观的恐怖分子一边，而他的律师费和打官司产生的其他高额费用都得由我们纳税人承担！

直到2018年6月，《图片报》将这一"丑闻"曝光，之后发生的事情令人目不暇接。内政部长泽霍费尔亲自关心萨米的遣返。部长过问果然不一样。移民难民署、北威州政府和联邦警察局马上联合行动起来。7月13日，令人难以置信的事情发生：萨米被遣返回突尼斯了！现在读到这类消息，我只能表示谨慎乐观，因为太多次发生刚刚遣返又被接回的事情，原因一般是移民难民署太性急，没有等待法院的裁决。我于是发推特："假如现在哪家法院决定必须把他接回来，那么我丝毫不会感到奇怪。"结果我的推特发出不到两个小时，媒体就开始报道盖尔森基兴行政法院的判决：由于突尼斯方面没有做出不对萨米施加刑罚的保证，因此德国不得将他遣返。

此时，左翼媒体向移民难民署和北威州政府开火，因为遣返的决定是由北威州政府作出、由移民难民署配合、由联邦警察具体实施的。媒体的批评点：法院判决在先，遣返行动在后。法院确实于12日傍晚作出判决，并将判决书传真给移民难民署。德国的衙门下午5点以后到第二天早上8点以前一般见不到人。当工作人员13日上午发现法院的传真时，萨米的专机已经抵达突尼斯。移民难民署马上通知联邦警察局。言外之意：如果可能，马上把萨米带回德国。无奈那时飞机已踏上返程。我当时想，算萨米倒霉，或者说算德国人民幸运一回。反正一名特级危险分子离开德国，这总是一件好事。不过看来我的法治观念远远赶不上我的大部分媒体同行。他们对移民难民署和北威州政府不依不饶，认为有关部门故意向法院隐瞒遣返的具体日期，使法官没有急于在此日期之前做出判决。亲社民党的《南德意志报》甚至怼了一下联邦警察，怀疑警察是否在起飞之前拒绝让萨米给他的律师打电话。

可怜的萨米就这样离我们而去了。不过不光左翼媒体不善罢甘休，北威州在野的社民党和绿党也气急败坏，申请召开州议会特别会议，讨论萨米事件。讨论异常情绪化，在野党指责自民党籍的难民部长搞私刑。这当然惹恼了基民盟和自民党的联合政府。双方唇枪舌剑，互不相让。绿党甚至要求联邦议院组织委员会调查萨米被遣返事件。

如果说绿党多少还躲在法治国家的原则后面，不敢直接为萨米鸣冤叫屈，那么左翼媒体就比较直抒胸怀了。《明镜在线》担心德国媒体关于萨米的铺天盖地的报道可能会使他的处境恶化。这是什么样的境界！

值得欣慰的是，突尼斯方面表示坚决不放人，并且说，该国拥有独立的司法，不知德国的担忧从何而来。我想，要是萨米没有被遣返，而是在某个时刻制造了一起恐袭，那时候绿党和左翼媒体怎么说呢？这是我们必须承受的法治国家的代价？另外我想知道的是，假如本·拉登地下有知，是否会发出会心的微笑呢？

## "难民中的人上人"

由于本书多次提及无人陪伴未成年难民，所以我单独为他们花一些笔墨。

| name | Geb. | | Staat | Alter | Ankunft | Bemerkungen |
|---|---|---|---|---|---|---|
| ar | 01.01.1999 | m | Afghanistan | 16 | 20.10.2015 | |
| ukkar | 18.01.1998 | m | Syrien | 17 | 20.10.2015 | |
| | 06.11.1997 | m | Pakistan | 17 | 20.10.2015 | |
| | 01.01.2001 | m | Afghanistan | 14 | 20.10.2015 | |
| | 01.01.1999 | m | Afghanistan | 16 | 20.10.2015 | |
| eza | 01.01.1998 | m | Afghanistan | 17 | 20.10.2015 | |
| | 01.01.2001 | m | Afghanistan | 14 | 20.10.2015 | |
| | 17.02.2000 | m | Afghanistan | 15 | 20.10.2015 | |
| | 01.07.1999 | m | Syrien | 16 | 20.10.2015 | |
| | 01.01.1999 | m | Afghanistan | 16 | 20.10.2015 | |
| asim | 01.01.1999 | m | Afghanistan | 16 | 20.10.2015 | |
| | 01.01.1999 | m | Afghanistan | 16 | 20.10.2015 | |
| | 19.01.1998 | m | Afghanistan | 17 | 20.10.2015 | |
| | 01.01.1998 | m | Afghanistan | 17 | 20.10.2015 | |
| bir | 01.01.1998 | m | Afghanistan | 17 | 20.10.2015 | |
| | 01.01.1999 | m | Afghanistan | 16 | 20.10.2015 | |
| | 01.01.1999 | m | Afghanistan | 16 | 20.10.2015 | |
| | 01.01.2000 | m | Afghanistan | 15 | 20.10.2015 | |
| ir | 01.01.2000 | m | Afghanistan | 15 | 20.10.2015 | |
| | 01.01.1998 | m | Afghanistan | 17 | 20.10.2015 | |
| | 01.01.1999 | m | Afghanistan | 16 | 20.10.2015 | |
| | 18.04.1998 | m | Syrien | 17 | 20.10.2015 | |
| | 01.01.1998 | m | Afghanistan | 17 | 20.10.2015 | |
| | 01.01.1998 | m | Afghanistan | 17 | 20.10.2015 | |

▲难民谎报年龄的现象十分普遍

2015年10月20日，小语工作的难民营接待的"未成年"难民中，大多数是1月1日生日。他们一般都没有证件。

小语供图

他们是难民中的特权阶层。首先，他们的年龄自己说了算。亚洲人面嫩，30岁的说17，保证有人信。证件？你可以说路上丢了，或不小心掉进了地中海。来德国的难民中，70%以上没有有效证件。还记得弗莱堡那位司法人员的话吗？"对难民说的话，我们原则上相信。"移民难民署的工作人员目测一下，通过了这一关，你就会受到无微不至的关怀，而且可以无法无天了。

怎么个无微不至法？你所在城市的青年局做你的监护人，尽可能不把你安置在难民营，而是安排在四五个人合住的别墅，之后或给你找家境殷实的养父母，或分给你一间套公寓（参照杀害米蕾依凶手的例子）。青年局安排一天24小时的关怀，让你参加足球俱乐部，喜欢骑马就让你去马术学校。费用当然都由国家出。这些也都可以看成医治你战争创伤的措施。如果你成年了，青年局会问足球或马术教练是否应当延长医治你心灵创伤的措施，他们怎么忍心对自己的钱包说不。要知道学骑马在德国是个比较耗资的爱好，不是每个德国家庭都负担得起的。所有开销国家都承包之后，每月还有400欧元的零花钱。这也远远高出一般德国孩子的零花钱。这样的服务当然有它的价格。德国每年针对无人陪伴未成年难民的开销就高达几十亿欧元。每人5万到10万欧元不等。对无人陪伴未成年难民的关怀应当是所谓难民产业的一个不可或缺的部分。

这些年轻人还有一个特权：即使庇护申请遭拒也不会被遣返。还因为未成年，家庭团聚可以优先考虑，父母及兄弟姐妹都可以接来。所以很多中东家庭先把家里的男孩子派到欧洲——他们身强体壮，不在乎一路艰辛。这些孩子被称为"锚孩儿"，像抛到欧洲的锚，之后全家人就可以跟随过来。

为什么无法无天呢？因为小偷小摸根本不是事，打架斗殴、吸毒贩毒，可能临时进次局子，但因为你是未成年，不会给你判罪。强奸杀人是严重一些的罪行，但按照青年刑法审理，量刑有限。反正你怎么调皮捣蛋也不会把你遣返。情节恶劣的比如强奸杀人，就更不会被遣返，因为你回去可能被判死刑或受虐待。

这些年轻人很多是在战乱和暴力中长大的，对暴力习以为常的人对别人施暴的门槛也就比较低。德国不能保障马上让那些正处于荷尔蒙飞溅时期的少年"难民"入学，无所事事的青少年聚在一起，不惹是生非也难。很多德国的市中心已经被这些寻衅挑事的年轻难民"占领"，并时常与当地少年发生肢体冲突。

## 政府失职的替罪羊——移民难民署

对全世界来德国寻求幸福生活的人来说，不管他们是陆路、海路还是空降，到了德国边界只要说一个单词就能入境："Asyl"。发音不必准确，听着像就行。它在德语里是"避难"的意思。它就像"芝麻开门"的咒语，一说出口德国看不见的国门就会自动打开。不过打开之后并非一步就到了天堂，先要经过一个官僚机构的审核——移民难民署（简称Bamf）。该机构总部设在首都柏林，在全国各地有约50个分支机构。它的最主要任务就是审核难民的庇护申请。换句话说，该机构的工作人员决定难民的命运：是否受政治迫害，是否是战争难民，是否得到辅助保护还是应当被遣返，完全由那里的工作人员说了算。德国人的认真劲儿也体现在这个机构上。反复面谈、审核证件的真伪，每个案例的审理时间平均半年。2012年难民人数激增之后，该机构负责人施密特（Manfred Schmidt）便要求扩大编制，但政府置之不理。

2015年8月，移民难民署的一名工作人员捅了娄子：他误把一个暂停对叙利亚难民使用"都柏林规定"的内部文件发到了非政府组织"为庇护"的电子信箱，为难民浪潮推波助澜。这之后，移民难民署便被淹没在庇护申请中。照以往的速度，3000名工作人员审理上百万份申请，难民得等到猴年马月？情急之下，Bamf想出了一个办法：对最大的难民团体叙利亚人特殊照顾，只要填表时在国籍一栏写上"叙利亚"，在德国居留就搞定了，连面试也不必。Bamf的工作人员按理说成天可能面对谎言，应当具有超越普通百姓的警惕性，但在那个欢迎文化让德国人陶醉得忘乎所以的秋天，谁也不会或不敢怀疑难民造假。不过即使简化了程序，移民难民署的署长施密特也感到快要崩溃了。更让他气愤的是，总理把国门大开，他却成了替罪羊。媒体和政界批评他对2015年的难民数量估计不足，且审理时间过长。2015年9月17日，在难民浪潮的最高峰，他以个人原因为由辞职。

内政部长德梅奇埃请来了经验丰富的联邦劳动局局长魏泽（Frank-Jürgen Weise），让他兼任移民难民署署长。魏泽不负政府期望，大大缩短了审理时间。一半庇护申请在一周之内搞定，情况复杂一些的需要三个多月。政府则不惜重金，将Bamf的员工人数从3000提高到一万。不过，新来者缺乏经验。而且一周的时间也确实很紧，认真负责的工作人员感到这样流水线式的审核方式不符合法治国家的原则。Bamf内部怨声载道。在这一背景下，下一个丑闻发生只是个时间问题。魏泽及时在此之前离开了Bamf，继任是科尔德（Jutta Cordt）女士。

科尔德接过来的不仅是一个员工情绪低落的问题机构，而且还接过来40多万份尚待处理的申请。

此时，政界要求Bamf不仅更高效地审核申请，而且还要纠正过去的错误决定。因为2016年发生的一系列恐袭证明，恐怖分子也混入了难民队伍。换句话说，政府交给Bamf的任务Mission Impossible（不可能完成的任务），说政府把自己的过失转嫁给移民难民署也不为过。2017年4月，下一个丑闻终于曝光：联邦国防军士兵Franco A.在2015年年底自称叙利亚人申报难民。尽管他不会讲阿拉伯语，编造的故事也漏洞百出，但他的庇护申请还是得到承认。从此，他在难民营和军营之间穿梭，过着双重身份的生活，当然每月还得到一份零花钱。据称他具有极右思想，打算制造恐袭，并把罪状栽赃到难民头上。这个丑闻使Bamf感到很难堪，科尔德女士保证将重新审核2015年和2016年的10万个案例。

一年后，Bamf又成为公众关注的焦点。这一次的丑闻首先只涉及不来梅分部。那里的新领导Josefa Schmid不仅年轻貌美，还敢讲真话。她发现不来梅难民署分部自2013年以来对1000多名庇护申请的审核明显有误，而且可能还有收受贿赂的嫌疑。Bamf总部马上把她调离，名义上是保护她，不过也可以理解为是对她实话实说的惩罚。越来越多的细节公之于众。我们可以这样想象：在难民浪潮的高峰期，由于不来梅审核不严出了名，有人专门组织大巴把其他城市的庇护申请者送到不来梅。组织者可能从每个难民那里收了好处费。难民则一手交钱，一手得到庇护申请通过的证明。

也许不来梅的丑闻只是冰山之一角，也许在欢迎文化的高峰时期，有太多的难民得到了不应得到的庇护。另外，数十万难民对他们的庇护申请遭拒不服，诉诸法庭，多数人胜诉。左翼政治家和媒体又因此批评Bamf工作人员素质太差，审核不够仔细。政府放进了那么多人，Bamf的工作人员数量增加到一万也应对不了堆积如山的申请。领导层向他们施压，还不允许他们将内部的混乱外传。Bamf员工里外不是人。新任内政部长泽霍费尔解除了科尔德女士的职务。她的前任魏泽在接受媒体采访时说，他曾经两次与默克尔面谈，指出了Bamf存在的种种弊端，总理却没有任何反应。

某种程度上，三位移民难民署的署长不管是被迫、自愿离职还是被解职，都是政府最高层的替罪羊。因为开放边界的不是他们，但他们却要承担这一政策带来的后果。

## 雄狮报仇三年不晚

伴随着基社盟主席泽霍费尔与基民盟主席默克尔之间顽强较量的是巴伐利亚州发生的一场异常激烈的权力斗争。就在泽霍费尔代表基社盟与基民盟和社民党进行组阁谈判的时候，他的巴伐利亚州州长宝座不得不让给了基社盟少壮派、巴伐利亚财长马库斯·瑟德尔（Markus Söder）。泽霍费尔此时已近69岁，他不会在2018年巴伐利亚州议会选举之后继续担任州长是明摆着的事情，但接班人的问题拖到现在是因为他本打算阻止野心勃勃的瑟德尔做他的继任，无奈瑟德尔在党内得到的支持远远高于泽霍费尔看中的接班人——前联邦农业部长埃格纳（Ilse Aigner）女士。基社盟内要求泽霍费尔尽快辞去州长职务、好让接班人有充足时间准备10月州议会选举的呼声越来越高。2018年3月初，泽霍费尔在组阁谈判即将结束的时候宣布辞去巴伐利亚州州长的职务，但将继续担任基社盟主席。这位识时务的"巴伐利亚雄狮"给自己与瑟德尔之间的权力斗争画上句号，因为他心里已经在酝酿着复仇的计划。复仇的对象自然是总理默克尔。

原来，泽霍费尔在组阁谈判中把内政部长的职位留给了自己。所有有关难民的政策——从边界管理到难民的安置和融入都是内政部长分内的事务。不知道默克尔此时是否意识到第四任期内最让她头痛的将是她的内政部长。

2018年3月15日，刚刚宣誓就职的泽霍费尔在接受媒体的第一次采访时就与总理唱起了对台戏。"伊斯兰不属于德国"，他毫不含糊地对"图片报"记者说。2010年，当时的联邦总统沃尔夫第一次说出"伊斯兰也属于德国"这句话，引发了一场激烈的辩论。之后的几年里，默克尔好几次重申了前总统的观点。泽霍费尔接着说："德国是一个传统的基督教国家，包括星期日是休息日、教会的节日以及复活节、圣灵降临节和圣诞节的习俗。"在他看来，生活在德国的穆斯林当然属于德国，但这并不意味着"我们将因此放弃我们的传统和习俗"[1]。默克尔当然不会把话语权让给泽霍费尔，马上借议会讲话的机会说"伊斯兰是德国的一部分"。民调显示，80%的德国人赞同内政部长的观点。

  这不过是泽霍费尔与默克尔权力斗争的前戏。2018年6月11日，大戏正式上演。泽霍费尔宣布推迟原定于次日公布的"移民总体规划"，原因是在边界拒绝难民入境的问题上与默克尔存在分歧。泽霍费尔并非主张拒绝所有难民入境，他的拒绝只针对两种人：庇护申请已经被拒绝和已经在其他欧盟国家登记并申请庇护的难民。申请庇护遭拒的不得再次入境，这是德国法律的规定，但迄今没有认真执行过；已经在其他欧盟国家登记的德国有权拒绝入境，这是"都柏林规定"的内容。德国在2015年秋天之前也一直都是这样做的。后来是内政部长德梅奇埃的一个口头指令停止了这种做法。想来这不会是他一个人的决定，而是默克尔的指示。因此，泽霍费尔不过是想恢复到过去的法治状态。当时德梅奇埃下令对所有人放行的理由是难民人数太多。如果德国拒绝部分难民入境，将造成回流，给其他国家出难题。

[1] https://www.sueddeutsche.de/politik/integration-seehofer-der-islam-gehoert-nicht-zu-deutschland-1.3908644.

但现在难民人数没有那么多了，为什么还是不能依法行事呢？默克尔不同意泽霍费尔建议的理由是必须寻求欧洲范围内的解决方案。我们都知道，她已经花了近三年时间寻求这一方案，内政部长不愿继续等待。他在上任之初就发誓将结束难民问题上的混乱状态。

6月14日，泽霍费尔威胁说，如果不在近期内达成欧洲方案，他将单方面采取行动。这一强硬态度得到他所在政党——基社盟的支持，基民盟内部也有很多人赞成，但对他向总理施压的做法表示不满。四天后，两个姊妹党达成妥协，给总理两周的时间，让她在欧盟峰会上寻求泛欧解决方案或双边方案。默克尔也做出让步，从即日起拒绝第一种人入境——那些庇护申请曾经遭拒并不得进入德国的难民。默克尔当天表示，她第一次听说已经遭拒的难民还有再次尝试入境的。我不太相信总理的这句话，我在20世纪90年代初期就知道这种对庇护法的滥用是家常便饭（还记得那位去难民营体验生活的中国哲学家吗？），默克尔做了13年总理怎么会毫不知情呢？假如她说的属实，那么最迟今天她知道了，理应大力支持内政部长有法必依的做法，怎么能将此称为妥协呢？也许对难民总理来说，任何略微强化的难民政策都如割肉般疼痛。因此，她也不想让内政部长占了便宜。默克尔向泽霍费尔出示红牌警告，指出总理拥有决策权。按照德国法律，当总理和某位部长出现严重意见分歧时，总理可以拿出"决策权"这个尚方宝剑强令部长按照总理的主张行事。换句话说，假如泽霍费尔认为欧盟峰会达不成泛欧或双边解决方案并因此单方面宣布恢复边检的话，他可能被总理解职，这将意味着大联合政府的解体。

默克尔自从成为难民总理之后，她的总理宝座已经两次岌岌可危。一次是科隆大规模性侵后德国人如梦初醒、默克尔的支持率直线下降、她必须拿出控制难民浪潮策略的时候，那一次是奥地利外长库尔茨封闭巴尔干线路救了她一命；第二次是德国大选后社民党拒绝再与默克尔合作、而牙买加谈判又以失败告终的时候，那一次替她解围的是总统施泰因迈尔——这位社民党籍的总统多多少少逼迫自己的党友再次充当默克尔的垫背[1]。现在，内政部长拒不执行"一切为难民"的路线，为此不惜引爆政府。人称民意晴雨表的《图片报》此时抛弃了默克尔，其他媒体也接连发表要求默克尔辞职的评论，连电视一台驻布鲁塞尔的记者 Malte Pieper 也加入了墙倒众人推的行列。他在评论中写道："尊敬的安格拉·默克尔，您担任德国总理13年之后，欧洲层面对您只有厌恶……请您让出您的总理位置……让我们能够重新开始。"[2]

我观察德国政治这些年，学到的最重要一条是：永远不要低估默克尔！别看她这两年时常显露出从未有过的疲惫和走神儿，但是当她的总理位置发生动摇的时候，她就会像母狮一样勇猛，想出各种招数，不计代价——不计给德国带来的代价。这一次，默克尔求老朋友——欧委会主席容克修改了欧盟峰会的日程，将峰会变成德国总理的舞台。不过，三年没有谈成的事情现在怎么会一蹴而就呢？而且不是欧洲层面对她只有"厌恶"吗？这话不假，但如果德国总理不计给德国带来的代价，那么总会让一些人动心。于是，在默克尔同意让滞留希腊和西班牙的德国难民的亲属来德国实现家庭团聚之后，这两个国家原则上同意收回在本国登记之后又前往德国的难民。此外，峰会还就一些泛泛的表态（比如加强外部边界保护）达成一致。

6月29日，默克尔将谈判结果通报两个执政伙伴的党主席——泽霍费尔和社民党主席纳勒斯。总理本人认为她在峰会上获得的成果超过预期，因为据她说，除

[1] 日后在社民党掘墓人的名单上，施泰因迈尔不是位居榜首，至少也要名列前茅。
[2] https://www.tagesschau.de/kommentar/merkel-eu-gipfel-119.html.

了希腊和西班牙，另外还有14个国家同意与德国就所谓的"都柏林案例"谈判。还记得我在上一章提到的我的总体印象吗？我们的难民总理一出国谈难民问题，总是从远景上可能减少一些难民的数量，但近期效应是把更多的难民接来。西班牙和希腊最终从德国回收多少人很难说，迄今的实践很难让人乐观；但德国将立即从这两个国家把难民家属接过来，具体的数字无从知晓。最应当达成双边协议的是意大利，因为转道意大利来德国的最多，但罗马新政府坚决反对。

6月30日，波兰、匈牙利和捷克驳斥默克尔的说法，说他们没有同意与德国展开双边谈判。总理在说谎？泽霍费尔与默克尔单独谈话。内政部长认为峰会没有取得实质性进展，要求默克尔同意德国单方面采取行动，拒绝已在其他欧盟国家申请庇护的难民入境。默克尔坚决反对。泽霍费尔对谈话结果很失望，抱怨默克尔固执己见，没有任何商量的余地。左翼政党和媒体批评泽霍费尔自

▲德内政部长不满难民政策提出辞职

2018年7月2日，在德国慕尼黑，德国联邦内政部长、基督教社会联盟（基社盟）主席泽霍费尔（中）参加会议后接受媒体采访。
由于无法接受总理默克尔的移民难民政策，德国联邦内政部长、基督教社会联盟（基社盟）主席泽霍费尔7月1日晚提出将辞去政府和党内职务。

新华社/法新

私自利，为了巴伐利亚的选举而使德国政府陷于瘫痪，要求默克尔解除泽霍费尔的职务。

7月1日，基民盟和基社盟分别在柏林和慕尼黑召开会议，分析峰会内容。基社盟会议持续到深夜，原定的记者招待会被取消。泽霍费尔在会上称欧盟峰会的内容不够具体。他提出辞去基社盟主席和内政部长的职务。在党友说服下，他同意第二天再与默克尔面谈一次。有专家建议他和默克尔一起下台，打破僵局。我突然想，这是否是他的真实目的？牺牲自己为基社盟助选？

7月2日晚上，泽霍费尔与默克尔分别出现在媒体面前，表示两人就难民政策达成妥协。其中一项内容是在边境地区设立过境中心，在48小时内决定难民的去留。泽霍费尔留任内政部长[1]。

我刚才说了，假如泽霍费尔如此前宣布的那样，自7月1日起采取单方面行动，拒绝已在其他欧盟国登记的难民入境，默克尔很可能行使自己的"决策权"，解除内政部长的职务，不过这将导致基社盟撤回其他部长，政府解体。这之后又会有两种可能：重新选举，这是基民盟和社民党最惧怕的结果；基民盟另找其他执政伙伴。绿党已经表示愿意进行组阁谈判。可以说，绿党已经穿上了新娘的嫁衣，只等上轿了。

泽霍费尔最终没有让默克尔骑虎难下。从表面看，巴伐利亚雄狮似乎又一次变成了地毯上的狮子图案，但泽霍费尔的这一场复仇行动使德国这几年在难民问题上的诸多荒诞浮出水面。最令人深思的是：内政部长竟然要冒着被解职的风险来强迫总理一步步重回法治国家的

[1] https://www.zdf.de/nachrichten/heute/chronologie-merkel-seehofer-fluechtling spolitik-102.html.

轨道。

默克尔的第四任期刚刚开始三个月就差点儿夭折。总理与内政部长在难民问题上的争执使政府处于实际瘫痪状态。最感庆幸的是自愿选择了在野党角色的自民党主席林德纳尔。他在议会发表讲话时不无嘲讽地说："我曾经说过，不执政比错误执政要好，但我不知道原来不执政和错误执政可以同时发生。"

## 国脚厄齐尔请辞和难民危机有关吗？

中国球迷一定熟悉曾效力德国国家足球队的那个大眼睛、总是面带忧郁的梅苏特·厄齐尔（Mesut Özil）。这位土耳其移民后裔于1988年10月出生于德国沙尔克球队的故乡盖尔森基兴。沙尔克青年队也是厄齐尔足球生涯的第一站。2009年，他作为德国队成员参加了在瑞典举行的世界青年足球锦标赛，为德国队在决赛中以四比零战胜英国队立下汗马功劳，并因此而被国家足球队教练勒夫看中。在2010年世界杯足球赛中，他参加了德国队全部七场比赛，获金球奖提名。德国最终排名第三。四年之后的世界杯，厄齐尔和他的德国队终于在巴西如愿以偿，捧回大力神杯。左脚踢球的厄齐尔又是场上的灵魂球员，并在与阿根廷的八分之一决赛中射入决胜球。2016年的欧洲杯赛上，厄齐尔每场比赛都踢到了最后一分钟，可见他是勒夫最信任的球员之一。

也许正是出于这个原因，当2018年5月厄齐尔与土耳其总统埃尔多安的合影在德国引起极大争议时，勒夫一刻都没有想到把他的名字从俄罗斯世界杯参赛队员的名单上划掉。事后看来，这是个极大的错误，也可能直接导致了德国队有史以来的最差战绩。两场厄齐尔参与的比赛（墨西哥和韩国），德国队皆输；只有与瑞典队的一场，勒夫第一次在重大比赛中让厄齐尔坐到替补队员的板凳上，结果德国队险胜。当然不能把德国队第一轮出局的糟糕结果归罪于厄齐尔一个人。但有关他的讨论显然影响到整个球队的情绪和团结，厄齐尔本人在赛场上的精神涣散更是显而易见的。

7月22日，在对与埃尔多安合影事件保持沉默69天之后，厄齐尔在推特上首次表态。在那个骄阳似火的星期天，一向沉默寡言的厄齐尔使无数德国人血压升高。似乎存心吊德国媒体的胃口，他的三颗炸弹不一齐发，而是一颗一颗来，总共抻了几个小时。第一个推特的题目是："与埃尔多安总统会面"。厄齐尔用英语写道："虽然我在德国长大，但我的根在土耳其。我有两颗心，一颗德国的，一颗土耳其的。我的妈妈告诫我永远不要忘记我的根在哪里。对这些价值，我一直牢记至今……与埃尔多安总统见面没有任何政治意义，只是对我先辈祖国的最高领导人的尊重。"

第二颗炮弹指向德国媒体："让我不能接受的是，媒体把整个球队在世界杯期间的糟糕表现归咎于我的双重身份和一张照片……某些德国报纸把我的出身和与埃尔多安的合影作为右派宣传的素材，以达到其政治目的。"

晚8点10分，等了大半个下午的记者终于盼来第三个推特。其标题很短，只有三个字母：DFB。这是德国足球协会的缩写。与第一个抒情和第二个发牢骚的推特相比，这第三颗炸弹的杀伤力最强，且直接对准了德国足协主席格林德尔："在格林德尔及其支持者的眼里，赢了球我是德国人，输了球我就是外来移民……我有哪些地方不够做德国人吗？是因为我是穆斯林？……莱因哈德·格林德尔，我对您感到失望，但您的行为并不让我感到吃惊……当您还是联邦议院议员的时候，您曾经说过，伊斯兰文化在德国城市过于根深叶茂。对此我们不能忘怀和饶恕。"当然，厄齐尔在此推特系列的最后一个里面宣布退出德国国家足球队（对了，现在这支球队改了名称，叫作"队伍"，这样没有狭隘的民族主义的嫌疑）。

一个球员指责德国足协是个种族主义俱乐部，并因此宣布不再穿德国队的球衣，这在德国足协和德国足球历史上还是从未有过的事情。不过这与难民危机有什么关系呢？读者是不是觉得我有点儿像祥林嫂了见谁都讲阿毛的故事？那就请听听我的分析。

其实这是厄齐尔第四次见埃尔多安，前三次分别是在2011年、2012年和2016

年1月。头两次见面时,德国还是难民浪潮冲击之前的德国,厄齐尔是土耳其裔,埃尔多安是大球迷,没什么大惊小怪的。2016年1月德国人安排100万难民的吃住,忙得不亦乐乎,也顾不上关心这类照片。但2018年5月,德国社会的气氛已经被100多万难民和本土德国人之间的文化和宗教冲突而毒化。大家突然想起来厄齐尔这小子是土耳其裔,是穆斯林,翻出了他在麦加朝圣的照片,还想起他在国际比赛前奏德国国歌的时候从来是双唇紧闭。不少德国人想起他气儿就不打一处来。这时候他与埃尔多安见面留影,又赠送球衣,这不是直往枪口上撞吗?

为什么与埃尔多安合影就是往枪口上撞?这是因为在难民危机过程中埃尔多安在德国越来越遭人恨。首先,他在这些年里把土耳其由一个世俗国家变成了一个伊斯兰专制国家;其次,他一有机会就提醒生活在德国的350万土耳其人和土耳其裔不要被德国同化;再次,他还曾经说过现在生活在欧洲的土耳其裔都是将欧洲伊斯兰化的先头部队,照这样说,厄齐尔就是先头部队里的模范士兵;最后,2016年3月,默克尔不惜一切代价达成的欧盟—土耳其交易实际上将把守欧洲大门的任务托付给了土耳其。既然把脏活儿、累活儿交给了人家,对人家的不良表现(镇压异己、限制言论自由,等等)就只能睁一只眼闭一只眼了。而德国政府越是噤声,媒体就越不依不饶,因此这两年埃尔多安可以说成了最遭德媒恨的政治家,见他跟见瘟神差不多,而且正好赶上土耳其大选在即,与埃尔多安见面合影无异于给他助选,在德国是绝对违规的[1]。

---

[1] 不过我在前面提到,为了达成欧盟—土耳其交易,默克尔本人也曾经违规。

德国种族主义的暗流在难民浪潮的冲击下浮出了水面。与其他西欧国家相比，德国是个相对保守的社会，外来人永远被看作外来人。如果细水长流的话，德国可能在100年后变成多民族的大熔炉，但是2015年默克尔的"善举"一下子超出了德国人的承受能力，使一些德国人深藏心底的仇外、排外情绪如火山爆发。与韩国比赛之后，厄齐尔回更衣室的路上，一位球迷骂他"土耳其猪"，这在几年前也是不可想象的。

在不少德国人看来，穆斯林喜欢把自己说成受害者，动辄说自己不被德国人接受。厄齐尔的表态似乎完全印证了德国人的偏见。他对媒体和德国足协的指责毫无根据。首先没有一家报纸把德国队在世界杯上的表现归咎于厄齐尔一个人，而对他球技的批评不仅允许，也是应当的。至于和足协主席秋后算账，拿他十几年前的一句话说事儿，而且狂言"不可饶恕"，这不仅表现了他有限的度量，还多少带有威胁的味道。

厄齐尔退出国家队的消息在德国引起了两种截然不同的反应：左翼政治家和媒体马上自我反省，认为一名德国籍的国家队球员因为受不了种族主义而主动脱下德国队的球衣，这说明德国的问题很严重，外来移民融入的工作不到家；在社交媒体上，网民则拍手称快，而且建议他回土耳其为其总统效力，还有的问为什么不早两个月退出，这样德国队会免遭奇耻大辱。

两种极端的反应也是德国社会撕裂的表现，而德国社会的撕裂自难民危机始。

## 四句实话使宪法保护局局长丢官

联邦宪法保护局是负责德国国内安全的情报局，与联邦情报局相对应。格奥尔格·马森（Georg Maaßen）自2012年起担任该局局长。在此前后，联邦警察局和联邦情报局也换了新领导。联邦警察局新局长罗曼我在第一章提到过，联邦情报局的负责人是格哈德·辛德勒（Gerhard Schindler）。这三人志同道合，政治上都倾向保守，马森是默克尔所在的基民盟成员，辛德勒是自民党党员，罗曼的党派归属不详。他们可以说是德国内外安全的三道屏障。

为什么我要强调他们的政治倾向？按理说，三人都是公务员，政治上理应保持中立，忠于职守。不过我们都知道，政治中立只是教课书上的用语，实际上每个人都有政治好恶，都有倾向性。不然为什么美国民主党和共和党为最高法官的人选打得不可开交？一般来说，左派政治家或公务员容易在意识形态的束缚下，对某些危险视而不见。当然也有例外，比如德国社民党籍的前内政部部长席利便在十几年前就意识到了欧洲面临的民族大迁徙压力。

回到上面提到的三道屏障。考虑到这些年国际恐怖主义的背景，三位保守公务员给德国把门，确实是德国的幸运。德国这些年发生的恐袭事件有限其实也是马森机构的功劳。可以想象，他们三人对2015年默克尔来者不拒的难民政策都持坚决反对的态度。罗曼我前面已经提到，这位联邦警察局的局长从2015年春天就开始不断向政府拉响警铃，9月上旬极力主张关闭边界，无奈没有得到上面的命令。据说马森曾经火冒三丈地去找默克尔。不知道这些平素尽职尽责、一板一眼的德国公务员在被迫失职的情况下度过了多少不眠之夜。他们能做到的只是尽可能控制总理错误政策带来的后果。

马森是最早警告可能有恐怖分子混迹难民队伍中的，并一再说极端伊斯兰是德国最大的安全风险。可以说，他是政府部门为欢迎文化煞风景的最高层人士，可以想象总理内心对他的态度。马森的这类警告是分内之事，不算越权或过线，默克尔不能拿他兴师问罪。不过2018年9月7日他接受《图片报》采访说的四句话实际上是政治表态，终于让记恨他的人抓住了把柄。他不仅为此丢了官，还差点儿把政府一起拉下马。我先来说说马森接受采访的背景。

8月26日凌晨，在德国东部城市开姆尼茨，三名德国人被刀砍伤，其中一人后来在医院死亡。据目击者说，三人在去银行自动提款机的路上被几名中东模样的人拦截，并被要求交出银行卡。要求遭拒后，中东人抽刀行凶。媒体对此的报道是："不同国籍的人在开姆尼茨音乐节之后发生争执。"这种说法首先对德国人和涉嫌难民之间发生冲突这一事实加以遮掩，之后各打五十大板，好像双方都有责任。这两年德国新兴了一种刀文化，我在前面已经提到。持刀人是谁，大家心照不宣。此前一段时间，开姆尼茨几乎每天都发生性侵事件——不是深夜，而是在光天化日之下。性侵者大多是谁，大家也心知肚明。因此，当35岁的丹尼尔因伤势过重而心跳停止的消息传来时，开姆尼茨人急了。当天便有大约1000人上街游行。由于选择党公开呼吁开姆尼茨人参加游行，因此主流媒体马上给游行定了性——极右活动。再加上有几个害群之马在游行期间行纳粹礼，也有的报道进一步升级，称之为新纳粹的示威。于是左翼政党和团体马上组织反游行。接下来的几天里，开姆尼茨成了默克尔难民政策支持者和反对者对阵的"战场"，而很少有人再提及这一切的起因——一人被乱刀砍死，两人受重伤。两名嫌犯被逮捕——一名叙利亚人，一名伊拉克人。第三人被通缉。一名嫌犯的庇护申请被拒绝，早就应当被遣返。我的媒体同行不太在意为什么嫌犯没有被及时遣返，倒是有人报道死者丹尼尔的兄弟是一名极右分子。我当时想，他兄弟的政治倾向与丹尼尔有什么关系呢？即使丹尼尔本人是右派又怎样？难道就死有余辜吗？什么时候受害者也要查个左中右了？

后来媒体开始报道极右分子对外国人围追堵截，左翼政治家义愤填膺，默克尔及其发言人也说开姆尼茨发生围攻外国人事件，这是绝对不能接受的。媒体和政治家的依据是一段19秒的录像，显然是开姆尼茨一位女市民用手机拍摄的，录像里有她的声音。时间：8月26日下午，地点：开姆尼茨市中心。场面是我上面提到的市民自发组织的游行。录像上，两名外国人和几个德国人辩论，一名情绪激动的德国人大喊"你们不受欢迎"。两名外国人跑开后，几个德国人追出几步，马上又停下来了。其中一个显然是摄像者的男友或丈夫，因为这位女士一边摄像一边喊："亲爱的，你停下。"单看这十几秒的场面，双方之间有争论，但根本没有肢体接触，更没有人受伤。哪里谈得上围攻外国人呢？原来，传播录像的是极左暴力组织ANTIFA（反法西斯）的网页，围攻外国人的说法也是由这个网页而来。这就产生两个问题：摄像者是参加游行的市民，是ANTIFA的对立面，录像怎么落到ANTIFA的手里？ANTIFA是与国家为敌的暴力群体，媒体和政治怎么能把他们传播的这段录像作为唯一来源甚至照搬他们的说辞呢？反过来，每当发生难民施暴事件，媒体则闪烁其词，政治家大多保持沉默。后来，有关开姆尼茨围攻外国人的故事传遍了全世界，包括《纽约时报》在内的外国媒体也跟着起哄。结果，开姆尼茨和开姆尼茨所在的萨克森州无端背了仇外的黑锅。

马森也许实在看不下去了。9月7日他接受"图片报"采访，说了这样几句话："对媒体有关开姆尼茨围攻外国人事件报道的怀疑，我表示理解。宪法保护局没有掌握相关的信息。网上流传的录像不足以证明围攻事件确实发生。据我谨慎的判断，可能有人传播假信息以转移公众对开姆尼茨凶杀案的视线。"马森的这四句话不是句句属实吗？而且传播假信息者的目的不是百分之百地达到了吗？不信问问德国人开姆尼茨到底发生了什么，估计没几个人记得了。

马森冒着挨批的风险讲了几句实话。其实他讲得十分谨慎适度，既没有指责媒体造谣，也没有说录像是假的。不过，他做政治表态本身在很多人眼里已经违规，因为他这个级别的公务员不该与政府唱反调。但总理一个人就代表政府吗？况且内政部长泽霍费尔也认为围攻论不成立，而内政部长是马森的顶头上司。马森的表态也可以看作是对自己领导的支持。不过，由于总理批评了"围攻事件"，否认此种说法等于间接反驳了默克尔，这是总理的粉丝团说什么也不能接受的。对马森的指责铺天盖地而来。有的说他向选择党透露机密，却没有任何证据；还有的指责他违宪，《南德意志报》的醒目标题是"马森践踏宪法"，却说不出他践踏的是哪一条；最邪乎的说法是"马森是对德国安全与民主的威胁"。他简直就是一名恐怖分子。

16世纪到19世纪的几百年里，德国有一种镇压异己的做法：vogelfrei。这个词的原意是像鸟一样自由，16世纪词义发生逆转，"像飞鸟一样任人射杀"，不受任何法律庇护，千刀万剐，死无葬身之地。马丁·路德曾受到这一待遇，如今马森也沦落到这般田地。社民党主席纳勒斯说马森必须走人；默克尔也认为他不再适合担任宪法保护局的局长。马森的顶头上司——内政部长泽霍费尔则力挺这位志同道合者。大联合政府再度岌岌可危。

9月中旬，纳勒斯、默克尔和泽霍费尔这三位执政党的党主席达成妥协：免去马森宪法保护局局长的职务，调任内政部做国务秘书。泽霍费尔显然打算将爱将置于自己的保护伞之下，就像当初萨克森选帝侯把马丁·路德"绑架"至瓦特堡实际把他保护起来差不多。而且看似惩罚马森，实际是明降暗升，月工资还提高3000欧元。左翼在野党、社民党和媒体一片哗然。社民党基层对纳勒斯极度不满，默克尔的党友也公开批评总理对泽霍费尔过于迁就。于是，德国上演朝令夕改的闹剧——三位党主席忙活一个周末，找到了一个大家都不丢面子同时安抚媒体的方案：马森平级调动，担任内政部负责欧洲事务的特别顾问。

2018年10月，马森向部下发表告别讲话。他仍然为自己的遭遇愤愤不平，在讲话中批评社民党内部存在极端左翼势力，指责媒体惧怕真相。一个月后，讲话内容曝光。社民党领导层火冒三丈。泽霍费尔为安抚执政伙伴，只能牺牲自己的爱将，强迫马森提前退休了。一个19秒的录像导致宪法保护局局长丢官，险些引爆政府，并引起全世界的关注。德国著名专栏作家Henryk M.Broder写道："如果找一个言简意赅的词来描述德国的现状，那么没有比'疯人院'更合适的了。"[1]

其实，在报道那段录像之前采访一下摄像的人不就会多一个信息源吗？可惜，主流媒体都没有遵循这个

[1]https://www.achgut.com/artikel/Handauflegen_und_telekinese.

新闻工作的原则，倒是一家另类媒体在11月初采访了这位女性。她说，当时游行队伍里根本没有喊出排斥外国人的口号，倒是有外国人骚扰游行队伍，她听到了阿拉伯语的喊声。录像里的两个外国人向德国人挑衅，并将一杯啤酒倒到一名德国人身上。她想：这下要打起来了，于是拿出了手机摄像。晚上，她把这段录像放到开姆尼茨市民的一个WhatsApp群里，后来录像不知怎么落到ANTIFA手里，并引发这一场媒体和政治闹剧。

我前面提到的三道安全屏障当中，马森牺牲了；联邦情报局局长辛德勒在2016年被迫退休；剩下联邦警察局局长罗曼，他因2018年夏天亲自将那位奸杀少女、畏罪潜逃的伊拉克难民押解回德国而受到司法部门的调查，原因是他的做法缺乏任何法律依据。

## 默克尔是个谜

1954年7月17日，安格拉·卡斯纳尔出生于联邦德国北部的大都市汉堡。冷战已经全面爆发，"二战"的战败国德国一分为二，成为冷战的前沿。当时距离柏林墙的修建还有七年，这意味着，生活在联邦德国（西德）和民主德国（东德）的公民还拥有迁徙到另一个德国的自由。由于二战前德国的工业基地基本位于联邦德国，使西德的经济起点高于东德；又由于很多人在体制比较中更倾心于美国的资本主义制度，因此两德之间出现了从东向西的移民浪潮。就在安格拉降生的那一年，总共有18万人离开社会主义的东德，到联邦德国定居。只有寥寥无几的西德人出于政治信仰或家庭原因逆流而动。安格拉的父亲霍尔斯特·卡斯纳尔（Horst Kasner）便是其中的一个。

不过，他作出这个决定不是出于家庭原因，因为卡斯纳尔家的亲戚基本上都在联邦德国；说政治信仰更不着边际，因为他是新教教会的牧师，与东德盛行的马克思主义无神论毫不搭界。教会在东德虽然被边缘化，但没有被剥夺生存的空间，因此，卡斯纳尔牧师实际是被汉堡大主教派到东部去开拓根据地的。他的角色确实很难定义。他绝不是打入敌人内部,因为他没有把东德看成敌人;相反,他对西德的资本主义没少发出激烈的抨击,对日后女儿领导的基民盟更是横竖看不顺眼。

当时东德教会分成了两派,一派主张做东德政府的政治反对派;另一派认为民主德国可以从内部改良,教会的任务是为其添加人道主义色彩。卡斯纳尔显然属于第二个阵营。由于他不与体制为敌,因此成为一个享受某些特权的边缘人士。比如,他可以随意从西方订阅书籍,可以出国。安格拉因此成为班上少数穿西方牛仔裤的女孩子之一。

除了对牛仔裤情有独钟,安格拉对自己的外表毫不在意。她没有吸引男孩子的姿色,于是一门心思读书,成绩优异。她可以说是"头脑简单,四肢发达"的反面,脑容量高于同龄人的平均值,却对一切体育运动嗤之以鼻。据她自己回忆,凡是需要跑腿的事情,她都要计算清楚,不多走一步冤枉路,或者干脆交给弟弟去办。作为牧师的女儿,她算不上根正苗红,但由于她从父亲那里学到了不做带刺玫瑰的本领,深得老师喜爱,被推荐上了莱比锡大学物理系——这相当于清华大学的物理系。

读大学期间,她结识了第一任丈夫——乌尔里希·默克尔。有意思的是,这段婚姻虽然只维持了几年,但前夫的名字她却保留至今,也许她想借此与父亲保持距离。我前面说了,卡斯纳尔牧师对联邦德国不感兴趣,对女儿在两德统一期间加入基民盟更是持保留态度。2005年他拒不出席女儿的总理就职仪式,可见是个性格倔强的老头儿。

默克尔是联邦德国的第八任总理。如果她这一任期做满,将与科尔并列为在职时间最长的总理。她是第一任女性总理,是德国仕途最顺的政治家,同时也是德国人最不了解的领导人。连她的传记作者 Gerd Langguth 都不能不承认,默克尔是个谜,特别是她的过去。国安部的档案馆找不到有关默克尔的资料。有人说她曾经做过国安部的非正式工作人员。她本人对传记作者说,读大学期间,确实有国安部的人想发展她,被她婉拒了。可以肯定的是,默克尔在大学里担任过自由德国青年联盟(FDJ)的宣传委员,对此她轻描淡写地说,她的任务只是发电影票。

大学毕业后,默克尔被分配到柏林的一家研究所,研究基础物理。虽然她兢兢业业,但也有些百无聊赖。路漫漫其修远兮,我们日后的女总理感觉自己不是甘愿终生上下求索的人。因此,当她蒸完桑拿浴得知柏林墙倒塌时,一下子嗅到了换一种活法的机会。

当时,德国东部的新政党如雨后春笋般涌现,西德各党派也纷纷去东德挖掘潜力。到底跟谁走呢?换了我们常人,我们会比较一下这些政党的主张,看哪个党与自己的政治理念最接近,之后去找组织。这也是我们常人当不了总理的原因。据她的朋友说,默克尔的政治观点接近绿党,而最终却选择基督教民主联盟这个保守政党作为政治故乡。个中原因只有她自己知道。后来的发展证明,默克尔的选择是完全正确的。她那火箭式的上升在联邦德国历史上空前绝后。1990年8月,她正式成为基民盟党员,并很快求人引荐给当时的基民盟主席和总理科尔。那一年的大选因为两德统一由秋天推迟到了12月。本来大势已去的科尔借统一德国的功劳胜券在握。10月正式办了统一手续之后,科尔开始考虑如何在组阁时体现统一了的德国。他认识的东德党友有限,很快便想起了那个刘海儿齐眉、有些羞涩的女性。11月,科尔把默克尔请进波恩的总理府,谈话内容不详。1991年1月18日,加入基民盟不到半年的默克尔宣誓就任两德统一后第一届政府的妇女和青年部长。这不是平步青云,而是一步登天。1994年,四连冠的科尔将一个大部—环境部给了他的"小姑娘"[1]。

---

[1] 默克尔当时被称为"科尔的小姑娘"。

1998年科尔败选，社民党籍的施罗德组织红绿政府。默克尔得到在野党少数几个有吸引力的职位之一——基民盟秘书长，党主席由朔伊布勒接任。第二年，基民盟献金丑闻曝光[1]。默克尔年底在《法兰克福汇报》撰文，公开与科尔决裂。由于她在文章中透露了对朔伊布勒不利的细节，也顺带把自己的顶头上司拉下马。2000年4月，默克尔在基民盟党代会上当选党主席。至此，基民盟里那些野心勃勃的男性政治家才发现轻视"科尔的小姑娘"是个多么不可饶恕的错误。接下来她清除了通往总理宝座道路上的一个个绊脚石，其中最有名的是联盟党议会党团主席弗里德里希·梅尔茨（Friedrich Merz）[2]。

2004年，施罗德因推行劳动市场改革在党内面临压力而辞去了社民党主席的职位。当时的在野党领袖默克尔冷嘲热讽地说，一个连自己政党都控制不住的人怎么能继续当总理。14年之后，她自己陷入与施罗德同样的处境——2018年10月29日，她在党内压力下宣布将不在12月基民盟党代会上竞选连任党主席。轮到自己，默克尔突然认为这两个职务不必系于一身了。她说将为本党的年轻化让路，因此将卸去党主席的重担，但将把总理的工作做到本立法期结束，也就是2021年。无论如何，她的总理任期已进入倒计时。

我前面提到默克尔的政治生涯因其难民政策多次岌岌可危，每一次她都能化险为夷，为什么她这一只大船翻在10月28日黑森州选举这个小河沟里呢？况且在那一次地方选举中，基民盟虽然损失惨重，但毕竟捍卫了州长的位置，而且默克尔此前不久刚刚宣布将在12月

[1] 20世纪90年代，基民盟得到了武器商Schreiber 100多万马克捐款，存入自己的黑账户，没有上税。科尔和朔伊布勒对此做法都十分了解，但在1999年曝光之后没有马上承认。
[2] 这一部分参考的是默克尔传记，作者Gerd Langguth，出版社：Deutscher Taschenbuch Verlag，慕尼黑，2005年。

的党代会上竞选连任。这就不能不提基民盟里的一个男人联盟——安第斯盟约。

时间倒转到1979年，一个基民盟青年团的12人代表团访问南美。他们一边享受着安第斯山的风光，一边畅饮美酒。几杯酒下肚，12人结拜兄弟，发誓有难同当、有福同享、互相扶持、共攀高峰。他们的共同点是：年轻有为、野心勃勃、天主教徒、政治保守。盟约的成员后来发展到17人。他们每年秘密出国旅行一次，成了"党中之党"。也许安第斯盟约的成员里本来就人才济济，也许他们的攻守同盟确实对众兄弟的仕途起了推动作用，这个男人联盟里果然出了几个叱咤风云的人物，比如黑森州州长科赫、萨尔州州长穆勒、下萨克森州州长伍尔夫、国防部部长荣格、科技部部长魏斯曼、欧盟委员会委员厄廷格尔，还有联盟党议会党团主席梅尔茨。他们最重要的一条盟规是绝对对外保密。2000年，一个新教徒和东德女性因天时地利当上了基民盟的党主席，让这些男人们坐不住了。2002年的大选中，安第斯盟约成功阻止默克尔成为联盟党的总理候选人。聪明的默克尔暂时咽下这口气，全力支持男性党友们看中的巴伐利亚州州长施托伊贝尔。

施托伊贝尔败给施罗德之后，铁娘子开始了复仇计划。据说当时是伍尔夫将安第斯盟约的内幕泄露给了女党魁。默克尔则将这一秘密捅给了媒体。2003年，"《明镜》周刊"揭秘安第斯盟约。有可能对默克尔构成竞争的少壮派政治家一个接一个落马，有的重操律师旧业，有的去公司做高管，有的去宪法法院当法官，有的被发配到欧盟。泄密的伍尔夫坚持到了最后，被女总理架空到总统的宝座上，没有了任何实权。而总理则在身边扶植了一批对自己忠心耿耿的亲信。他们的职务都是总理说撤就能撤的，比如基民盟秘书长、联盟党议会党团主席以及相当于大总管的总理府部长。这便是所谓的默克尔体系。

默克尔的最大冤家当属梅尔茨。他曾是与默克尔共同升起的政坛新星，能力和口才都在默克尔之上。铁娘子先是在2002年生生夺走了他的议会党团主席职务，暂时给了他第一副主席的安慰奖，但处处给他难堪。2009年，梅尔茨告别政坛，使当时已经名存实亡的安第斯盟约失去了灵魂成员。难民危机爆发后，已在经济界如鱼得水的梅尔茨不断对默克尔的政策发出辛辣的批评。2018年3月，虽然不是安第斯盟约成员、但同样"苦大仇深"的联邦议院议长朔伊布勒与梅尔茨、科赫、厄廷格尔一起"谋反",时间是黑森州选举之后。他们共同说服梅尔茨复出,在12月的党代会上竞争基民盟党主席的职位。是这个男人同盟拉开了默克尔时代终结的序幕。不过梅尔茨没有完全实现"政变"的计划——在党主席的选举中,他比克伦普·卡伦鲍尔少了35票(总票数为999)。

默克尔留下的政治遗产是什么呢?在18年的党主席任期内,她将保守的基民盟变成了一个中间偏左的政党,成为第二个社民党。虽然失去了本党的大批传统选民,但同时使对手(社民党)的选民进入冬眠状态,使两大传统政党同时缩水,而她则大有把总理宝座坐穿的决心。当她发现日渐消瘦的社民党不再是可靠的小伙伴时,开始迎合绿党。从能源转型、同性恋婚姻到难民政策,总理频频向绿党暗送秋波。又由于绿党参与执政的几个联邦州在联邦参议院扮演举足轻重的角色,因此说绿党这些年实际参与执政并不为过。

在将基民盟的核心价值一个个牺牲的同时,2015年以来推行的难民政策也把德国变得面目全非。为了不承认错误,默克尔始终将庇护法作为挡箭牌。而2018年11月曝光的内政部秘密文件显示,该部的司法专家早在2015年11月就认为关闭边界不仅完全可能,而且不违背任何德国和欧盟的法律。

# 第十章 一个民族大熔炉的实验
## ——2018年的欧洲

  假如我们完全按照人权组织的要求去做,将所有的移民活动合法化,将欧洲大门对所有人敞开,一百万,两百万,三百万。需要多长时间最后一个民主政府也会被选下台呢?

  ——Mariam Lau,《时代周报》记者,2018年7月

  一份伪造的护照就能把一大家子都接来。

  ——Zvi Yehezkeli,以色列记者,2018年2月接受德国《世界报》采访

  我们正在进行一项有史以来独一无二的实验,将一个单一民族、单一文化的民主体制变成多民族的民主。

  ——Yascha Mounk,哈佛大学政治学讲师,2018年2月

人往高处走，水往低处流。贫穷地区的人民向富裕地区搬迁既是人之常情，对穷人来说也是很理性的决定。欧盟内部也存在这样的移民运动。这给富裕的欧盟国家造成了冲击。不过，欧洲内部的矛盾和冲突容易解决，毕竟他们有着共同的文化和宗教背景，而且东西欧之间的差距正在缩小。

而对欧盟造成有史以来最大冲击的是来自欧洲之外的穷人。如何应对这场"二战"以来规模最大的民族迁徙，是修筑欧洲堡垒抵御贫困入侵，还是大庇天下寒士俱欢颜，还是有一条中间道路，欧洲政治精英仍然无解。

在政治和媒体主流看来，2017年大选年没有出现灾难性结果。尽管右翼民粹的奥地利自由党参与执政有些不尽如人意，但毕竟它没有成为第一大党，而且该党也曾有执政经验，不像法国的国民阵线那样是个完全的未知数。不过，欧洲没有松一口气的理由，因为真正的考验还在后面。

## 上帝保佑意大利

2018年3月意大利大选前夕，曾经在德国媒体上听到一种说法：假如意大利人选错了党，给欧洲带来的负面影响将远远大于英国脱欧。因为英国不是欧元国，对欧盟也从来都是半心半意。意大利可是欧盟的创始国，是欧元区的第三大经济体。而偏偏民调中领先的是位于左右两个边缘的政党——五星运动和北方联盟在对欧元和欧盟的怀疑态度上不谋而合。所以才有了德国媒体对意大利人选错党的担忧。偏偏意大利人很倔，有自己的主见；而且谁给他们出主意都行，只是德国人不行。近年来，意大利人对来自柏林的建议十分敏感。在他们看来，今天意大利债台高筑和经济不振的原因是柏林通过布鲁塞尔给罗马开的财政紧缩药。

当然意大利人债台高筑已经习惯成自然，债务额度超过国内生产总值的100%属于正常状态。但过去意大利有自己的里拉，实在不行就让里拉贬值，恢复竞争力，加速经济增长，债多就不用愁了。现在这个骄傲的国家被套上了欧元的紧箍。欧元区的老大德国要求债务国勒紧裤带还债。问题是在经济衰退时期紧缩，衰退就更加剧。经济总量小了，就是债务不增加，债务额度也会提高。意大利国债占GDP之比就比国际金融危机爆发之初还要高，超过130%，是马斯特里赫特条约稳定标准[1]规定的最高债务额度的两倍还多。意大利人对德国有些过敏还有另外一个原因——难民。他们的国家像只伸进地中海的靴子，旖旎的海岸风光和舒适的气候几乎可以让他们靠天吃饭，但濒临地中海的位置使意大利最先遭到难民浪潮的冲击。因为按照"都柏林规定"，难民抵达的第一个欧盟国家负责他们的登记和安置。德国对罗马政府的呼救先是置之不理，让意大利人只能把苦水咽进肚子里。当意大利人终于招架不住挥手让难民北上之后，德国又以圣母胸怀全部接收，吸引更多的难民偷渡地中海。意大利时而充当中转站，时而成为难民的久留之地，治安状况日趋恶劣。而欧盟多年来公平分配难民的方案实施不力。这也是意大利人对德国、对欧洲政治精英越来越厌倦的原因。

于是，他们铁了心要通过自己的选票给欧洲特别是德国一点儿颜色看看。再加上意大利传统的左右两大阵

---

[1] 马斯特里赫特条约设定的债务上限是国内生产总值的60%。

营这些年来的表现也实在令人失望,更使很多意大利选民毫不犹豫地投了或左或右两个边缘政党的票。结果,五星运动和北方联盟得到的选票加在一起超过了50%。此时,意大利之外的政治观察员又错误估计了形势。他们以为最左和最右的两个政党怎么也谈不到一起去,以为罗马政府的组成也会像德国一样艰难。没想到对欧元和欧盟的抵触足以成为联合执政的基础。

新政府上台伊始便差点儿将欧元区推入新一轮危机。它宣布增加福利开支,降低税收和退休年龄。金融市场马上警钟大作,不仅意大利的国债收益率攀升,西班牙和葡萄牙也跟着受牵连。如果说欧元区当初救希腊轻松(希腊国民经济在欧元区经济总量中占比1.5%),那么救意大利就是奢望了,因为意大利经济在欧元区所占比重为12%。

俾斯麦曾经说过一句话:"上帝保佑傻瓜、儿童、酒鬼和美国。"看来现在得加上意大利了。

## 瑞典——欧洲的第二个德国

很长时间里,瑞典是一个给人积极联想的国家。德国人大概最先想到的是20世纪七八十年代风靡全球的ABBA歌队;还有"长袜皮皮"——著名儿童文学作家阿斯特丽德·林格伦笔下那个力大无比、我行我素的小姑娘;再就是宜家——那质朴而实用的家具,透着北欧人的豪爽和简约。瑞典的高税收和高福利体制也是出了名的。我认为这一体制的两个前提是:经济发达,国民生活水平高,缴税后的收入仍然不低;人与人之间存在基本的信赖,相信暂时陷入困境的人会全力以赴渡过难关,重新成为缴税的社会成员。瑞典具备了这两个条件。瑞典人不仅坚信人之初性本善,而且认为善的本性是不会改变的。基于这样的信念,瑞典为世界上的受政治迫害者提供最人道、最彻底的庇护,只是由于它得天独厚的地理位置,才没有更早地成为亚非移民的理想国。

2015年9月,当德国总理默克尔与奥地利总理法伊曼共同决定全部接纳滞留匈牙利的难民并呼吁其他欧盟伙伴慷慨相助时，瑞典是把手举得最高的国家。结果，总共16.3万中东和非洲难民穿越欧洲大陆到达了这个斯堪的纳维亚国家。瑞典国土面积大于德国，人口却不到德国的八分之一。16.3万相当于瑞典人口总数的1.8%。德国2015年接收的难民人数在总人口中占比多高呢？如果取官方公布的89万这个数字，那么占人口比例接近1.1%，低于瑞典；如果采用英国历史学家Douglas Murray的150万这个非官方数字，那么在总人口中占比1.8%，与瑞典旗鼓相当。

如果说2015年的难民浪潮使德国面目全非，那么瑞典的情况如何呢？可以说，两国之间有惊人相似的地方。2017年4月，一名庇护申请遭拒的乌兹别克斯坦人驾驶货车闯入斯德哥尔摩的步行区，造成5人死亡，15人受伤。这与2016年年底柏林圣诞市场的恐袭有可比性。与风行德国的刀文化相对应，瑞典近年来的枪击事件激增。2017年总共有320起，造成42人死亡。2018年第一个星期就有4人被枪杀。2017年针对女性的性侵案与2011年相比翻了四番。2017年年底，瑞典第三大城市马尔默在几天之内连续发生四起群体强奸案。英国独立党政治家法拉吉称马尔默为"强奸首都"。瑞典的欢迎文化也已经支离破碎，几乎每一起外国移民参与的强奸案曝光之后，都会引发瑞典人的示威游行。当然，并非所有难民都是罪犯，犯罪的也不都是难民移民，但这几年的治安状况恶化无疑与大规模接收难民有直接的关联。

每个北欧国家都有一个类似德国选择党的民粹党。瑞典的这个党名为瑞典民主党。难民浪潮使该党的支持率直线上升。在2018年9月的大选中，瑞典民主党与选择党一样成为国内的第三大政治力量。与德国一样，左右两大阵营都像避瘟神一样拒绝与瑞典民主党组阁。

不过，瑞典与德国有一个根本的不同：瑞典政府2015年年底就认识到自己的善举超过了民众的承受能力，并立即开始纠偏，恢复边检，严格庇护法。详情见第六章。

## 地中海救生——到底帮了谁的忙？

在欧洲你可以骂教皇、批总统，但有一类组织享有豁免权——非政府组织。特别是帮助难民的组织。不管他们的行为带给国家多么严重的后果，人家的出发点是好的，是胸怀全世界的助人为乐。批评这样的个人和组织于心何忍呢？于是就出现了这样一种报道模式：每当哪个欧洲国家推出严格一些的难民政策，媒体就会采访"为庇护"[1]组织的负责人来点评，实际上就是批斗一下。可是却从来没有人质疑2015年8月"为庇护"工作人员的做法。当时德国移民难民署错把内部邮件发给了该组织，内容是暂时停止对叙利亚人使用"都柏林规定"。"为庇护"组织欣喜若狂，马上派人前往中东难民营散发传单，把德国敞开国门的喜讯急不可耐地告诉大家。很难说到底因此多来了多少人。可以肯定的是：这个消息激励很多人在一夜之间变成了叙利亚人。

同样被媒体"封圣"的是海上救生组织。在2015年难民危机爆发的那一年，"德国好人"成立了好几家这样的组织。他们用捐款买救生艇，在利比亚和意大利之间相当于德国国土面积那么大的国际海域巡逻并在必要时挺身而出。后来，他们越来越靠近利比亚领海，有人说他们甚至进入了领海，向蛇头发信号。这等于说，他们更多的是去接，而不是救。《纽约时报》2016年登载了一个图表，可以清清楚楚看到救生船与利比亚海岸距离和难民船数量及质量之间的关系。换句话说，救

---

[1] 德国最有影响力的难民救助组织。

生船离利比亚海岸越近，难民船就越多，质量就越差。而难民肯上这样的船只，也是因为他们知道在海上漂不了多远就会有人来"营救"。久而久之，救生组织与蛇头通过卫星定位知己知彼，配合默契。某种程度上，这些高尚的救生员充当了蛇头的义工，还为蛇头节省了对难民船的投资。因此也有人称救生船是海上出租车，只不过不用难民付费。

您也许会问，为什么不把这些在利比亚海岸不远"获救"的难民送回非洲呢？一来难民坚决不肯，花了几千欧元就为在利比亚海岸附近兜一圈儿？二来这些救生组织也认为欧洲在殖民和后殖民时代对非洲人犯下的罪行罄竹难书，现在把非洲人接来是最起码的。他们甚至把这些"逃难"的非洲人与二战期间的犹太人相提并论。在这些理想主义者看来，每个人都有逃难的权利，也有自己决定逃往哪个国家的权利。

Mariam Lau 是德国《时代周报》的记者。该报虽然明显"左倾"，但时不常有一些正反方讨论，允许百家争鸣。2018年7月，这位伊朗裔记者勇敢地在有关海上救生行动的辩论中扮演反方的角色。她曾经在一艘救生船上逗留了两个星期，可以说在这个问题上有充分的发言权。她在文中一再强调救死扶伤的义务，但在她看来，应当把地中海获救难民送到哪里，是理应由欧盟来决定的政治问题，私人救生组织不该按照自己的绝对道德标准来替欧盟作出决定。她说在救生船上的两个星期里，没有一个救生员动脑筋想一想，他们把难民送交意大利之后，总理伦奇（当时的总理还是社民党籍的伦奇）如何向意大利人解释，为什么要给成千上万非法入境的难民解决吃住问题。伦奇政府在难民问题上的不作为也是他的党被选下台的主要原因。现在，人称"意大利特朗普"的北方联盟党首萨尔韦尼当了内政部长兼副总理。他已经对救生组织封闭了所有意大利港口，并称难民船是"满载人肉的船只"。我想就是反对默克尔难民政策的人们听到这样的词语也会不寒而栗。在《时代周报》的记者看来，那些站在道德制高点、对自己行为不反思、不计后果的救生组织实际上助长了这些排外政治家的气焰。她认为，欧盟应当让非洲政治精英也承担起自己的责任，共同找到减少难民数量的钥匙。她写道："我们花两分钟的时间设想一下：假如我们完全按照人权组织的要求去做，将所有的移民活动合法化，将欧洲大门对所有人敞开，一百万，两百万，三百万。需要多长时间最后一个民主政府也会被选下台呢？"[1]

这是一篇口气相当平和而中肯的文章。但报纸刚出炉，左翼媒体和政治家就开始了大批判的竞赛。《明镜》周刊一位专栏作家惊呼人类文明的面纱如此容易脱落。估计很多人根本没有通读全文，一看是反对海上救生行动的，心跳就陡然加速。结果，《时代周报》在之后的一期间接道歉，因为得罪不起大批的左派读者。有一家讽刺杂志竟然呼吁在大街上击毙《时代周报》的记者，并立即引起喝彩。尽管是句玩笑话，但是多少让人领教了欢迎文化支持者的暴力一面。

正当德国人为一篇评论争论得面红耳赤之时，萨尔维尼已经造成既成事实，并逼迫欧盟终于开始讨论如何不让难民下海。

## 默克尔——非洲人民的大救星

如何不让难民下海？我们知道，难民浪潮主要分两股——一股由中东转道土耳其，另一股由非洲转道利比亚，最后在地中海会师。中东那股目前暂时得到控制，因为我们的难民总理在2016年3月代表欧盟与土耳其达成了一笔交易——花几十亿欧元雇安卡拉做欧洲的门房。奥地利总理库尔茨曾经一针见血地指出："曾经有

[1]https://www.zeit.de/2018/29/seenotrettung-fluechtlinge-privat-mittelmeer-pro-contra.

政治家反对守卫欧盟的外部边界，理由是不能以暴力对待难民。但他们同时愿意付钱给土耳其，让土耳其严守自己的边界。这是很虚伪的。让土耳其警察而非希腊警察来阻止难民，不是一件更为道德的事情。"不过在当今时代，画面是关键，只要欧洲公众看不到希腊边防抵御难民的画面，他们也就眼不见心不烦了。

剩下的利比亚那一股难民潮大有长江后浪推前浪的架势，且每天出现在电视新闻里。有时候是令人悲哀的（又有多少因救生船没有及时赶到沉溺于地中海），有时候令人气愤（意大利无论如何不对难民船开放港口），有时候令人欣慰（西班牙在一个周末救了上千名难民）。不过西班牙这个人情送得不难，反正这些难民过不了几天会悉数来德国。

▲在利比亚搭乘橡皮艇横渡地中海的非洲难民

目前来欧洲的难民以非洲人为主，因此战争难民的说法不成立。

新华社／美联

德国成了"人道世界冠军"之后，下一个目标是拯救世界。默克尔已经把3000公里以外的叙利亚宣布为"直接的邻居"，非洲就更是"过去、现在和未来的与欧洲毗邻的大陆"。不过，结束叙利亚战争不是德国或欧洲说了算的，把全体叙利亚人民疏散到德国也不太现实，于是只好半推半就，让土耳其挡一挡，再接一部分过来。

非洲就不一样了。这个位于欧洲南部的大陆与欧洲有着千丝万缕的联系——先是受到欧洲殖民者的奴役和剥削，变成一个个主权国家之后又被欧洲视为发展援助的重点对象。这里有怜悯、有愧疚、有恨铁不成钢的情感，但都是居高临下的姿态，没有把非洲视为平等的伙伴，这是与中国对非洲政策的根本区别。尽管越来越多的德国有识之士指出：中国的非洲模式才是真正"与逃亡原因作斗争"的模式。但欧洲特别是德国仍然放不下做非洲监护人的架子，默克尔决心用德国人的技术和德国纳税人的钱让非洲这个营养不良和不争气的孩子走上健康发展的道路。

于是默克尔把地中海变成了德国的内海，隔三岔五去非洲访问，当然对几个难民的主要来源国格外关照。2018年2月，德国与尼日尔、马里、乍得、布基纳法索和毛里塔尼亚建立了"移民伙伴关系"。默克尔还重申了为非洲推出"马歇尔计划"的决心，因为德国战后从美国为西欧制定的马歇尔计划中获益。不过我怎么脑筋急转弯也搞不明白美国战后帮助西欧重建为什么使德国有义务在70年后帮助非洲。

当然，发展援助总不是坏事，只要援助资金不进了哪位政府高官的腰包。德国政治领导人一再强调："我们的日子从来没有像今天这样好。"德国人与非洲分享自己的幸福生活，是完全值得称道的事情。不过当我读到有关默克尔访问非洲的一篇报道时却差点儿笑出声。原来，发展援助部长穆勒与卢旺达签署了一项数字化协定，帮助这个东非国家修建数字化的基础设施。我在想，德国能帮人家什么忙呢？在数字化方面，德国是个发展中国家，还存在不少因特网盲区。有家住农村的企业家周末驱车30公里才能上网。城市倒是盲区有限，但上网速度也常常是对神经的磨炼。一位专家曾经对我说，德国在数字化方面和罗马尼亚有一拼。这并不奇怪。记得2013年奥巴马访问德国时，正值美国的棱镜计划[1]曝光。为了给奥巴马解围，默克尔曾说："因特网对我们来说还是块处女地。"总理在2013年还认为因特网是处女地，那么德国的数字化程度可想而知了。

其实，自默克尔2005年就任总理以来，数字化基本是年年讲、月月讲、天天讲，但前进的速度如同蜗行。我的一位记者同行称数字化像柏林国际机场，大家总在提，却总不见成效。现在默克尔提出的最新目标是到2025年实现快速因特网。到2025年，美国和中国会实现怎样的技术飞跃呢？如果说2015年之前德国在数字化方面就乏善可陈，那现在就更顾不上了。因为难民问题几乎牵扯了德国政府和社会的全部精力。所以我对德国如何帮助卢旺达的疑问不是空穴来风。

## 非洲人民"获救"之后呢？

我认为德国人有些一厢情愿，因为你打算拯救非洲，却没有问一问这些国家的人民是否愿意被你解救。除了缺乏合法性，德国的设想也不符合实际。按照柏林的如意算盘：帮助非洲进入小康社会，让那里的人民安居乐业，他们就会踏踏实实待在自己的国家，不思北上欧洲。但这样的设想未免天真。已经有专家指出，非洲人民的生活水平提高将暂时导致更多的人移民欧洲。道理很简单：因为会有更多的非洲人付得起蛇头的"服务费"。

因此，这些年到欧洲来的难民也不是本国的最贫穷人口。我在难民营工作的朋友说，很多难民手里拿着苹果手机，比难民营工作人员的手机高级多了。这些人蜂

[1] 美国国家安全局2007年启动的绝密电子监听计划。

拥来欧洲一方面是因为人类属于群居动物，扎堆儿生活，容易产生一窝蜂的行动。有人看见排长队，就认为肯定有便宜可占，于是稀里糊涂也站到了队尾。另外一个原因是蛇头的宣传工作很到位，把德国遍地黄金的景象描写得活灵活现，最起码洋房、汽车马上到手。据警察透露，在难民浪潮的高峰时期，警察面临的第一个问题往往是："哪儿可以给手机充电？"还有的人问："汽车钥匙在哪里领取？"这些人来欧洲既不是因为受迫害，也不是在家乡走投无路，而是因为他们追求更好的生活[1]。因此，当非洲人民生活水平普遍得到提高时，欧洲面临的移民压力不会减轻，甚至还将在一段时间里加剧。

非洲的最大问题是人口过剩，而这是非洲各国政府的失职。在欧洲有关难民危机的讨论中，左派检讨本国的殖民历史，认为自己先辈犯下的罪行罄竹难书，所以现在善待难民是应该的。没有人提非洲政治精英的责任，似乎他们的失职是自然规律，是不可改变的。假如这些政治精英有朝一日知道欧洲不再给自己的过失兜底，也许他们会认真考虑如何成功治国。非洲的唯一出路是计划生育，但由于近几十年非洲的伊斯兰化大踏步前进，而伊斯兰又是个打人海战术的宗教，所以计划生育是个禁忌话题。而一向自视为非洲监护人的欧洲因被自设的价值观作茧自缚，也忌谈计生。

非洲的人口每12天增长100万。也就是说，即使欧洲接收1000万非洲人，非洲基本上感觉不出来，但是欧洲就将不再是今天的欧洲了。

[1] "难民"来欧洲的真正原因见第二章。

## 非洲移民等不及了

西班牙在摩洛哥有两块飞地：休达（直布罗陀海峡附近）和休达以东250公里处的梅里达。因为这两块飞地，西班牙是与非洲最接近的欧洲国家。但由于马德里政府与摩洛哥签了协议，凡是非法抵达飞地的都遣返回摩洛哥，这使尝试地中海西线的难民人数最少，这条线路上的死亡人数也最少。这可以说是强硬政策产生的人道效果。西班牙还不放心，又在飞地边界处修了两道长8公里、高6米的铁丝网，铁丝网上方又是一道刀刃般锋利的障碍，并安装了大量红外线监控摄像头。换句话说，难民翻越铁丝网不仅难度很大，而且要冒生命危险。不过，在非洲移民破釜沉舟的坚强意志面前，铁丝网也失去了威慑力。翻越成功的人越多，就会吸引越多的人铤而走险。

不过2018年7月26日发生在休达的事件也许会被未来的历史学家确定为21世纪民族大迁徙的一个分水岭。那天，大约800名非洲移民将自制的燃烧武器投向西班牙边防警察，硬闯飞地，200人被摩洛哥警察拦截，600人获得成功。多名警察和移民受伤。一位德国驻西班牙记者在推特上说，他这些年一直对难民抱同情的态度，现在他只想说：关闭边界。西班牙的左翼政府非但不加强边界保护，反而下令取消铁丝网上的锋利障碍，不允许警察使用棍棒，并且好人做到底，给难民一瓶水、一袋面包，之后把他们送上开往德国的火车。

目前欧洲的移民政策两极分化。一极是一个难民都不收的匈牙利和其他维谢格拉德集团[1]成员，意大利不

---

[1] 包括波兰、捷克、斯洛伐克和匈牙利。

允许难民船登陆；另一极是实际取消边界的德国。在这两极之间，越来越多的国家选择了人道与强硬并行的路线。以挪威为例，这个一向高举人道主义旗帜的北欧国家对庇护申请遭拒和有刑事犯罪记录的阿富汗人坚决遣返，遣返率达22%。而在德国，这一比例还不到1%。

解铃还须系铃人。要控制移民浪潮，德国首先要收回对全世界的邀请。这包括恢复边界检查，依照虽不完美但仍然有效的"都柏林规定"把在其他欧盟国家登记的"难民"原路送回；同时降低对"难民"的诱惑，尽可能将零花钱转换为实物，并延长将"难民"与本国国民同等对待的过渡期。这些都不是我头脑风暴的结果，而是德国内政部长泽霍费尔63项措施的内容。

如何在欧洲层面应对民族大迁徙？在我看来，第一步应当是截断蛇头的财源。这需要欧盟各国使领馆在主要移民来源国做宣传和启蒙工作，告诉他们欧洲并非大家想象中的天堂；同时在移民主要中转站设立联合国和欧盟共同监管的营地（左翼政治家和媒体马上称之为集中营，但这实际上是对纳粹罪行的美化），就地审核庇护申请。也就是说，在来欧洲之前，就把难民和移民区分开，在当地决定谁可以来欧洲，谁不能来。符合传统受迫害定义的继续接收，不过这一部分人最多不超过2%。欧洲人必须认识到庇护法不是应对民族大迁徙的工具。

自己的边界要自己防守，不能把这一重任交给土耳其，更不能依赖利比亚。要防守边界，就不能害怕出现丑陋的画面，否则丑陋的画面会越来越频繁地出现在欧洲内部。在控制移民浪潮的同时，欧洲应以平等姿态对待非洲，展开公平贸易，减少欧洲的农业补贴。如果欧洲在这一领域表现出诚意，将会给很多非洲农民创造生财之路，这是真正克服逃亡原因的措施。

在移民浪潮得到控制之后，欧洲应当开辟合法的移民渠道，比如为非洲年轻人提供来欧洲读书或接受职业培训的机会，得到欧洲永久居留的必须是自食其力者。

不过，目前欧洲的政治精英连民族大迁徙这个事实都不愿承认。如果在有限的时间窗口不采取行动，那么最终受到威胁的将不仅是福利体系，还有欧洲上千年的宗教和文化。

## 为什么美国是德国伊斯兰化的原动力？

20世纪50年代，德国人在战争废墟上重建家园。马歇尔计划和朝鲜战争像两剂强心针，使德国出口激增。不过，这一场战后的经济奇迹也使德国人犯了愁：劳动力越来越奇缺。这没什么好奇怪的：战争夺去了530万德国士兵的生命，平均每小时死100人。从雇主的角度想，德国缺少的不只是这500多万壮劳力，还有他们的后代，因为他们当中很多还没有结婚生子。为解燃眉之急，也为中期考虑，经济界呼吁政府从国外招工。1955年，德国首先与意大利签署客籍工人协定，之后是西班牙和希腊。

1961年东德修建柏林墙，东部的劳动力资源一下枯竭。此时，一个伊斯兰国毛遂自荐——土耳其。不过，当时的安卡拉政府致力于世俗化，与今天埃尔多安的追求背道而驰。刚刚加入北约的土耳其努力与西方接轨，希望通过向德国输送劳动力密切与德国的贸易关系，而这些工人日后还可以把德国的先进技术带回家乡，推动本国经济发展，可谓一举数得。当时在德国单独执政的基民盟还是一个真正意义上的保守政党，担心不同文化和宗教背景的工人将很难融入企业。怎奈老大哥美国向阿登纳政府施压，敦促德国与土耳其签约。在华盛顿看来，这个北约新成员的战略位置太重要了，与德国合作有助于稳定这个横跨欧亚两个大陆国家的经济。

德国最后作出了妥协。不过阿登纳领导下的基民盟与今天被默克尔改良了的基民盟不可同日而语。当时的德国政府为自己上了多重保险。在1961年10月底签署的招聘土耳其客籍工人的协定中，德国明确了选择标准：具备专业技能，身体健康，拥有一定文化基础，未婚，来自欧洲大陆部分，在德国工作两年，不得延长。满足或同意了这些前提，应聘者还要去伊斯坦布尔劳动局国际部参加面试。

那时候德国没有欢迎文化的影子，没人去火车站夹道欢迎这些将为德国经济做贡献的人们。德国老板也不客气，脏活儿、累活儿都交给了他们。没有人义务教他们德语，周末带他们去郊游，连德国同事都跟他们没有什么往来。不过，客籍工人是抱着明确目的来的——挣钱、攒钱、回家。

20世纪60年代末，德国经济的参天大树不再增长。在全球经济危机的阴影下，勃兰特政府于1973年停止实施招聘外籍工人协定。那时候的社民党也很务实。勃兰特曾经说："我们的这个决定不是针对外国人的，但我们必须首先考虑德国人的利益。"换了今天，他的党友还不和他拼了！

在停止继续招聘的同时，德国企业不肯把已经培养成熟的技术工人放回家。在经济界的游说下，政府给予留在德国的外籍工人长期居留权，并允许他们把家属接过来。将近20年的时间里，先后1400万客籍工人挥汗如雨地为德国经济的繁荣作出了贡献。300万留了下来，其中不少土耳其人。他们一边努力把老家的七大姑八大姨接过来，一边在德国勤奋生育，使德国的土耳其裔人数激增。20世纪80年代初土耳其政变引发又一起移民德国浪潮，这一次主要是通过庇护法。那时候的德国政治家太智慧了。我们来看勃兰特的继任者施密特2009年的回忆："我悄悄地不让更多的移民来德国，因为我不希望刺激德国人的排外情绪。在停止招聘客籍工人之后，我们采取措施鼓励他们回家。1982年我卸任的时候，外国人的人数与我1974年上任时一样多。"施密特的继任者、默克尔的政治父亲科尔甚至制定了一项秘密计划，准备通过各种物质刺激"送"土耳其人回家。科尔说，他的目的是将德国的土耳其人数减半，因为大规模同化土耳其人是不可能的。当时的政治正确还没有像今天这样登峰造极，因此德国总理还可以说说心里话。在科尔看来，来自欧洲和东南亚的移民都不存在融入问题，只是土耳其人不行，因为他们来自一种太特别的文化。照今天的标准，德国20世纪的几任总理——不管是来自左翼还是保守阵营—都是极右、民粹和排外的政治家！

当然，20世纪80年代土耳其动荡的政局和德国法院的判决使科尔的秘密计划未能兑现。不仅如此，两次黎巴嫩战争使大批黎巴嫩人和生活在贝鲁特的巴勒斯坦人[1]背井离乡。他们巧妙地利用两德边界的特殊状况，转道东德来到西柏林申请庇护。他们的后代枝繁叶茂，成为今天德国首都令人谈虎色变的阿拉伯家族犯罪团伙的中坚。

到1990年，德国的穆斯林达到250万人，比当时所有其他西欧国家加在一起还要多。10年后，德国的穆斯林人口发展到360万，仍然比英国和法国的穆斯林人口总和还多。2010年，德国这一数字稳步增长到410万，法国和英国则出现激增。法国甚至超过德国，达到470万，他们主要来自北非原法国殖民地。而南亚前英国殖民地的移民则使英国穆斯林人口接近300万[2]。

▶德国科隆的中央清真寺

新华社/EPA欧新

[1] 以色列建国时，大批巴勒斯坦人逃到周边国家，成为无国籍者。他们在叙利亚、黎巴嫩等国是二等公民，于是借战乱逃到欧洲。2015年，很多生活在叙利亚的巴勒斯坦人随难民浪潮来到德国。他们当中的很多人仇恨以色列，把排犹主义带到了德国。

[2] 这一段的数字引自华盛顿民调研究所Pew Forum的统计。

并非所有穆斯林都拒不融入当地社会，我认识一些土耳其学者和企业家开朗幽默，和他们交往和交流丝毫觉察不到他们的宗教属性，就像今天德国的基督徒也不把十字架画在脸上一样。但相当一部分穆斯林则并不这样放松。他们生活在自己的世界里，精心维护着自己的文化和宗教，不与异教徒交友或通婚。"平行社会"这个概念就是一位德国社会学家针对这一现象而发明的。这也是尽管土耳其人当中受过高等教育的不少，但你在歌剧院或音乐厅却很少看到他们身影的原因。

不听贝多芬交响曲或瓦格纳的歌剧倒不是什么大问题（尽管我个人认为很可惜），部分穆斯林将沙里亚法置于德国宪法之上就很令人担忧了。据报道，三分之一生活在柏林的穆斯林有两个以上的老婆。《古兰经》里说最多可以有四个。第一个婚姻在德国民政局缔结，其余的良缘由清真寺的阿訇作证。一夫多妻在不少伊斯兰国家是家常便饭，但和德国的区别是：在伊斯兰国家，只有富人能够享受多妻多子（是否享受只有当事人心里清楚）的体验；在德国，越穷的底气越足，因为有福利体系支撑着，第二到第四个老婆都算作单亲母亲，除了社会救济、儿童金，每月还有200欧元单亲母亲的补贴。管他哪个老婆生的，孩子总是无辜的。因此如果他们确实生活困难，我心甘情愿通过缴税资助他们。但如果他们各种福利和补贴都拿着，家里的男人却从事有组织犯罪，在家乡有豪宅，在德国开着奔驰、宝马，而且把整个城区划为自己的势力范围，德国警察都不敢去，那作为纳税人和公民，我心里就很不平衡了。柏林的新科隆区就是一个最典型的例子。

该城区全国闻名是因为提洛·萨拉岑2010年写的那本畅销书《德国自暴自弃》。他在详细描述了新科隆区的平行社会之后提出德国人到底想要什么的问题。他认为德国必须明确自己对外来移民的期待，并提出这样的建议："凡是有合法居留的，都欢迎。但我们期待你们学习德语，并自食其力，希望你们重视孩子的教育，尊重德国的习俗，并渐渐成为德国人——即使不是你们自己，最迟你们的孩子。如果你们信仰伊斯兰教，这不成问题。你们将与德国的不信教者、新教徒和天主教徒拥有同样的权利和义务。但我们不想要少数民族。谁想继续做土耳其人或阿拉伯人并想让自己的孩子继续做土耳其人或阿拉伯人，那么他最好回到自己的国家。如果谁只对德国福利体系的好处感兴趣，那么他是不受欢迎的人。"[1]

让土耳其人成为德国人——这是土耳其总统埃尔多安最忌讳的。他曾警告生活在欧洲的土耳其人不能被同化，因为"这是反人类的罪行"[2]。正是因为很多穆斯林拒绝融入德国社会，畅销书作者萨拉岑担心他们最终将通过生育征服德国。因为这本书，萨拉岑失去了联邦银行主席团成员的职务，社民党开启将他开除出党的程序，他还受到总理本人的批评。尽管如此，该书是联邦德国历史上销量最大的非文学类书籍之一。

10年后的今天，萨拉岑的预言基本上都实现了，而且现实也许比他的预想更糟糕。据2018年7月公布的数字，柏林的土耳其裔移民当中，75%中学辍学，一半人靠社会救济生活，失业率高达44%。一夫多妻、荣誉谋杀是家常便饭。根据柏林刑警局的调查，首都三分之一的有组织犯罪要记在阿拉伯大家庭的账上。目前在柏林生活着大约20个阿拉伯大家族，每个拥有数百成员。其中12个参与有组织犯罪。大家族之间钩心斗角，谋杀是解决冲突的常用手段。

过去，谋杀属于见不得人的事儿，一般发生在深夜、在隐蔽的后院；现在，这些阿拉伯人越来越把德国当自家看，暴力越来越有恃无恐。2018年9月9日（周日），德国最有名的惯犯、黎巴嫩人尼达尔（Nidal R.）在柏林大街上、在同家人散步时被枪杀。他的葬礼像国葬一样隆重，全德国有头有脸的阿拉伯家族成员来了2000人。场面让人想起意大利的黑社会。

---

[1] Thilo Sarrazin, Deutschland schafft sich ab（慕尼黑，DVA出版社），326页。

[2] 2008年2月埃尔多安在科隆对土耳其人和土裔德国人讲话时这样说，在全德国范围内引起强烈抗议。

## "一份伪造的护照就能把一大家子都接来"

Zvi Yehezkeli是一名以色列电视台的记者。由于家里有伊拉克、库尔德背景，因此他从小就讲一口流利的阿拉伯语，对伊斯兰—阿拉伯文化及习俗了如指掌。2015年难民浪潮涌向欧洲的时候，他装扮成一名虔诚的穆斯林，在以色列情报人员的暗中掩护下，一会儿是巴勒斯坦记者，一会儿又摇身一变为约旦商人。

Zvi Yehezkeli先与伊斯坦布尔的叙利亚人社区取得联系，谎称要为一个朋友买一本叙利亚护照。很快他被介绍给一位手机店的店主，花1250美元从他那里买了一本完全能够以假乱真的护照。他与其他难民一起偷渡地中海，穿越巴尔干，几天之后来到柏林。在一个难民接待站，他恰好遇到一位几十年前来到德国的巴勒斯坦裔公务员。当公务员检查他的护照时，他因害怕露馅儿而极度紧张。但公务员根本没有仔细看，而是马上热心地帮他办手续。不到几个小时，公务员便把临时居留证件以及领取各种补贴的证明交给了面前这位大胡子"穆斯林"。他还教给"叙利亚人"各种欺骗德国衙门的招数。当被问及如何将老婆、孩子接过来的时候，这位社会工作者说："三年之内恐怕不行，但你让他们从地中海过来不就行了。"他还把最安全的难民线路透露给穆斯林兄弟。最绝的是公务员的临别寄语："现在你可以在真主的帮助下在德国开始新的伊斯兰生活。"

可以想象吗？一名宣誓效忠德国国家的公务员竟然教难民如何欺骗国家，还祝愿他在真主帮助下开始伊斯兰生活。德国机构里有多少这样的公务员呢？我们至少知道柏林警察局已经被阿拉伯大家族渗透。这些家族内部有合理分工，一部分唱红脸，一部分唱白脸。没有犯罪记录的当警察，好给有犯罪记录的通风报信。

回到那位勇敢的以色列记者。他从自己的经历得出结论："一份伪造的护照就能把一大家子都接来。"一路上，他与无数难民交谈。他的印象是：大多数穆斯林难民没有融入欧洲当地社会的意愿，而是想放长线钓大鱼，最终成为欧洲的主导力量。

不过，他的冒险并没有到此为止。他还想知道得更多。Zvi Yehezkeli 与欧洲的穆斯林兄弟会取得联系，谎称自己准备投资伊斯兰分子的社交媒体网络。他在为以色列电视台制作的纪录片里播放了一段穆斯林兄弟会精神领袖 Jussuf al-Karadawi 的讲话。他说："伊斯兰必须重新统治欧洲，而这不必通过暴力，还有一种静悄悄的占领。"[1]

Zvi Yehezkeli 对德国《世界报》记者说："这位穆斯林兄弟会的领袖谈到了对幼儿园和学校的渗透。但欧洲没有人理解政治伊斯兰对欧洲意味着什么。"作为局外人，他不受任何政治正确的约束，因此他想把事实告诉大家，让欧洲人明白极端伊斯兰的危险。

其实，要想了解所谓难民危机的背景，看一下这部四集纪录片就足够了。我认为应当让所有欧洲国家的议员、政府成员、难民救助组织、地中海救生组织、移民难民署、地方政府的所有官员以及所有中小学教师和幼教工作者看一看这部纪录片。德国电视一台、二台应当在黄金时间播放。但现实如何呢？该纪录片于2015年年底在以色列播出。2018年年初，德国保守的《世界报》才做了报道，而且是唯一一家对此做了报道的主流媒体。奥地利的情况也差不多。是因为过于政治不正确？还是怕煞了欢迎文化的风景？

## 难民浪潮加速欧洲的伊斯兰化

2015年难民浪潮抵达欧洲之前，全球政治伊斯兰的发展已经波及欧洲的穆斯林。荷兰在2006年到2015年

[1]《穆斯林在欧洲》四集纪录片（Muslims in Europe），https://youtu.be/Kt2L_kRomFQ.

期间对生活在本国的7000多名摩洛哥和土耳其裔的穆斯林进行了一项调查。据此,摩洛哥裔女性戴头巾的比例从2006年的64%上升到2015年的78%;严格遵守伊斯兰法规的摩洛哥裔穆斯林从2006年的77%上升到2015年的84%,土耳其裔穆斯林的这一比例由37%上升至45%。对96%的摩洛哥裔穆斯林来说,信仰是他们生活中的重要组成部分,土耳其裔穆斯林的这一比例为89%。

丹麦2004年的一项调查就已显示,年轻一代穆斯林的宗教性比其父辈更加突出,特别是"年轻、受过良好教育和已经融入丹麦社会的女性"。一项2006年至2015年对丹麦穆斯林的调查呈现出与荷兰相同的趋势:2006年,每天祈祷五次的穆斯林占比37%,2015年达到50%;2006年,63%的穆斯林认为日常生活中必须严格遵守《古兰经》的训示,2015年这一比例上升至77%。

2014年,德国、法国、荷兰、比利时、奥地利和瑞典平均60%的穆斯林认为,他们应当回到伊斯兰的根源;75%的穆斯林认为,对《古兰经》只有一种阐释;65%的穆斯林认为,沙里亚法对他们来说比所在国的法律更为重要。

2015年以来以难民身份进入欧洲的200多万穆斯林无疑加剧了上述趋势。2017年对生活在奥地利格拉茨的难民(以阿富汗人为主,大多是30岁以下的男人)的一项调查显示,所有的穆斯林都认为应当保留伊斯兰的传统价值;70%周五去清真寺祈祷;66%的女性戴头巾;一半人表示,自从到欧洲以来,宗教在他们生活中的意义比在家乡还要大;52%的人认为,伊斯兰教理当居于其他宗教之上。[1]

[1] 以上数字参考专栏作家、律师和政治观察员Judith Bergman 的一篇文章。https://www.haolam.de/de/artikel_34319.html.

我上面提到的那位以色列记者观察到，穆斯林难民在来欧洲的路上就在悄悄地伊斯兰化。他举了两个叙利亚难民的例子。他们来德国途中曾在科索沃逗留一年，并在那里得到一家"英国伊斯兰组织"的帮助。据他们自己说，他们在叙利亚的时候本来是比较放松的穆斯林，没有祈祷的习惯。但在科索沃，穆斯林兄弟会下属的组织对他们嘘寒问暖，并在这一过程中把他们变成了虔诚的穆斯林。其中的一名叙利亚人说："你人生地不熟，他们马上帮助你，接着在你面前祈祷。你虽然是穆斯林，也读过《古兰经》，却站在一旁。你突然觉得很孤单，于是就跟着他们祈祷。"两人到德国的时候，已经养成了每天祈祷五次的习惯。记者问他们的梦想是什么。他们说："梦想是建立一个伊斯兰国，一个伊斯兰社会。"他们说，20年之后，要把沙里亚法变成德国社会的一部分，让沙里亚法在德国机构化。

看到这样的报道我常想，穆斯林想寻根溯源、想按照穆罕默德的榜样生活，这都是他们自己的事情，我没意见。可是他们能不能再来得彻底一些，也就是说完全遵循7世纪的生活方式——那时候没有家用电器，没有手机，更没有福利国家体制。

不过，欧洲特别是德国的福利体系实在诱人，弃之不仅可惜，而且愚蠢。就在我写这本书的时候，德国一家私人电视台播放了一篇有关一家叙利亚难民生活的报道，引起热议。他们居住在汉堡附近的一座独门独院的小楼里，房租国家支付。叙利亚男人32岁，文盲，与他同居的有他的两个老婆和六个孩子。第七个孩子已经在路上。按理说在德国一夫多妻是违法的，那德国衙门为什么同意二老婆通过家庭团聚来德国呢？官方的解释：二老婆不是以二老婆身份而来，而是以叙利亚人孩子母亲的身份。他们的生活看起来十分幸福，什么都不缺。不过这位难民说，美中不足的是三老婆还在叙利亚，接过来有一定难度，因为他们还没有共同的孩子。记者问他是否想学德语，他摆摆手说：太难。想想看，对于一名32岁的母语文盲来说，让人家从零开始学德语太不近人情。记者又问他想不想工作，他又摆摆手：他更愿意和家人在一起。记者的烦人问题还真多，问国家一个月给他多少钱。诚实的难民回答：不知道，反正去银行取钱就是了。记者又回到叙利亚人的心病：假如把三老婆接来，让她住哪儿呢？回答："那国家得给我更大的别墅。"

这名叙利亚难民的例子显示，穆斯林的一夫多妻制在难民危机过程中已经得到实际承认。同样得到实际承认的是已在本国缔结的童婚。2017年年初，德国的童婚大概有1500例。

随着穆斯林人口的激增，极端伊斯兰组织不再羞涩，而是公开向民主体制挑战。2018年春天，当德国公众就禁止穆斯林女生在校园戴头巾展开讨论的时候，伊斯兰组织和萨拉菲分子在网上发起"不能没有我的头巾"的活动，在短短12天时间里征集到近五万个签名。据德国伊斯兰专家估计，这也许是伊斯兰组织的一个试探性气球，看看德国官方的反应，并借机发展伊斯兰教师队伍，我前面提到的那位穆斯林兄弟会精神领袖不是已经明确表示，伊斯兰化要从娃娃抓起吗？

在2018年10月比利时的大选中，有两个伊斯兰政党粉墨登场，一个是历史较为悠久的比利时沙里亚党；另一个干脆就叫伊斯兰党，于2012年成立。两党的共同目标是将比利时变成百分之百的伊斯兰国。他们的一个很具体的要求是：公共汽车将男女分开。其冠冕堂皇的理由是保护女性，因为她们经常遭受性侵。据比利时沙里亚党估计，2030年，比利时的穆斯林将在人口比例中过半。布鲁塞尔莫伦贝克区早已成为欧洲吉哈德运动的大本营。

## 基督的小鱼哪儿去了？

还记得我前面引用的华盛顿 Pew Forum 有关欧洲穆斯林人口的调查报告吗？那份报告是2011年发表的。报告对2020年及2030年穆斯林在欧洲的人口分布做了预测。据此，2030年，德国穆斯林人口将增长到550万，法国近700万，英国近560万。不过，默克尔2015年秋天敞开国门之后，今天穆斯林人口可能就已经超过了550万。具体数字还没有，因为政府可能怕老百姓感到不安。

我刚刚讲了那位以色列记者的纪录片。据此，2015年以来进入欧洲的200多万穆斯林"难民"当中的大多数根本就没有带着融入欧洲社会的目的，而是抱着改变欧洲的远大理想而来。而他们大举"入侵"的时候，欧洲正因为对先辈恶行的愧疚、对自设价值观的恪守和对世界大同的憧憬而不能或不愿进行抵抗。

这支伊斯兰大军进驻的是一个正在去基督化的欧洲。2018年3月，伦敦神学教授Stephen Bullivant发表了一份对欧洲16岁到29岁年轻人的调查报告。据此，欧洲年轻人不再将宗教视为认同的标准。爱沙尼亚、瑞典和荷兰70%到80%的年轻人自称没有宗教属性；在法国、比利时、匈牙利和英国，这一比例为64%到70%。波兰和立陶宛是例外。在这两个国家，自称不信教的年轻人只分别占17%和25%。这位神学教授无可奈何地说："作为人生准则的基督教已经消失，也许永远消失了。"

20世纪90年代初，我在德国安居乐业之后，开始关注一些细节。我发现很多汽车尾部贴着一只小鱼。实际就是由一点上下画两条交叉的曲线，一看便知是鱼的模样。问了德国朋友才知道原来这是耶稣的象征。耶稣当初选定的12门徒当中，最受他重用的是彼得。而彼得在专职追随耶稣之前曾经是渔夫。耶稣激励他用钓鱼的本领来凝聚信众。耶稣牺牲之后，他的信徒在近300年里被罗马当局视为邪教成员并受到迫害。基督徒于是转入地下，鱼成了他们的接头暗号。因为这个符号既让人想起耶稣对彼得的激励，且符号本身也很吉利（由于鱼在水里生活，因此在很多文化圈里成为生命与多产的象征）。我设想当时的情景：两名基督徒巧遇，彼此虽不认识，但就是觉得对方面善。于是一人蹲下身，拿根树枝在地上画了一条曲线；另一个人也蹲下身，由曲线左端为起点，画了条反方向的曲线，两条曲线交叉，分明就是鱼肚子。两人目光汇合，彼此发出会心的微笑，就这样成了同志。于是就形成了默契：下次接头，暗号照旧。

斗转星移，基督教在4世纪初被罗马皇帝康士坦丁确立为国教，基督教徒苦尽甘来。德国人把小鱼贴在汽车上，一方面是对自身宗教的公开和高度认同；另一方面也是一种暗号，是给志同道合者看的：如果你也虔信基督，那咱们就是一路。

后来，德国汽车上的小鱼渐渐消失了。有关伊斯兰的讨论甚嚣尘上之后，我又想起了那只小鱼，于是每进一家车库就下意识地踅摸，怎么找都没有了。原来不只年轻人，成年人的宗教认同也大不如前。2018年7月读到一则报道：2017年有60多万德国人退出教会。

欧洲人的信仰真空也许给伊斯兰教的传播提供了历史性的机会。前面我提到那两位接受以色列记者采访的叙利亚年轻难民。他们不仅自己在来德国的途中成为信仰坚定的穆斯林，而且决定成为传播伊斯兰的种子。其中一人说：我要从我身边的德国人开始，一个一个地讲，天天讲。如果每个穆斯林都从身边做起，从自己做起，那么我们总有一天会成功的。在他们看来，冲突是不可避免的，但冲突会减少，人们会逐渐接受现实。

## 欧洲年轻人会中枪吗？

有一张照片成了德国欢迎文化的象征：三位面带灿烂微笑的金发少女在法兰克福市的火车站举着一条"欢迎难民"（Refugees Welcome）的横幅。那张照片是德新社记者在2015年9月的某一天拍摄的。那时候德国大城市的火车站每天都有难民专列抵达。我很想知道三位少女今天怎么想，是否还是那么发自内心地欢迎那些来自陌生文化圈的陌生男人。

这一代欧洲的年轻人享受着人类有史以来最大限度的财富和自由。他们没有过为生计而奔波的体验，认为拥有最新款的苹果手机是与生俱来的权利，经常向父母提出的一个问题是：下一个假期我们去哪个大洲？他们在学校没有中国孩子的压力，数学考试可以带计算器，英语考试允许查字典。他们的老师和父母都是在反权威时代成长起来的，因此极少训斥他们，特别在青春期给予他

▲ 大批难民乘火车抵达法兰克福

2015年9月6日，这三位在法兰克福火车站迎接难民的少女成为德国"欢迎文化"的象征。

新华社记者 申正宁 摄

们最大的理解。越来越多的欧洲孩子高中毕业之后先去周游世界，有的一年不够，再来一年。我邻居的一个女孩子去亚洲转了一圈，给妈妈发短信说，经历了她人生的高潮。我觉得人生路漫漫，19岁经历人生的高潮真的是一种值得追求的状态吗？据说美国精英教育孩子强调对社会的责任感，在欧洲你要是这么说，孩子可能会问你：今天吃了什么药？

我不是说他们只贪图享受，其实很多人愿意做些有益的事情，但他们给自己的定位往往很高，拯救世界以下的事情不做。换句话说，帮助身边的穷人太无聊了。就像我前面提到的：爱你邻居的邻居才是大爱。近年来年轻人去非洲或亚洲的孤儿之家做义工成了时尚。泰国专为这些怀有救世之心的欧洲年轻人开设了"孤儿院"。孩子们与来自欧洲的大哥哥、大姐姐们玩儿上三个月之后再回到自己的父母身边。

2018年4月，我在回北京的飞机上听到座位后面三个德国小伙子聊得热闹。

记者的职业使我具有强烈的好奇心，终于忍不住对他们说："请原谅我的好奇。可是我很想知道你们怎么这会儿出去度假。因为高中毕业考试还没有开始，大学又已经开学。"他们笑了，说高中毕业考试已经过去三年了，他们正在读大学，因为在网上看到去日本的机票超便宜，于是旷课去日本转两周，新学期头两周耽误了问题不大。我们接着聊天。他们抱怨这个世界是多么的不公平。为什么他们生下来有那么多的特权？为什么非洲人没有？我说没人拦着你们去非洲啊，你们可以放弃自己的特权。他们说这样不够，应当让非洲人来德国。他们愿意与非洲人分享值得称道，但是把欧洲变成了非洲，欧洲人会造反，对非洲仍然没有实质性的帮助。我本想对他们说，要想承担社会责任，眼下应该好好读书，不该旷课，可是中国人的礼貌让我话到嘴边又回去了。

默克尔的难民政策特别受到年轻人的支持。在他们看来，人生来平等，没有合法非法一说，不接受非法移民的措辞。有难民被遣返，他们去机场示威。2018年7月，一名被遣返的阿富汗难民在家乡自杀。一些年轻人去内政部门前抗议，要求内政部长辞职，对那名阿富汗人生前在德国的犯罪记录却不管不问。几乎在同一时间，一名瑞典女大学生在飞机上拒绝坐到自己的位置上，目的是阻止一名阿富汗难民被遣返。她把自己的抗议行动在脸书上"直播"，一时间成为媒体的英雄。

德国儿童电视台曾经播放了一部20多分钟的纪录片，讲一名15岁德国少女和一名叙利亚少年的浪漫爱情故事。女孩子享受着阿拉伯人的甜言蜜语，但也开始产生了疑问。自从有了这位男友，她不能穿超短裙，和男同学拥抱也越来越谨慎。叙利亚人要求她戴头巾，皈依伊斯兰。她说作为女权主义者，她不能接受失去自由的生活。

也许有朝一日当这些年轻人意识到自由受到威胁时，才会知道自由来之不易；当欧洲福利体系在外来移民的冲击下难以为继时，他们可能才会明白边界的必要；当沙里亚法机构化的时候，他们也许才理解父辈当初的焦虑。不过真到那时候，两名叙利亚难民的话也许是正确的：冲突会减少，人们会逐渐接受现实。

## 欧洲——一个民族大熔炉的实验

2018年2月20日，在哈佛大学任教的政治学者Yascha Mounk在接受德国电视一台晚间新闻节目采访时说："我们正在进行一项有史以来独一无二的试验，将一个单一民族、单一文化的民主体制变成多民族的民主。这项试验有可能成功，我相信会成功，但转变过程会伴随着阵痛。"[1] 这位出生于慕尼黑的年轻学者不小心把欧洲左派理想主义者的心里话说出来了——社会越多元越好，多元本身就是一种价值；大量引进人口是古老欧洲大陆获得新生的唯一希望；让第三世界人民来分享富裕生活是欧洲洗刷殖民耻辱的唯一途径。

"二战"结束后，左翼政党在左翼学者的理论铺垫和左翼媒体的舆论引导下，义无反顾地把西欧社会朝多元种族和多元文化的方向发展[2]。本来有左就该有右，但在左翼媒体占主流的前提下，"政治右派"成了骂人话，连右翼政党自己都感到难以启齿，更愿意自称为"保守"政党。近二三十年更是出现左、右政党为拉拢中间选民政治主张日趋接近的现象，这给所谓民粹政党的崛起提供了土壤。

默克尔所在的基督教民主联盟就是一个传统意义上的右翼政党。我在前面提到，默克尔在两德统一前夕东德充满机遇的政治乱局中选择了可能给自己带来最光明政治前途的政党，并因此而选中了基民盟。她的朋友据

---

[1] https://www.youtube.com/watch?v=nl3hWM8RQNw.

[1] 这是比较笼统的说法，当然也有刻意迎合左派媒体的右翼政治家和理性战胜了激情的左翼政治家。

说对此深感吃惊。因为据他们对安格拉的了解,她的政治理念与绿党最为接近。而她的难民政策也确实博得了绿党最热烈的掌声。我前面已经多次提到,2015年秋天,左翼政治家大概不断掐胳膊,看自己是否在做梦,因为他们做梦都想不到一个保守政治家如此彻底地推动左派的事业。

不过在令左派合不拢嘴的同时,默克尔在保守阵营一度四面楚歌,好几位司法专家上告宪法法院。于是铁娘子试图让欧盟为自己的人道"壮举"埋单,由此加剧欧盟分裂,导致英国退欧。有人说欧盟大部分成员拒绝埋单之后,支持默克尔难民政策的法律专家给总理出主意,欧洲的上层路线行不通就干脆以攻为守,更上一层楼——走联合国路线。不管这种说法是否属实,反正在德国的强力推动下,联合国从2016年开始就一项全球移民协议展开讨论。两年后,一项"安全、有序和正规移民的全球协议"出台,并于12月10日在摩洛哥马拉喀什正式通过(164个国家的代表出席[1])。

可能是由于对难民浪潮给德国造成的巨大冲击有切肤的体会,因此,我在读这份30多页的协议时总禁不住与德国的实践相对照。我摆脱不掉一种印象:它是写给默克尔的批评者的,是对总理难民政策全面的平反昭雪。我在评价德国难民政策那部分曾经说,2015年以来,德国对难民与移民不再加以区分,给通过庇护法移民大开方便之门,而联合国的移民协议则白纸黑字彻底放弃了这一区分。协议里基本就没有"难民"这个字眼,将"经济难民"(其实也就是非法

[1] 由于派代表出席的国家都是对协议持支持态度,因此马拉喀什会议没有签字仪式。美国在2017年12月退出谈判,其他参加谈判的一系列国家因担心丧失主权而最终对协议说不,包括澳大利亚、奥地利、匈牙利、捷克、斯洛伐克、波兰、保加利亚、拉脱维亚、以色列等等。默克尔是与会者中寥寥无几的政府首脑之一,可见她对移民协议的重视。

入境者）统统称为"移民"，而"移民向来是人类历史的一部分，在我们这个一体化的世界里，是富裕、创新和持续发展的源泉"（协议前言的第8条）。这个定性十分绝对，不容置疑，说明德国政府的做法高瞻远瞩，必将造福于德国人民。

我前面也提到德国海上救援组织在利比亚领海附近把难民"接"到欧洲的做法引起争议，协议第24条十分明确："出于人道原因提供的帮助不应被视为非法。"同一条款还说："我们将制定寻找和拯救移民的细则，首要目标是保护移民的生命权，禁止集体驱逐，保证个案审理。"我首先想到的是这些年偷渡地中海的"难民"，按照协议的说法，他们现在全变成明日将为我们创造财富的"移民"了。欧洲的庇护法将难民利益置于接收国利益之上，即使难民来源国既没有战争，也不存在受政治迫害的危险，难民的目标国仍然不能对他们集体拒绝，而必须逐一审查。我在本书中已经讲过，即使审查的结果是庇护申请遭拒，当事人一般也可以留下来，因为他回到家乡可能面临不管是来自哪个方面的危险。即使遇到铁石心肠的法官，执意将"难民"遣返，当事人也可以在遣返令执行的当天人间蒸发，转入地下。这也是"难民"不畏艰险来德国的原因，因为来了基本上就可以不走。不过，全球移民协议的第23条对这种便利非法移民的做法给了间接肯定："我们保证制定相应程序，方便移民从一种居留身份过渡到另一种身份，为他们提供如何避免进入非正规状态的信息。"

协议关于如何善待移民的建议德国大多已经做到了，比如逐一审核申请、不到万不得已绝不剥夺移民的人身自由（法律允许的遣返居留极少运用）、向各种居留身份的移民提供基本生活保障和医疗、特别保护无人陪伴未成年移民等等。但德国也还有做得不够的，比如在承认其他国家的文凭证书时比较死板和严格，协议在第34条就此提出建议："我们保证致力于寻求创新方案，为承认移民各方面的技能提供便利。"

移民协议对德国来说有两个比较棘手的内容：迄今在德国出生的婴儿获得德国国籍的前提是：父母双方必须有一方是德国人，或者拥有长期居留权，而根据协议，在父母均为无国籍者的前提下，客居国应当为他们的新生儿提供本国国籍；迄今德国庇护法原则上只为受政治迫害者和战争难民提供庇护，全球移民协议则将气候变化也列为逃亡理由，已经有德国绿党政治家呼吁承认气候难民，这将意味着非洲或大洋洲受气候变迁影响国家的国民可以悉数移民德国。

协议给人的总体印象是：移民是每个个体与生俱来的权利，是基本人权。而且似乎还具有挑选移民目标国的权利（协议虽然没有如此明确地说，但也没有否认这一权利），沿路国家都应当保障他们的安全，并提供人道待遇。因为移民其他国家是人权，所以也就没有非法一说。30多页的协议找不到"非法"这个字眼，取而代之的是"非正规"这个相当中性的词汇，并且一再强调要把"非正规"变成"正规"。协议想移民之所想，急移民之所急，不顾及移民目标国的利益；只强调移民给来源国和目标国带来的好处，只字不提移民与目标国居民之间可能并已经产生的宗教和文化冲突。

我在本书中已详细阐述了这些年民族大迁徙给欧洲主要目标国，特别是德国带来的宗教和文化冲击，引起部分民众日益强烈的反弹。在2017年的选举中，600万德国选民将选票投给了以抨击难民政策为核心竞选内容的选择党就是一个再清楚不过的信号。左翼政治家和媒体对这些选民的顾虑和担忧置若罔闻，将他们与选择党一起定位于极右和排外。全球移民协议也义正词严地指出："我们保证将消灭所有形式的对移民及其家人的歧视，包括种族主义、仇外和不宽容。"（第15条）协议只有一处提到移民应当遵守目标国的法律。

值得一提的是，移民协议在罗列共同努力贯彻此协定的伙伴时，特别提到了媒体，"我们必须向所有公民提供有关移民好处和挑战的明确信息，排除可能导致对移民产生负面认知的误导性说法"（第10条）。如果这样做的话，是否会与独立媒体和言论自由的原则发生冲突呢？

不过根据我在本书的描述，德国主流媒体这些年已经自觉遵照联合国协议的精神不遗余力地宣传难民移民将给德国带来的人口红利。言外之意，今天我们救他们，明日他们救我们。至于德国这些年社会裂痕越来越深、治安状况越来越糟、恐袭风险越来越高以及纳税人负担越来越重，媒体不是只字不提，但给人的感觉是，这似乎是一种不可避免的发展趋势，跟难民移民没有什么关系。

而2018年夏天，当全球移民协议草案已经出台的时候，德国媒体正因厄齐尔愤然退出国家队而自我检讨。从另类媒体上读到相关报道之后，我找来原文细读，脊背上一阵阵发凉。如果德国认真实施协议内容，那么2015年的混乱和失控将随时可能重演，甚至成为常态。而可能给德国带来如此严重后果的协议，默克尔似乎又想绕开议会、避开公众视线悄悄地生米煮成熟饭。

直到邻居奥地利于2018年10月宣布将退出该协议时，很多德国人才头一次听说有这么回事儿。选择党申请议会辩论，媒体也开始热议。本来我以为终于可以讨论一下协议对德国暗含的风险，不过这个善于思辨的民族好像不会就事论事地讨论了。时下流行的模式是：只要选择党反对的，我们就拥护。于是在议会辩论时，只听到左派政治家情绪化的表态，比如一位社民党女议员捶胸顿足地说："为这样的移民协议展开讨论，简直是耻辱！"为什么呢？为什么不能平心静气地阐述一下德国积极参与的必要性？为什么传统的移民目标国美国和澳大利亚都宣布退出？为什么越来越多的欧盟成员国在议会辩论或征求民意之后都打了退堂鼓？

默克尔不喜欢别人对她的决定提出质疑，因此据说对移民协议通过前夕国内的讨论颇感厌烦。她安抚国人说，协议不具约束性。这也是协议拥护者挂在嘴边的话：不具约束性，急什么？！不过反过来也可以问：既然不具约束性，那为什么一定要签呢？德国外交部网页上的一句话很令人生疑："移民协议不具法律上的约束性，但是有政治上的义务性。"言外之意，德国有履行该协议的政治义务。德国人重视法律条文是出了名的。因此我可以预见：今后世界上只要有一个国家对这项移民协议当真，那么这个国家一定是德国。正如明镜在线专栏作者Jan Fleischhauer所说：最终起决定性作用的不是协议是否具有约束性，而是看德国各行政法院的法官如何判决。按照迄今德国法院判决的主流思路，届时大部分法官会以协议为依据做出对难民或移民有利的判决。

拥护者的第二个理由是：协议将有助于打击蛇头的犯罪行为，控制非正规移民，因为移民主要来源国和途经国都做出了承诺。这就有点儿自相矛盾了，既然德国都强调协议不具约束性，怎么会保证蛇头活动猖獗的国家照协议上的细则去做呢？大多数签字国不是移民的理想国，因此，什么漂亮话都可以尽情说，不用担心兑现。真正需要谨慎的是欧洲。但欧洲的老大却是协定的挑头儿人。

这就又回到了动机问题。已经因难民浪潮而变得面目全非的德国为什么要促成这样一项义务都归自己、权利都交移民的协定呢？德国部分媒体认为，总理默克尔极力促成联合国移民协议的目的是趁自己还在任上的时候为自己今后的历史地位定调。50年后的历史教科书上，联邦德国历史上第一位女总理将得到什么样的评价？是仁慈和人道的化身，抑或是将德国推入深渊的政治家？默克尔2015年秋天的决定是否违宪？如果说直到全球移民协议通过之前这是个较有争议的问题的话，那么现在默克尔支持者有了强大的理论依据：移民协议字里行间都是在间接赞扬德国，因为协议的内容，德国基本都做到了，有些地方甚至超额完成。至于德国将为此付出多大的代价，就不是总理关心的事情了。德国保守政治杂志《西塞罗》(Cicero) 的总编 Alexander Kissler 称此协议为"默克尔昂贵的政治遗产"。[1]

不过我在前面提到，目前欧洲面临的移民压力主要来自非洲，而最大的移民原因是非洲的人口爆炸。试图通过移民协议来缓解非洲的人口过剩问题最终只能使欧

[1] https://www.cicero.de/aussenpolitik/un-migrationspakt-angela-merkel-rede-fluechtlinge-menschenrecht-fachkraeftemangel-alternativlos/plus.

洲面目全非。也许到那个时候，对欧洲左派来说，"将一个单一民族、单一文化的民主体制变成多民族的民主"这一伟大尝试就算是大功告成了。默克尔应当是等不到这一天了。我上面提到的那位年轻学者Yascha Mounk也许还有机会举杯庆贺。

不过万一他所预示的"转变过程中的阵痛"过于剧烈呢？万一外来移民和欧洲当地人之间的文化和宗教冲突愈演愈烈，双方争夺资源的斗争寻找暴力的突破口呢？不用担心，我们的学者早就选择了定居美国。2017年，为了更有效地与美国总统特朗普作斗争，他毅然选择了美利坚合众国国籍。

# 不是尾声的尾声

2015年秋天，德国总理默克尔在边界失控的情况下没有拿出果断闭关的勇气，导致上百万难民潮水般涌入，国门由原来的半启到大开，潘多拉的盒子也被彻底打开。尽管奥地利的年轻总理库尔茨封锁巴尔干线路，尽管土耳其"埃苏丹"在欧盟重金奖赏下加强对海岸线的监控，2016年到2018年每年来德国的难民仍然超过20万[1]。相当于德国每年新增一座20多万人口的大城市[2]。这还不包括每年已承认难民和所谓受辅助保护难民的亲属通过家庭团聚移民德国的人数。这一政策使德国社会撕裂，并在欧洲层面间接引发英国"脱欧"、民粹势力嚣张等一系列后果。我在书中对此过程逐年描述，直到2018年年底。某种程度上，德国逞一时道德之快的路线像一支毒剂，时间越长，毒效越大，2018年之后的发展印证了这一点。

首先，默克尔的支持者和反对者越来越势不两立。总理粉丝团的成员我在书中多次提到，包括左翼政党、左翼政党选民、主流媒体和所谓"德国好人"。考虑到默克尔是保守党基民盟籍的政治家，这真是联邦德国历史上前所未有的现象。反对默克尔的则一般是保守政党

[1] 2019年德国接收的难民人数为12万。
[2] 德国25万人口以上的城市只有26个。

选民。这也是为什么基民盟在2017年大选中损失惨重的原因：对默克尔难民政策不满的保守选民投入选择党的怀抱，而总理的左派支持者却依旧把票投给自己钟情的左翼政党。

回到这两大阵营的不共戴天。2019年年初，我从加拿大休假回来，发现两个星期不在，差点儿错过一场新的运动：纳粹滚出去。推特上，主流媒体记者和左派政治家纷纷表态：#nazisraus[1]。虽然一段时间以来纳粹的帽子已经满天飞，可是最近又有了什么新情况呢？调查一番之后发现：没有。原来是德国电视二台一名女记者假期闲得无聊，想起在她眼里越来越嚣张的右派，气不打一处来，于是写了个简单的推特：纳粹滚出去。

这一个口号式的推特引发众怒。有人问：她是自己发泄还是代表电视二台？公法媒体靠所有纳税人的资助，能这样粗暴对待与自己意见不同的那部分纳税人吗？保守派里当然也有过激的反应，有人放粗口，有人甚至发出强奸该记者的威胁（尽管这种威胁不必当真）。

那位记者后来在接受采访的时候说：在她眼里，非绿党选民都是纳粹。这当然是玩笑话，算是间接道歉。其实一场小小的闹剧可以就此收场。不过，主流媒体和左派政治家为了表示对电视二台女记者的支持和同情，纷纷发表"纳粹滚出去"的推特。德国第一位左翼党籍州长拉莫罗（图林根州州长）[2]认为说一遍还不够解气，于是一写好几行：#nazisraus，#nazisraus，#nazisraus。我本来想数一数写了多少遍，又觉得花在数数上的时间实在是浪费生命，于是打住。

[1] 德语"纳粹滚出去"。
[2] 就是我在书中提到的那位因为迎接难民专列而激动得哭了一天的政治家。

那位始作俑者的一句玩笑话其实一语道破左派的天机。在他们眼里，纳粹果真大多是与他们意见相左的同胞。我认为这是左派思维懒惰的表现。因为一言不合就给别人扣上纳粹的帽子，并自认为占据了道德制高点，那么接下来的逻辑就是：不屑与你这种纳粹辩论。这也是德国人昔日引以为自豪的辩论文化日渐枯萎的原因。而"纳粹滚出去"运动实际上正是这一发展趋势的最好写照。

由于记者当中拥护红绿的占绝对多数，主流媒体成了默克尔难民政策的义务宣传员。其说教方式以及"空缺式"报道使媒体与受众之间的隔阂日深。对很多德国人来说，2018年年底曝光的"雷罗佐斯丑闻"则是一个使媒体彻底威信扫地的事件。

克拉斯·雷罗佐斯（Claas Relotius）是德国左翼新闻周刊《明镜》的明星记者，是讲传奇、诡异故事的能手。由于大千世界无奇不有，他的报道又大多数有一定的事实依据，因此编辑部在相当长的一段时间里没有对他文章的真实性提出质疑。殊不知对不少当事人的采访是雷罗佐斯凭空杜撰出来的。丑闻曝光后，《明镜》立即将他开除。雷罗佐斯事件的爆炸性在于他近年来的职业辉煌与难民危机息息相关。在难民浪潮以排山倒海之势涌入德国之后，这位拥有传神之笔的记者发现了一个最畅销的话题——难民。他调动想象力和创造力，全部和部分编造了几个感人至深的难民故事，获得媒体大奖，成为同行颂扬和学习的榜样。现在，这样一名模范记者被发现原来是个骗子，他构建的使无数读者热血沸腾的美好世界原来是海市蜃楼，这让我的媒体同行和"德国好人"们情何以堪？！

进入2019年，持刀伤人或奸杀少女的案件仍然在发生，不过人们对这类消息已经见怪不怪，或者说迟钝了。新的受害者不能指望再得到米娅、米雷依或苏珊娜那样的全国关注。而且我发现，"德国好人"对这类消息的免疫力超群。当你谈及这些年的女性安全问题时，他们会义正词严地质问："你被性侵了？你遭强奸了？"似乎只有你的亲身经历才有说服力。不过我敢肯定：假如你真的不幸成为受害者，并以切身遭遇现身说法，那么"德国好人"会说："这是个案，没有说服力。"

德国法官对犯罪难民的判决也越来越令人不可思议。2017年9月,一名自称17岁的叙利亚难民在马丁·路德发动宗教改革的城市维滕堡将一名30岁的德国男人重拳打死。现场录像显示,是叙利亚人先挑衅,先动手,并在德国人没有还击的情况下,再次打出致命的一拳。有关司法部门竟以误伤为由迟迟不肯立案。在受害者父亲及其律师的不懈努力下,马格德堡州法院终于受理此案,并于2020年3月作出判决:有期徒刑两年,缓期执行。换句话说:一个打死人的凶犯竟然不必为此坐一天的牢。叙利亚人得到如此宽大处理的最主要原因当然是他作案时尚未成年[1]。但我在本书中已经多次提到,由于绝大多数难民入境时缺乏有效证件,因此年龄是他们自己说了算的。德国法院在难民行凶作案时都不一定做年龄测试,从而使这样的社会不安定因素继续逍遥法外,并向其他潜在的不法分子发出了危险的信号。德语里有句话叫作:"有理不一定得到理。"意指法治国家依法行事,有时会偏离大众对"公正"的理解。但这样的判决既与公正大相径庭,还给人明显偏袒难民的感觉,这无疑会加深德国百姓与难民之间的鸿沟。据受害者父亲说,判决宣布的时候,那名叙利亚人笑逐颜开。他不单不会进监狱,也不用担心因行凶犯案而遭遣返。因为他的家乡仍然战火纷飞。

2020年年初,叙利亚西北部战事激化。"埃苏丹"再次拿难民做筹码,宣布通往欧盟的道路畅行无阻。于是,成千上万的难民和非法移民再度涌向希腊边境,

---

[1] https://focus.de/11827031.

2015年的难民浪潮大有重演之势。不过这一次,希腊保守政府[1]顽强捍卫欧盟外部边界,不向视死如归的难民退让一分。而欧盟的老大德国不仅不助希腊一臂之力,反而以滞留希腊爱琴海岛屿难民面临人道灾难为由决定接收那里的1500名未成年者[2]。

德国大文豪歌德在其毕生著作《浮士德》中有一句名言:"人在努力追求时,难免会犯错。"决策的政治家也难免犯错。不过,如果同一个政府重复犯同样的错误,就令人扼腕了。为什么我认为德国政府的这一决定欠妥呢?因为2015年的教训告诉我们,来欧洲寻求庇护的很多都不是战争难民,而是受经济动机驱使的、假借蛇头帮助来到欧洲的非法移民。联合国人权宪章上有一条:每个人都有移民和重返故乡的权利,但是哪个宪章和公约都没有"移民有自行挑选目的国的权利"这样的内容。2015年的教训还告诉我们,这支贫困大军中的相当一部分不能或不愿融入欧洲当地社会,已经在德国和瑞典等主要接收国引发严重的文化和宗教冲突;从经济角度看,这些以文盲和低技能者为主体的新移民无法满足欧洲劳动市场的需求,其中的一半将终生依赖欧洲的福利体系[3]。2015年的另一个惨痛教训是:所谓无人陪伴未成年难民经常谎报年龄,以得到客居国的特殊待遇;他们同时肩负将全家人接到欧洲的使命,故被称为"锚孩"[4]。现在德国接收的1500人正是这个耗资最大、犯罪率最高的群体,且没有任何年龄和健康检测,而此时欧洲已是新型冠状病毒的重灾区。

[1] 2019年7月,希腊政府换届,保守政府取代激进左翼的齐普拉斯政府。正如我在书中所说,保守政党一般采取相对严格的难民移民政策。当然,德国的默克尔政府是个例外。

[2] 据媒体报道,目前大约43000人滞留在爱琴海岛屿的难民营,他们当中的绝大多数希望前往德国。

[3] 详见第七章。

[4] 详见第九章。

2020年3月11日，正当德国周边国家因病毒急速扩散而纷纷关闭边界的时候，德国总理默克尔在与卫生部长施潘共同举行的记者会上称闭关不是控制疫情的有效措施。据称，德国政府为此争论不休，而坚决反对的正是默克尔本人。德媒有评论说，总理阻挠闭关是与她的难民政策分不开的。一位评论员写道："在2015年德国的命运年，开放的边界成了默克尔主义生存下去的先决条件。因此，默克尔倾全力维护这一教条。她深知，（疫情当前）如果她为了保护公民安全而下令关闭边界，这无异于宣布自己的政治破产。"[1]

几天之后，在党内反对派和舆论的压力下，默克尔终于妥协，作出延迟了四年半的决定：关闭边界。如果您认为这样一来非法移民也将被拒之门外，那您就大错特错了。德国闭关令只对一个人群例外：寻求庇护的人。也就是说，只要你翻山越岭来到了德国边界，说出那个芝麻开门般的咒语"Asyl"（避难），德国的边防警察就必须对你放行；不必测体温，更不必交代过去14天的去处。按照德国政府的最新决定，如果你长得不太老成，把自己说成17岁，那你都不必打拼到德国边界；如果你幸运，"默克尔妈妈"会派专机到希腊难民营去接你。这便是德国在2020年3月新型冠状病毒大暴发的时候向期待美好物质生活的第三世界人民发出的信号。

2020年9月，又有1500名滞留希腊莱斯博斯岛的难民幸运中奖。该岛莫里亚难民营一向以条件恶劣而著称。这也难怪，只可容纳3000人的帐篷营地却居住着

[1] https://www.tichyseinblick.de/kolumnen/knauss-kontert/coronavirus-warum-angela-merkel-grenzkontrollen-verhindert/.

四倍于此的难民。岛上居民只有9万，居民与难民之间的矛盾日深。希腊不敢扩建难民营，担心激励更多滞留地中海对岸土耳其的难民铤而走险。出于同样的原因，德国也不敢将其悉数接纳。2020年8月，难民营里检测出几十个新冠病例。部分难民要求前往欧洲大陆，并以暴力相要挟。9月9日，一场大火摧毁了帐篷营地（原因很可能是纵火），数千人无家可归。德国主流媒体和左翼政治家纷纷呼吁接收难民。沉默良久的默克尔似乎要善始善终地维护自己难民总理的形象，说服内政部长泽霍费尔接纳1500人。

与2015年一样，德国这一次仍然未能说服欧盟伙伴学习自己的榜样。当初德国最亲密的盟友奥地利这一回持坚决拒绝的态度。欧盟在抗击疫情的斗争中表现得苍白无力，对意大利的求救呼吁置若罔闻。要是现在意大利就是否留在欧盟进行全民公投，那么"脱欧"派将占绝对上风。

2020年1月底，欧盟彻底失去了英国。英国恢复了控制边界的主权，英吉利海峡给伦敦政府提供了地理上的便利。那些声称英国正义无反顾地纵身跳入深渊的媒体和政治家如果不是故意耸人听闻，就是对欧洲失去了现实的判断。欧洲引领世界五百年的历史已经终结。今天，欧盟在全球贸易占比只有十分之一。英国退出，也许将是一片海阔天空。历史可能证明英国的退步抽身是断臂自救的明智之举。即使抛开难民浪潮的因素，欧盟也可能是一只正在缓慢下沉的大船，而下沉的速度随时可能加快。

一颗定时炸弹是欧元区的银行。为帮助欧元区捉襟见肘的国家，欧洲央行已连续十几年推行低息政策。2016年3月，欧元区主导利率首次降至0.00%。零利息使健康银行难以为继，同时使实际破产银行苟延残喘。曾在欧洲央行任职的德国著名经济学家克拉尔（Markus Krall）现在成了央行的最激烈批评者之一。他认为央行前行长德拉吉不惜一切代价拯救欧元的政策为下一场金融危机埋下了种子。克拉尔预计，2020年将是欧洲的动荡年。而那时，新型冠状病毒这只黑天鹅还没有出现。

屋漏偏逢连夜雨的意大利银行能躲过这个劫吗？已经弹尽粮绝的欧洲央

行还会想出什么新招数吗？2020年夏天欧盟建立的千亿欧元团结互助金已将欧洲联盟变成了债务联盟。当欧洲自顾不暇的时候，还会大庇天下寒士吗？而这些年受到欧洲呵护的几百万难民移民是否将与本土居民展开争夺资源的斗争呢？

# 后　记

写《欧洲之痛：难民浪潮还是贫困入侵》这本书的念头是2017年夏天产生的。当时在北京休假期间与长江文艺出版社前总编辑孟通先生共进午餐，席间聊起了难民危机这个话题。他是我上一本书《从查理大帝到欧元——欧洲的统一梦》的责任编辑。

我说我是这一欧洲历史事件的目击者和观察者。我所在的城市科隆是德国接收难民最多的城市之一，对2015年秋天之后德国社会面貌和治安状况的变化以及难民与本地人之间的文化、宗教冲突，我有着切身感受和经历。我从一开始就与"欢迎文化"保持距离，并从记者的角度观察、分析难民政策带来的后果，在德国之声"非常德国"的个人专栏上多次发表评论。我很想梳理一下思路，就此写本书，又担心话题离中国读者太过遥远，不感兴趣。孟通马上说，他感兴趣，让我一定写。他联系出版社。尽管最终出版社是我自己搞定的，仍然感谢孟通当初的鼓励。没有他这位资深编辑和出版人的鼓励与支持，就不一定有您面前的这本书。

书的结构像一部纪录片，从2015年那场移民大迁徙开始，从德国难民移民署负责社交媒体官员的低级错误到总理默克尔在边界失控状况下拿不出果断闭关的勇气，以及由此产生的德国在主权国家时代实际放弃边界的"壮举"。接下来我回顾历史，分析难民浪潮的形成和他们瞄准欧洲的原因，从西方本世纪发动的几场战争到伊斯兰与基督教几百年来的博弈，欧洲既是制造难民的罪魁，又是贫困入侵的受害者。镜头回到2015年，德国人在总理的振臂高呼和媒体的煽情鼓噪之下，不仅不将这些外来者视为福利国家的累赘和对自身宗教文化的威胁，反而似乎从中发现了为祖父辈赎罪的千载良机，并因此而感激涕零、欢欣鼓舞，于是诞生了那个"秋天的童话"。好景不长，仅仅四个月之后，2015/2016年跨年夜发生在我家门口的大规模性侵事件使"欢迎文化"支离破碎。对接下来的2016、2017和2018这三年，我都是先聚焦德国，之后扩展到欧洲层面，分别是一章的篇幅。总体趋势是德国面目全非，欧盟四分五裂。

写作过程中，经常伴随我的一个纠结是：人道主义的界限究竟在哪里？欧洲应当像加拿大那样设立可以应对自如的上限还是应当学习澳大利亚的模式将审理和安置难民的工作外包？欧洲的地理位置似乎注定了这两种做法的不现实。如果将难民队伍视为一个整体，来者不拒的白左式思维无疑为欧洲未来埋下了定时炸弹；但是如果将难民视为个体，看到几年前来德国的难民青少年以优异成绩高中毕业的报道又不能不被感动。我相信，为此纠结困扰的不是我一个人，德国地方和联邦层面的决策人都会有过类似的烦恼。当然，他们当中的很多人往往把如何当选连任作为政治决策的首要标准，而不是自己选区或本国人民的利益。在我看来，未来的某个时候，中国也将面临移民浪潮的压力，这也是我把难民故事讲给中国人听的初衷，希望中国以此为鉴，做出既符合人道精神又考虑自身接纳能力的决定。

感谢人民日报出版社社长刘华新先生对我的信任和支持，感谢本书责任编辑蒋菊平女士和李安女士细致而专业的编辑。在德国生活30年，我对国内的文字习惯和格式生疏了，给她们增加了工作量。还要感谢当当网创始人、早晚读书总经理李国庆先生。他虽然对欧洲事务、特别是难民危机的背景不甚了解，但从一个普通中国读者的角度向我提问，让我抓住中国受众的痛点。

特别地，我衷心感谢中国前驻德大使梅兆荣先生和上海社会科学院宗教研究所所长晏可佳先生为我的书把关。两位专家欣然接受我的请求，并在百忙之中细读全书，分别从各自的角度提出宝贵的修改意见。他们的建议使您面前的这本书更加严谨，也让我受益匪浅。梅大使还为我的书写序，更是令我这个晚辈感动不已。

对欧洲这段最新历史作出评价,为时尚早。移民浪潮也可能刚刚开始。如果读者能够在本书基础上理性思考这一全球性话题,我就非常欣慰了。

图书在版编目（CIP）数据

欧洲之痛：难民浪潮还是贫困入侵 /〔德〕张丹红著 . -- 北京：人民日报出版社，2020.11
ISBN 978-7-5115-6543-3

Ⅰ.①欧⋯　Ⅱ.①张⋯　Ⅲ.①难民问题—研究—欧洲
Ⅳ.① D750.391

中国版本图书馆 CIP 数据核字（2020）第 171879 号

书　　　名：欧洲之痛：难民浪潮还是贫困入侵
　　　　　　OUZHOU ZHITONG: NANMIN LANGCHAO HAISHI PINKUN RUQIN
作　　　者：〔德〕张丹红

出　版　人：刘华新
责任编辑：蒋菊平　李　安
封面设计：主语设计

出版发行：人民日报出版社
社　　　址：北京金台西路 2 号
邮政编码：100733
发行热线：（010）65369527　65369509　65369512　65369846
邮购热线：（010）65369530　65363527
编辑热线：（010）65369528
网　　　址：www.peopledailypress.com
经　　　销：新华书店
印　　　刷：大厂回族自治县彩虹印刷有限公司
法律顾问：北京科宇律师事务所　010-83622312

开　　　本：710mm×1000mm　1/16
字　　　数：266 千字
印　　　张：20
版次印次：2020 年 11 月第 1 版　2021 年 3 月第 2 次印刷

书　　　号：ISBN 978-7-5115-6543-3
定　　　价：58.00 元